生命哲学研究丛书

本丛书属于国家社会科学基金重大项目"欧洲生命哲学的新发展"（批准号：14ZDB018）最终研究成果。

高宣扬　《生命的自我创造精神》，待出

杜保瑞　《中国生命哲学真理观》，已出

常雪敏　《从自然之善到公民幸福——卢梭的人文主义》，已出

尚　杰　《觉醒》，待出

赖贤宗　《儒家生生之仁与康德实践哲学当代诠释》，待出

赖贤宗　《老庄生命哲学与海德格尔》，待出

雷　静　《识仁与担责——阳明学的生命哲学视野》，待出

邓　刚　《身心与绵延——柏格森论身体、精神及其关系》，待出

刘　妮　《先秦儒家的情感问题》，待出

蒋　阳　《尼采生命哲学》，待出

……

Collection of
Life Philosophy
Research

生命哲学
研究丛书
高宣扬／主编

中国生命哲学真理观

杜保瑞◎著

The Theoretical Truth of Chinese Life Philosophy

人民出版社

责任编辑：洪　琼
版式设计：顾杰珍

图书在版编目（CIP）数据

中国生命哲学真理观/杜保瑞 著. —北京：人民出版社，2019.2（2025.1 重印）
（生命哲学研究丛书/高宣扬主编）
ISBN 978 - 7 - 01 - 020042 - 2

Ⅰ.①中…　Ⅱ.①杜…　Ⅲ.①生命哲学-研究-中国　Ⅳ.①B083

中国版本图书馆 CIP 数据核字（2018）第 262085 号

中国生命哲学真理观

ZHONGGUO SHENGMING ZHEXUE ZHENLI GUAN

杜保瑞　著

人民出版社 出版发行
（100706　北京市东城区隆福寺街 99 号）

北京汇林印务有限公司印刷　新华书店经销

2019 年 2 月第 1 版　2025 年 1 月北京第 3 次印刷
开本：710 毫米×1000 毫米 1/16　印张：13.5
字数：210 千字

ISBN 978 - 7 - 01 - 020042 - 2　定价：69.80 元

邮购地址 100706　北京市东城区隆福寺街 99 号
人民东方图书销售中心　电话 （010）65250042　65289539

总　序

高　宣　扬

　　每个人都有自己独特的生命,但并不是每个人都真正了解和珍惜自己的生命。正如中世纪神学家和思想家奥古斯丁所说,每个人都在时间中度过,但一旦问起"什么是时间",人们却茫然失措,无以言答。当现代化越来越紧迫的进程把越来越多的人卷入紧张的生活节奏的时候,许多人只顾埋头工作,一心专注于眼前的事务,把完成议事日程上的具体活动当作主要的生活内容,使自己的生命耗费在近乎盲目的简单重复性运动中,而把至关重要的自身生命问题置之度外,也逐渐忘却了现代化本身的创新使命及其与自身生命的内在联系。

　　诺贝尔奖获得者奥地利理论物理学家、量子力学奠基人之一薛定谔(Erwin Schrödinger,1887—1961)并没有把自己限制在物理实验室的工作中,而是把自己的事业视为自己的生命,"关注生命"和"热衷于创新"交融在一起,构成他生命的原动力,使他在 1944 年发表《什么是生命》,试图以热力学、量子力学和生物化学理论来解释生命的本性与价值,强调生命靠"负熵"(Negentropie)来保障其自身有序的系统组织性,使生命有可能持续地实现自我创造和自我更新。薛定谔说得对:"我们的任务不是去发现别人还没有发现的东西,而是针对所有人都看见的东西做一些从未有过的思考",一语道破现代化的创新精神,也喊出了生命本身发自其内在本质的强有力创新呼声。

　　其实,早在现代化的黎明时期,意大利政治哲学家、修辞学家、历史学家兼诗人维科(Giambattista Vico,1668—1744)就明确指出:生命的真正价值在于不断创新;有了生命,光是活着,或仅仅空想,不实行创新活动,就辜负了生命的价值。他说:"真理本身是做出来的"(verum esse ipsum factum;the true itself is made);要使生命的存在价值发挥出来,就必须创造性地"做",有所作为。维科反对笛卡尔过于倚重"我思",反对使生命的创造行动纳入格式化的理性逻辑中。他认为,重要的问题,不是形而上学地反思理性所想到的一切,而是分析出导致创新行动的思想原因。1725 年维科发表的《新科学》(Scienza Nuova)更明确地论证现代化时期新科学的基本精神:珍惜生命本身的创造性力量,发扬古人的诗性智慧,充分发挥想象的威力,不断开辟新视野,创造出前无古人的新作品。

生命的存在归根结底是一种自我创造活动。最早的时候,希腊人用 Autopoiesis 这个词表示"自我创造":Auto 就是自身,poiesis 表示"创造"或者"生产"。很发人深思的是,希腊人用同一个词根表示"生产"和"诗歌",把创造、生产和诗歌当成是一回事。在天真的古希腊人看来,生产和创造的共同特点,就是实现"从无到有"的过程,都是开创性和实验性的探险活动,它们是人类所固有的自由的思想创造活动,因此,唯有诗歌、诗人,才有资格被当成是人类这种固有的创造精神的典范。

但人类只是经历千百年来的长期艰苦的科学探索以及实际体验之后,才对生命自身的自我创造性获得越来越深刻的认识,直到1972 年,"自我创造"(Autopoiesis)这个词才由智利的生命科学家洪贝尔多·马图拉纳(Humberto Maturana,1928—)和弗朗西斯科·瓦列拉(Francisco Varela,1946—2001),正式首次引入当代生命科学中。从那以后,"自我创造"成为生命哲学的一个重要概念,集中凸显生命本身的基本特征,并由此突破了原来生命科学的狭小范围,成为推动整个自然科学和哲学人文社会科学发展的一个典范式的概念。

从此以后,在自然科学中,首先是直接研究生命的各个学科,诸如生物学、医学、生物化学、生物分子、生物物理、纳米科学、基因工程、胚胎学等;其次是所有与生命的生存及其条件紧密相关的学科和现代技术,包括环境科学、伦理学、认知科学、语言学、生理学、心理学等,都以突飞猛进的姿态,向生命哲学研究提出越来越紧迫的挑战。

正如牛津大学生命科学院的成立宣言所说:"生命科学是一门令人激

动并正在迅速发展的学科,它涉及越来越多的学科领域,也采用了越来越复杂的方法,因而,生命科学本身正在演化和分化成越来越多的分支科学,包括'维持生命的生命科学'、'分子基因学'等"。生命科学不仅在自身越来越复杂的各个分支中,开创性地使用越来越深入细致的严谨细腻的新方法,而且,也越来越高速地膨胀到更多的领域,扩展到令人难以置信的新学科,开辟越来越多的前沿学科,富有挑战性地把生命研究同自然科学中生物学之外的各个学科连接在一起,使生命研究在自然科学领域内成为最有领导地位的"牵动性学科",不只是带动生物物理、生物化学、分子物理学、基因工程等朝向微观世界的精密科学,同时也带动天体物理、宇宙生成学、宇航生物学、太阳粒子研究等朝向宏观世界的新型学科,而且,也把哲学、社会科学及人文科学联系在一起,使人类的创新活动导向史无前例的新方向。

从20世纪中叶开始,国外环绕生命哲学研究所涉及的主题和内容,就其原始资料而言,远的不说,在近30年间,包括各种论文、专著及文献等,已达成千上万,毫不夸大地说,可以用"汗牛充栋"来形容;数量之多,论题之复杂,涉及面之广,多学科之穿插性,新概念和新方法之多样化,都是史无前例的。研究状况之热烈气氛及其丰富性,一方面表示这一研究课题的广泛性、传统性、延续性、多样性及其含糊性和前瞻性,另一方面也显示生命哲学探索的迫切性、前沿性及其重大意义。

国内学术界对于生命科学和生命哲学的研究和探索,自改革开放之后,有了长足的进步和发展。近40年来,特别是在改革开放中成长的新一代哲学家和人文社会科学研究者,已经注意到当代生命科学的划时代成果及其对当代哲学改造的决定性意义。

正是在此基础上,自2014年11月国家社科基金重大项目"欧洲生命哲学的新发展"(批准号:14ZDB018)获准立项以来,研究组成员充分发挥积极主动的创造精神,一方面全面深入研究和吸收西方生命科学与生命哲学的最新成果;另一方面发扬中国传统生命哲学的优秀成果,试图创建一个符合新时代的生命哲学。

在欧洲生命哲学研究中,有过多次试图吸纳东方和中国传统生命概念的尝试,例如,在叔本华和尼采生命思想中,有对禅宗生命思想的向往;在

"后现代"思想家中也出现倾向于东方思想的趋势,但欧洲思想家对中国生命思想的认识及其实际经验的缺乏,远远大于中国思想家对西方生命思想的认识程度,使他们的各种相关努力都无法从根本上实现突破性进展。

而且,在对待科学的态度上,欧洲哲学家也往往满足于理性主义和经验主义的框架,始终处理不好科学发展中"科学理性"与"生活理性"之间的极其复杂的关系,他们没有认真从中国科学发展史、中国医学史和中国思想史的丰富经验中总结出对于生命的自然淳朴概念,阻碍了新型生命哲学的创建。

因此,实现具有时代意义的新生命哲学研究的突破口,恰恰就在于克服欧洲生命哲学的功利性和工具性,深入批判西方传统哲学的西方中心主义和主体中心主义,彻底摆脱福柯所说的"正常与异常的割裂"的西方传统思想模式①,针对欧洲生命概念中的"理性"与"非理性"、"生命"与"非生命"、"科学"与"哲学"、"主体"与"客体"的割裂和对立,以中国传统生命观中"有形与无形"和"阴与阳"的辩证法,从"天、地、人"相互紧密结合的广阔视野,积极从哲学理论的高度,总结当代科学技术的最新成果,将中国漫长哲学思想中的积极潜在创造力量,特别是中国生命哲学和医学中的自然的淳朴性质加以发扬光大,坚持在生命自身的生活过程中,把生命的哲学意义同自然科学意义结合起来,避免欧洲生命哲学一再重复的"身心两分法"或"科学和哲学的学科逻辑区分原则",朝着开创新生命哲学的方向,进行尽可能全面而灵活的新型哲学探索。

在中国哲学史上,首先是《易经》,接着是老子和孔子等人,在社会和文化发生重大转变的历史时刻,准确地把握了自身的历史使命,而他们的最大贡献,就在于始终以"生命"作为哲学研究的焦点,创建天人合一的独具特色的生命哲学。这种建立在中国思想文化传统基础上的中国哲学,从先秦的原初形式,经历两汉至魏晋时代而与外来的佛教哲学相结合之后,进一步丰富了生命哲学的内涵,特别是提升了生命存在的工夫理论风格,使此后的中国生命哲学具有生命本体论与生命存在工夫论相互渗透的特点。

---

① Foucault, M. *Folie et Déraison. Histoire de la folie à l'âge Classique*, Paris, Plon, 1961:5-20.

所以,开拓生命哲学创新的空间,存在于两大方向的研究和努力。首先,通过此项研究,以客观的态度,克服迄今为止欧洲生命哲学各个学派所走过的"各持己见"的偏向,通过认真的生命哲学史的科学梳理,全面总结和吸收法国、德国和英国等各国生命哲学的研究成果,同时,根据各个学派之间的历史和当代争论,归纳出各个学派生命理论中的特点,特别是揭示其弱点,作为我们继续进行研究的突破口。其次,结合当代西方科学技术的新成果,在发扬中国生命哲学传统的基础上,纳入源自中国传统的科学风格和生命智慧,开拓出我们自己的富有民族特色的生命哲学的广阔发展空间,为中国现代化所急需的民生建设和全球生命共同体的幸福生活前景,提供符合时代精神的新型生命哲学的中国创新版。这一切,不但是必要的和可能的,而且也是可行的。

长期以来,中国哲学研究,特别是生命哲学研究的短处及其症结,就在于忽视当代科学技术的最新成果,又把"中(中国哲学)、西(西方哲学)、马(马克思主义哲学)"分得很清楚,同时也很少关注哲学以外的人文社会科学,特别是自然科学和技术的发展,致使中国哲学中的生命哲学,基本上只研究"儒释道"三大家的传统理论观点,而国内研究西方生命哲学的学者,既不了解中国传统生命哲学,又不熟悉自然科学和现代技术的发展成果。

改革开放以来,中国科学技术取得了许多可喜的成果,其中甚至直接为我们创建中国版的新型生命哲学提供新的科学基础。最鲜明的例子,就是20世纪80年代山东大学张颖清教授所创建的"细胞全息理论",其对创建我们自己的新型生命哲学具有重要的意义。按照"细胞全息理论",生物体从细胞到整体之间普遍存在中间结构层次及其内在联系,由此提出了生物体结构的全息胚学说,创立了全息生物学,使人们对生物体的认识发生了根本性的和观念性的改变。我国著名生物学家,中国细胞生物学奠基人之一汪德耀教授指出:细胞全息理论的提出同细胞的发现以及细胞学说的提出有着相同的重要科学意义。"如果说伟大的达尔文进化论打破了物种的种与种之间的绝对界限,形成生物系统的进化论,那么,全息胚学说就打破了生物个体的整体与部分、部分与部分之间的绝对界限,是生物个体的新型进化论"。张颖清教授以及我国其他生命科学、纳米技术、控制论等方面的研究成果,尚未提升到哲学理论的层面,有待中国新型生命哲学进行总结。

在全球化和现代化的 21 世纪,生命越来越成为社会发展的核心问题,它关系到社会发展的方向和基本目标,也直接关系到人的社会命运,还关系到全球人类生命共同体的未来幸福生活。

具体地说,生命哲学研究具有四方面的重要的学术价值和社会意义。

首先,生命哲学的新成果将全面重建 21 世纪的哲学,使之成为以新的生命观为核心、紧密结合全球化和中国现代化的丰富经验、结合中西思想文化传统和当代科学技术成果的新哲学,而这种新哲学的创造动力正是来自它对生命的极度关怀。当然,在创建以生命哲学为核心的 21 世纪新哲学的时候,不能忘记,恰恰是中国哲学始终坚持对于生命的研究传统。在中国哲学源远流长的传统中,生命论题始终是研究的焦点,生命哲学构成了中国哲学的基本内核,是中华民族的宇宙观、自然观、生命观、伦理观、社会观、文化观和运筹观的基石,集中了中国思想文化的精华,凝聚了中华民族传统智慧的强大而持久的精神力量,同时也历史地见证了中华民族对生命本身的持久珍爱情怀以及对生命认真负责的至诚品德,集中体现了贯穿于中国思想文化的"尊道贵德"的生命价值观的哲学意义,运载着持久推动中华民族思想文化不断更新的生命活力。

探讨新时代生命观,我们首先必须珍视集中总结了中华民族生活智慧的优秀国学宝典,尤以《易经》、《道德经》、《黄帝内经》、《论语》、《孙子兵法》为典范,一方面从"天地人三才"和"易与天地准"的纵深广阔视野,坚持"天人合一"和"心物一元"的中国传统生命观的哲学本体论基础,探索和发扬国学优秀传统中具有重要历史意义的宇宙观、自然观、生命观、伦理观、运筹观的内在核心价值及其相互关联,突出宇宙自然化生万物之大德,置"尊道贵德"于首位,贯彻"善生"的为人之道;另一方面,集中环绕人的"万物之灵"性能,深入探索人类生命"心身合一"的精微复杂特征,揭示人为"万物之灵"的真正意义,针对新时代生态危机对于生命的威胁,结合最新生命科学研究成果,以创新精神,重新评估《黄帝内经》等医学宝典对于生命的"易且深"的珍贵总结,发扬《黄帝内经》关于"精气神为生命之本"、"阴阳为万物纲纪"的基本原则,维护生命的价值和意义,使越来越多的人,灵活巧妙地发扬"医病医国同道"的伟大精神,把个人修身养性、行善施仁和治病健身营卫的实践,相互结合起来,遵循共同理性的原则,以新时代精神,积极运筹人生,合理调控心身关系,以科学的营卫养生,维护和发展生命,使个人生命、社会生命、国家生命、自然生命、世界生命及宇宙生命等不同的命运共同体,获得全面健康的发展。

其次,生命哲学的研究将有力地促进哲学与科学技术之间的对话、交流和相互转化,使哲学与科学技术环绕生命的论题,实现和谐发展和同步更新,保障哲学和科学技术在新世纪的全面复兴。

再次,对于生命的哲学研究的推进,势必联系到对人本身的整体研究,将同时地改变 21 世纪的人文思想,使之成为以关注生命为中心的新人文思想,不仅创建新的人的概念,而且也全面地改变人与"非人"(包括动植物、周在世界和整个自然界)的关系,把哲学、科学、艺术、生态研究结合起来,为创造一个全球范围内的和谐幸福的人类命运共同体奠定思想基础。

最后,为推进现代化的民生建设提供符合时代精神的生命哲学理论,保障 21 世纪人类生命共同体的健康发展,同时也为努力开创全球和整个宇宙生命共同体的和谐生态环境,做出必要的贡献。

未来新世纪的科学更新,无疑将是以新生命科学为中心而展开,在这个意义上说,21 世纪正在明显地成为生命科学的世纪。生命性质本身极其复杂,从科学研究的实际过程及其经验教训来看,它是一切科学研究对象中最复杂和最难以解决的问题。这显然源自生命自身的高度变动性、创造性、变化可能性,它是世界上一切现象中最复杂的现象,它本身原本就是世界和宇宙发展的最高产物,科学史和世界发展进程的历史,人类知识的发展史以及哲学研究史,都证明生命现象的高度复杂性及其难以攻克解决的大难度。但同时,从中西方哲学史和人类科学研究中,生命研究是最有挑战性的,因为它在向人类智力提出高难度问题的同时,又向研究者发出富有启发性的暗示,因为生命的活生生性质及其自我创造性特质,从研究者本身的角度,产生出进行自我挑战和自我提示的复杂反应,促使具有生命创造力的科学研究者和生命哲学研究者,不断地向生命难题挑战,并一再尝试使自身进入生命研究的漩涡中,试图在来回研究和发出难题之间,进行无止境的研究游戏,促使研究者在向作为对象的难题进行研究的时候,也同时向研究主体自身焕发出研究智慧,给予研究者进入难题研究的兴趣和乐趣,让生命研究者和研究对象之间产生互动,在互动中,研究者和研究对象两方面,双双获得相互认识和相互挑战的激情。

生命研究的进程,特别是近来在对各种病毒研究中出现的既奇特、又富有引诱力的现象,就是研究者越发现被研究的病毒的更多奥秘,就越获得对付作为对象的病毒的新奇科学手段;更加神奇的是,作为研究对象的病毒,面对新的科学成果,就越以更灵活的方式,更新其生存形态,甚至产生新的更复杂和更高一级的免疫力,以提升病毒本身具备攻击外在生命的能力,促使研究者与被研究者之间的相互认识和相互克服的互动状态,一再地提升到更高水平,同样也促进对于生命的研究的更深入发展。

所以,生命哲学研究和生命科学研究一样,一方面将不可避免地遭遇生命奥秘的更多难题;另一方面又一再地产生和开辟揭示生命奥秘的新动力和新智慧,让生命科学研究和生命哲学研究,在面临难题与解决难题的互动游戏中,一步一步地深入生命的迷宫中,并从中同时地享尽生命运动以及生命研究活动的乐趣,积极地推动人类社会文化在 21 世纪的全面复兴。

从根本上说,创新就是生命本身的内在需要。生命在本质上是一种不断地进行自我创造的活动性存在;也就是说,只要生命存在于世,它就永远处于变化革新中。生命的运动性和创造性,表明生命本身的缺乏性。薛定谔在《什么是生命》一书中论证了生命通过自我消耗不断寻求自我更新的"负熵"运动性质。既然生命永远寻求创新,永远使自己处于缺乏状态,所以,生命总是要在缺乏中实现无止境的超越,试图一再地填补自身的欠缺;但它又永远无法完全克服自身的缺乏状态。这样一来,"缺乏"反而成为生命存在的基本状态,同时又成为生命实现自我创造的永不枯竭的动力。

这样一来,以新型生命哲学为理论基础而创建的 21 世纪新人文精神,将充分展现人类的创造力量以及人类力图不断提升自身生存能力的基本特征,它集中了人类自然本性及其文化创造的积极能量和无限潜力,同时也体现了未来人类文化创造的基本模式,旨在不断地丰富人性本身的内容及其持续发展的可能性。实际上,21 世纪人文艺术精神是人类生命本身不断更新和不断重建的思想精神力量,它充分体现在生命自身的持续自我重建和不断自我创造过程,它的持续性及其在 21 世纪的自我展现,标志着人类思想文化发展的新转折。

不同于传统的人文思想,21 世纪的新人文艺术精神把人文与艺术紧密地结合在一起;"人文的艺术化"和"艺术的人文化"同时进行,致使当代人类一切创造活动都显示出人文与艺术的高度结合,它集中体现当代"科技人文"、"生态人文"、"数字人文"的基本特点,也集中体现 21 世纪新型人文思想的"人文—艺术—科技—生态"的"四合一"基本结构,在这个结构中,艺术是贯穿整体结构的基本力量。

未来新世纪的科学创新,无疑将是以新生命科学为中心而展开;21 世纪正在明显地成为生命科学独占鳌头的时代。生活在这样的新时代,每个人都应该为自己的生命的创造精神而自豪。为了不辜负生命本身和全球现代化时代赋予我们的使命,让我们共同努力创新,展现出生命无限超越的潜在性、可能性及其现实性,永葆生命的青春活力!

2018 年秋末于上海交通大学

目　录

导　论

　　《中国生命哲学真理观》之作,乃为配合"欧洲生命哲学的新发展研究计划"而作,亦是笔者继 2013 年出版《中国哲学方法论》以来集中创作的核心主题。中国哲学都是处理人生问题的哲学,直接对准生命现象及人生课题而做,并且,它不单是客观的研究之作,而是主动的实践之作,因此,中国哲学就是围绕人类的生命课题而展开的实践哲学。本书之作,即是针对中国生命哲学的研究与理解,企图在理解上阐明中国生命哲学的特质,以及在研究上寻求准确的方法进路。本书之作,将有贡献于提出中国哲学研究的前沿课题,并有所贡献于西方哲学知识论问题的探究。

一、中国生命哲学的探究对象

　　中国哲学以学派区分则有儒、道、墨、法、佛教各家,一些特殊著作如《易经》《人物志》《菜根谭》则可以归纳入以上各家的价值系统中,这些学派及其理论无一不是对准人生的意义与生命的发展目标而建立起哲学的理论的。因此中国哲学各家各派既可谓之皆是生命哲学,亦可说都是人生哲学、价值哲学与实践哲学。

二、中国生命哲学的特质

　　主要流行发展于中国历史上的所有学派,都在对人生提出建议,可以说都是指导人生的哲学,重于价值自觉,以及要求自我实现。这一点,就与聚焦逻辑思维、经验检证、语意约定的西方传统有其别异。然而特质虽有不同,在今日国际学术交流的背景下,讲自觉、实践的中国生命哲学,亦非不可赋予其清晰的逻辑推演以及明确的概念约定、甚至具体的经验实证,这也就是提出中国生命哲学与西方学术交流的目的,以及可被期待的贡献。

三、中国生命哲学的课题

中国生命哲学有其学派的争议,就显示有其理论的差异,然归根结底,是其问题的不同,也就是不同学派要面对及解决的课题是相互别异的。从学派各自角度所见的生命的图像是一套完整的架构,但是各家设定的图像并不相同,分析差异的重点必须在其核心关怀,简述之有世间法及出世间法的差别。两者的差异是其世界观的此在世界或它在世界之别,前者实现理想于此我生命或及于家国天下,后者追求生命的理想于宇宙终极的彼岸世界。而世间法又有体制内追求生命理想以及体制外实现人生目标的差异,前者实现理想于家国天下,后者追求个人自由于山林天地之间。出世间法则各自依它在世界观而说明生命的意义与发展的目的,然而即便是有它在世界观的出世间法哲学,亦无一不更为强调此在世界的生命实践,因为生命毕竟是现在此世的,即其言于以出世的心做入世的事业的。然而,世间法与出世间法的入世事业,还是各有别异,关键在于价值意识,即便同在体制内追求理想,还是有不同位阶的利害考虑,儒、墨、法家之间就是这样的情况,这是世间法本身差异。

四、研究中国生命哲学的问题意识

面对如此纷杂的理论实况,必须有良好的哲学工具以收以简驭繁之效及澄清宗旨、解消误会之功。为使中国哲学能有现代化、国际化的讨论面貌,必须促使其能响应"逻辑思维、经验检证、语意约定"三大要求。就逻辑思维而言,从生命图像的整套架构而说,宜有宇宙论、本体论、工夫论、境界论四项哲学基本问题以为理解与诠释的架构。宇宙论说时间、空间、材质、基本元素、宇宙发生、个人生命的生死历程、有无死后生命、有无它在世界及其存有者、个人命运的有无及其形成等。本体论说价值意识、说整体存在界的存在意义、说生命追求的理想，以为人生的指导原则以及个人生命追求的目标。工夫论说明改善生命现象的操作方法，包括心理修养方法的本体工夫，以及身体知能的宇宙论进路的修炼工夫，还包括工夫实践中的入手、次第、境界等问题。境界论则述说理想完美人格，中国生命哲学就是要追求人人成圣、成贤、成仙、成佛的理想，境界哲学是以上宇宙论、本体论、工夫论的最终结穴之地，可谓生命的完成便在于此。

以上针对理解而说，当然，提炼一套良好的解释架构本身已经是研究中国哲学的核心课题了，但即便中国哲学被清晰地表述完成之后，它还是要面对经验上的实践以及效用上的检证问题。具体实现是工夫论及工夫实作的问题，儒、释、道三家都是材料众多，亦争辩不已。

检证则是另一问题，《春秋》就是对鲁国君臣生命实践的检证褒贬，《人物志》是对国家级人才的行止优劣的检证理论，《菜根谭》是对士君子为人处世的智愚贤不肖的评价理论，《禅宗公案》是对比丘修行到位与否的测验纪录。实践交由工夫论说，检证就在上述这些作品中说。这是知识论进路的中国生命哲学最具特质的内涵，应列为当代哲学前沿问题中最尖端的项目，因为它是最具体可以落实于人文教化的操作守则。这是讨论"经验检证"的问题意识。

而为使谈论中国生命哲学的概念被清晰地认识与讨论，则有"概念范畴"的研究，是为存有论、形上学进路的中国哲学基本问题，这正是响应"语意约定"的问题。范畴有多类：存有范畴是其核心，有天、道、理、气、性、心、情、才、太极、阴阳等。多有学派共享现象，但核心意旨需在宇宙论、本体论的背景下识别。价值意识是其重点，这即是各家本体论的价值命题，有儒家仁、义、礼、知，道家无为、逍遥，佛教苦、空、般若、菩提心等，然此项价值意识需在各家世界观背景下认知，亦即必须在各家不同的世间法、出世间法的架构上落实其义。抽象功能是其特色：许多中国哲学研究的课题落实在这些抽象功能的概念上，然而，它们与存有范畴的概念有所不同，存有范畴依学派体系可以确定其义，虽能共享，但各家不同。抽象功能的概念就难以绳约了，关键在于它们只是藉以描述理论的形式语，本身意涵跳动不一，如有无、本末、体用、动静、一多、内外,虽然大量出现在各家文本里,但即便是一家一派同一著作不同段落都还是有意旨的不同,解读时宜随文知义,不可定于一义。

五、研究中国生命哲学的方法

第一步:正确理解准确诠释。

以上问题意识澄清之后,研究方法也就易于到位了。面对中国生命哲学的内涵,首先要正确理解。许多儒、释、道三教之间的辨正,本身就是对于它教的不了解才导致的,甚至儒佛内部自己的学派之争,还是对于他人的学说不明白所致,导致纷争不断,关键是没有良好的问题意识,缺乏完整的视野框架。同时,许多现代学院的中哲研究则是囿于视野,常常是片面导入,又或是拆解太过,以致精蕴尽失。因此,以上述哲学基本问题的四方架构以为文本解读的工具,是为中国哲学研究方法的第一工具。其目的在厘清问题,解读意旨,以收正确理解准确诠释之效。之后一切的哲学问题的探究,无不须依据上述架构,以文本的深入理解为基础。

第二步,展开知识论、形上学以及各种哲学问题的探究。

文本理解清楚之后,各种研究方法都可以展开,包括西方哲学的知识论、形上学、伦理学进路。

知识论探究问题亦有多元,首先,说明其理论形成的系统性架构,即上述四方架构的合理性问题。

其次,进行合理性及合法性的检证,但首须认识,就生命哲学的理论体系而言,各学派的教主皆是亲证实践之后的知解陈说,研究者不一定能理解,但切勿直接否定,否则定无正确理解之效。中国生命哲学之所以难以理解,关键在于世界观的不同,以及价值立场的别异,前者诉诸个人感官知觉能力的确断,后者诉诸个人意志力的挑战,前者可因修炼而提升,后者可依修养而坚定。没有相应的实践或是信仰,理论研究就是空中楼阁,就算符应了逻辑性、语言清晰性的要求,也尚未触及核心的实践课题。因此,对于此在世界体制内哲学的研究,首须认同其价值立场,否则难以立功。对于它在世界彼岸哲学的研究,首须接受他们的世界观,否则无所谓正确理解与准确研究。因此,对于创造此教派的教主的理论体系的研究,首先以系统性架构合逻辑地推演而出,而对于这套理论的检证,实在就是理解与相信而已,因为,它们都是历史上早已被实践检证过的生命哲学体系。真正可以讨论检证问题的,就是后学者的实践成效。

对于实践者亦即信徒、教徒、信仰者的检证研究,重点在对他们的实践的检证,而非理论系统的一致性。这就需依个案而为,至于检整的智慧,则早已在禅宗语录、儒道《菜根谭》《人物志》《近思录》等著作中被揭露了。另一个要点是检证者的状态。检证者需是诚恳的,自己必须是已经达到了更高级的境界了的,如阳明对弟子,如禅宗师徒间。而且,检证时通常又同时是教育时。

系统性与检证性之外,还有适用性与选择性的问题。各学派有其关切的不同阶层的对象,也就有其追求的不同价值的目标,亦有其理论合理性的不同定位及判准,这是适用性问题,各家适用对象不同,因此都是合理的,问题通常只是没有搞清楚讨论的对象而已,是人民百姓的哲学? 还是基层官员的哲学? 还是高层官员的智慧? 还是帝王的价值? 还是个体户自由业者的需求? 还是一心超生追求彼岸者的生命。这个问题也类似哲学知识社会学的问题。

选择性的问题,指的是个人如何在生命场景中使用不同的人生智能之学以为肆应的对策,一般人是各家都可用,世间法的智者却是各家都必须学到位,至于出世间法的智者,仍是一家直入才可。世间法的各家选用时,还需各家的理论有其精准的理解为前提,就是对前述各家适用性领域的认知。

以上各个项目,都是研究者的知识论进路的中国生命哲学之研究。所有的议题都是西方所未及,关键就是中国生命哲学确乎真正是针对生命的修炼与奋进的学问。

形上学的研究是中国生命哲学研究的老传统了,老子道论、朱熹理气论就是最佳的材料,依据前述概念研究的几条脉络,存有范畴、价值意识、抽象功能等三类概念,都有形上学研究的意义在,冯友兰继承这项传统而有新理学之作出现,牟宗三则是包含了工夫论及知识论的特质而谈中国哲学的形上学,但若是不能准确其学派脉络及世界观架构之不同,又有学派立场的坚持之时,其说皆有片面独断之失。

伦理学、美学、逻辑学、语言哲学、社会政治哲学等进路的中国哲学研究,皆是可谈,唯一关键就是文本的理解深度,以及分设在不同学派世界观下的研究必须是纲领,就像我们谈西方价值观跟基督教价值观也是不能简单等同的道理是一样的。

第三步:从自由与命限问题上说明中国生命哲学的人生出路。

儒家对命限是接受,但无形成的原因,就是气禀的偶然而已。生知安行,学知力行,困知勉行。生命的出路就是找到理想,为社会服务,聪明才智大者服千万人之务,小者服一己之务,以使命解消命限。每个人追求自己成为儒者,形象上就是君子,依据性善论,最终人人可为尧舜。

道家庄子就是有命限,也是没有形成的原因,就是造化无目的的安排结果而已,所以生命都是美好的,一切的命限出于社会体制世俗价值的划分所生的误解,否定世俗,脱离体制,一切命限就不成其限制性了,也就是不受体制束缚,追求个人生命的自由,成为自由业者。庄子也有它在世界观,也有它在世界的存有者,系统中也有以成为神仙为目标的修炼哲学。

佛教的命限是有的,六道轮回就是最大的限制,但有形成的原因,也就是造业自受。原始佛教的解脱论就是行八正道,舍离欲望,就能摆脱命运的束缚,最终解消一切受生的束缚,而超越六道,成为不死不生、住动天地、飞行变化的阿罗汉。大乘佛教不急求入灭,反而是以简朴的生活积极救世度人,在人间以人的身份行菩萨道而修行,藉由学习助人而提升能力境界,福报增长,在轮回中也是最终会超越六道,而成诸地菩萨,最终升进成佛。

六、响应欧洲生命哲学研究计划的课题

在中国哲学文本意旨清晰的前提下,任何哲学议题的研究还是必须区分儒、释、道三家不同的脉络才能进入及展开,这是因为三家世界观不同,价值立场有别,理想人生各异。就像西方堕胎及同性婚姻议题,基督徒与非基督徒就有截然不同的立场一样,首先必须互相理解,进而互相尊重,最后才

有解消歧见的可能。

中国哲学的特色在于实践哲学,也就是工夫论,这是针对与西方哲学的思辨特质而说的差异,在中国哲学中,认识能力取决于工夫操作之后的新境界,有没有做工夫对于谈论事情的深度与角度是大相径庭的。中国生命哲学是提出理想以待实践落实的,而不是提出假说有待论证辨理的。辨理可以,争高下与对错是不可能的。关键在于价值立场是选择后建立的,世界观是修炼后开启的,宇宙论、本体论、工夫论、境界论的命题都是在实践的进路下可能的,彼此无从说服对方,也不可能因争辩而有结论,只有各自的理解与实践才是清晰的。

应用中国哲学是学习它们的目的,人性的实况两千年没有变化,人生的问题、生命哲学的命题从轴心时代起的知见迄今有效,正确理解、准确诠释之后诚心为之,就可以面对现代生活,但方案不同,终极境界有别,总需选择,却还是必须立足于文本的了解。

七、中国生命哲学的现代功能与实际发挥

了解了儒、释、道、墨、法各家,学习《周易》《人物志》《近思录》《菜根谭》《弟子规》《了凡四训》等,对人生是有莫大的裨益的。

做人,首先要做一个儒者,对家国天下有一个承担的胸怀,对自己的角色有一个扮演的使命,对手上的职位与任务有一个认真诚恳的做事态度。事有可为,必全力以赴,若时不我予,则采取庄子的价值,追求自己的兴趣嗜好,自己自在了,周围的人也会变得比较正常了。如果时运太好,跻身高层,务须有老子无为的智慧,功劳是长官的,权力是分享的,利益是干部的,资源是天下人的。这样保证永在高位,不会有人拉你下台。在高层做官的人,虽上得去却又滚了下来,都是没有顾及人性的负面心理,犯下了没有照顾世俗利益的错误。自己立志做圣人,但无法要求周围每一个人都是圣人,那就要给,利益给世俗中人,给了,天下才是自己的,如果自己没有这等胸怀,就别想做大官了,当然,做官是为了做大事,不是为了求私利,人云亦云,人坏亦坏,当然也是迟早会被逐出高位的。

如果竟然承担天命,成为体制上的最高位之领袖,此时需要认识到,天下安危系于一人之身,保护自己的权位与保住国家、公司、政党的存在是同时重要的大事,事与人办,而此时就是用人与政策两件大事要自己定夺。用人方面则以《人物志》的人事管理智慧去拔擢人才,治国方略上则必须是自己经年累月的殚思竭虑,而于此时顺势端出,若胸中没有方略,务必不要站上高位,否则组织必将因为没走对路而致崩坏。人事正确政策正确之余,并需以法家的富国强兵的管理哲学去巩固体制,重视法令,赏罚并施,这又非得要有坚毅的性格者不能办到,韩非以为用法可让庸君治国,实际上庸君就是缺乏坚定意志的人,法在手上也不会用,遑论术与势,最后还是被他人赶下台。所以有才能的人,做个高位的管理者就好,管好本分,届龄时安然下台。除非天纵英明,性格刚毅,忍心赏罚,否则都不能成为优秀的最高领导人。

经历了人生的一切,品尝了各种滋味,人生总是苦多于乐,于是学会了探问生命的真相是什么?生死的历程是如何?老病死的忧愁如何免除?这就非要佛教不可了,它说明命运的形成以及生死的过程,若是一切放得下,专心修行,重新面对自己永恒的生命,大丈夫就从此又是一段伟大的事业,但全数是心上工夫,与现世利害无涉。若无这等气魄,仅以庄子的快乐哲学面对自己,自在快活于人间,这也是另一种悟后的解脱。

当然,爬上高层的人少,彻底开悟极为不易,多数人都是在社会的底层、中层谋讨生活,若是处在底层,多多寻求体制外的民间团体以为生活安顿的依赖,墨家哲学即此一型,民间百姓的社会互助团体,只顾人民的需求,不问国家的大事,为国所弃则组自救团体,间有宗教信仰,借鬼神以慰藉心灵。若在社会中层,多学习《易经》六爻的情境逻辑,知道人间世界的阶层命运,知道应对进退的吉凶祸福。也可以藉由《菜根谭》洗练的智慧语录,调整自己的处世之道,生命的困境之所以发生,关键都是自己对自己的私欲不清明,对别人的欲望不了解,一味活在自己执着的世界中,结果进退失据,《菜根谭》一条一条都可以打破自己的这些迷障。

这些中国生命哲学的指导智慧,都直指生活,接地气,然而,学院内的哲学讨论,往往陷入抽象推理、形式计较,以及语言分析,缺乏实践感动的理解,都像是王阳明讲的理在心外,陆象山讲的支离,没有感动的效果。中国哲学当然可以逻辑理性地推演,当然可以语意清晰地解明,但若不在实践的轨道上学习理解讨论研究,那么中国哲学的特质是隐蔽的,只是徒然借给西方哲学做西方问题的讨论素材罢了。

中国哲学的研究,在历经二十世纪大家开创之后,目前陷入了碎片化的琐碎研究的情境中,学者为了计划落实,普遍找寻安全易写的题目,根本问题没能思考,哲学真理乏人问津,十分可惜。伟大的时代需要有伟大的哲学、清醒的思想,中国的崛起当然意味传统优秀的中国哲学同时起立,中国历史当然有高低起伏,甚至不好的时代多于好的时代,但今天,应该是追求盛世的时机,团结中国传统中的优秀哲学智慧,落实中国生命哲学的种种理想,各家各派都有高智慧的实践者。莫把中国哲学当西方问题的素材,要把中国生命哲学的特色建立起来,还原它引导人生追求理想的角色功能。

八、本书各章节的要点

以上导论,实际上就是本书各章节的总结之综述,本书之作,集结了笔者近四年来涉及的中国生命哲学真理观所思考的各种创作之观点。此处的核心架构,就是针对中国生命哲学的知识论课题之四大问题的深化与互动。那就是系统性、检证性、适用性与选择性问题。

首先,第一章:"二十世纪中国哲学与二十一世纪中国哲学",就是在讲述如何找到一个中国哲学最前沿的问题意识,也就是知识论问题,本书中,则是以真理观说之。

第二章:"论人心在生命哲学中的理论地位及其作用",就是系统性问题的一个补充的侧面,系统性问题的种种讨论已在笔者《中国哲学方法论》专书中全面展开,就中国哲学的工夫论特质而言,本章之作,点出其中作为主宰的人心之核心角色。

第三章:"论理解在生命哲学中的作用",也是属于知识论的系统性问题的补充之作,强调生命哲学重在主体的实践,没有相信就没有实践,没有实践就没有真正深入地理解,因为中国哲学不是客观抽象命题的推演建构而已,而是主观的价值选择并坚定意志地实践的哲学,没有主体实践的涉入,就等于没有学习到它,因此也就不是真正地理解了。

第四章:"生命哲学的检证逻辑",本章正式进入生命实践哲学的知识论第二大课题,即检证性问题,本书全面展开,从四大哲学基本问题的检讨讨论入手,并揭露了检证问题的讨论应以人为主,有创教者、实践者与研究者之别。

第五章:"生命哲学的检证者理论",本章接续前文之作,集中讨论检证问题中的人的主体角色,除了创教者、实践者、研究者之外,再提出检证者的角色原理,继续深化生命实践哲学的检证问题。

第六章:"中国生命管理哲学的理论与材料",本章进入真理观问题的第三项,适用性问题,本章先从管理的侧面切入,更能切中各家在管理功能上的重点,以为适用性问题的深入讨论作铺垫。

第七章:"中国生命哲学的多元真理观",本章建立真理观的多元性立场,亦即各家哲学有其适用的范域,都能成立,重点是在不同的社会阶级眼光中看到生命的需求,本章并正式建立周易六爻的解释架构,将适用性的阶层与六爻理论有机结合,展现中国生命哲学的最大特色。

第八章:"中国生命哲学真理观的选择性问题",当系统性、检证性及适用性问题都获得厘清,接下来便是选择性的问题了。这指的是一般人对于各家哲学的选择,终身奉行还是随机采用? 终身奉行的话应如何看待各家的真理观? 随机采用的话那个随机的原理是什么?

第九章:"中国生命哲学中的自由与命定论",儒、释、道三家都认同生命是有限制的,但却都为生命找到出路,针对生命的奋进在三家都有充分的理论建构,这就是三家都值得人们选择并实践的缘由。

第十章:"以《周易》六爻的阶层逻辑谈中国生命哲学的真理观",是本书的收尾之作,文中强调,各家理论都有其成立的合理性,既然是生命的哲学,就可以有不同的选择,而这样的选择,正好可以藉由最具中国哲学特色的周易六爻架构予以呈现,然而呈现并不是决定,而是各家本来的心灵在决定理论的内涵,是以本章等于是同时处理了适用性、选择性以及各家成立的检证性问题,作一个总体的再检视。

九、小　结

冯友兰先生曾提出接着讲和照着讲的中国哲学研究方法观,本书之作,是笔者在无以计数的照着讲的基础上,所创作的接着讲的中国哲学研究成果。牟宗三、方东美先生都深入讨论中国哲学的特质,本书之作,即是在把握中国哲学的特质即是生命哲学、实践哲学、人生哲学的形态上的创作,集中地处理中国哲学生命实践的特质在真理观上的检证问题、适用问题、选择问题。笔者《中国哲学方法论》之作,主要讨论中国生命实践哲学的系统性解释架构;《中国生命哲学真理观》之作,则是处理生命实践哲学真理观上的检证适用选择的课题,企图深化中国哲学研究方法,并与西方哲学沟通交流,祈有贡献于普世的人类哲学问题中的生命实践理论。

第 一 章

二十世纪中国哲学与二十一世纪中国哲学①

一、前 言

二十世纪的中国哲学样彩风华,中西交流,传统重现,新意竞起,然而,中国哲学从二十世纪走到二十一世纪,作为被理解与待诠释的哲学,就它自身的发展而言,有多大的进步呢? 总结过去一整个世纪的成果,只有以哲学基本问题为进路的研究尚有推进中国哲学自身义理创造的理论功效,其他所有的研究,可以说只有研究者自己认识能力的成长的意义而已,本书提出宇宙论、本体论、工夫论、境界论的四方架构,以总收哲学基本问题的研究法,有别于以西方哲学模型和中国概念范畴进路的研究方法,作为使中国各学派的理论以系统性的理论架构被陈述的哲学建构方法。然而,中国哲学义理自身的证立问题,却是下一个更重要的理论发展问题。实践哲学各学派只能是互为主观的学说,客观性义理推演只发生在系统内部,各家都是价值的自我认定与实践的创造而有的理论与现实的成果,不同学派之间没有否证彼此的条件。至于实践者的实践成果之印证,信念相同者才有印证的诚意,没有诚意的他人,也无法印证。就印证的学说而言,儒道的《人物志》《菜根谭》所说甚深,佛教禅宗的公案也正是印证的作品,研究这些作品可以深入中国哲学理论对实践者实践成果的衡量智慧。只有在中国哲学理论的系统性架构之建立,才能让中国哲学被哲学地建立起来,只有对中国哲学的实践特质提出有效的检证理论,才有中国哲学证立自身的义理发展。作

---

① 本章已发表于《哲学与文化》2016 年 1 月,主题:《二十世纪中国哲学与二十一世纪中国哲学》,《哲学与文化》第 500 期,第 151—164 页。

为实践哲学的真理观,面对三教辨正的义理检择,这都是知识论的课题,发展中国哲学知识论的议题,是从二十世纪面对理解问题走向二十一世纪面对证立问题的再创造。

由台湾辅仁大学主编的《哲学与文化》月刊,近期推出了五百期特刊,总结了近半世纪以来的哲学研究成果。笔者主编了《哲学与文化》第374期的"朱熹哲学专题",第423期的"当代中国哲学专题",第461期的"中国哲学心性论专题",第471期的"当代儒佛辩争专题"。主要都是当代中国哲学的研究方法与问题意识和理论辩争的讨论,即便是朱熹哲学专题,也是在讨论对当代诠释的梳理。笔者认为,中国哲学谈的是实践的智慧,智慧必须就是真理,然而真理又有三教之多元,如何落实这一套人生智慧之学的真理观议题,才是中国哲学走出过去,创造新说的关键问题。本书之做,将反省二十世纪的哲学研究之创作意义,以及提出二十一世纪的中国哲学研究的新路向。

二、研究的面向与创作的面向

笔者对于中国哲学的现代化研究,素来关切,中国哲学现代化的成果有两个面向,一是现代人无论东西方学者对中国哲学的学习研究所展现的现代面向,二是传统中国哲学的真理观走向现代所应呈现的创新面貌。这两个面向当然是一而二、二而一,互为相关的。然而,自然有许多现代学者的研究只能顾及自己关切的兴趣面向,甚而谨守自己所能掌握的问题意识与研究方法而展开的研究,这样的研究,若非针对中国哲学的真理观的开展,只能说是第一个面向的呈现,就这个面向的呈现而言,可谓丰富至极。然而,能否从这一个面向中找出中国哲学真理观的现代展现面貌呢?这就不一定了。笔者认为,展现中国哲学真理观的研究,首先应该掌握中国哲学的特质,且需以严密学的哲学论述系统予以结构,呈现儒、释、道三家各自的真理面貌,从而能还原中国哲学作为引导性哲学的人生指导功能①。就此需

---

① 参见劳思光先生《思辩录、思光近作集》(台湾东大图书1996年版),其言:"我自然不会轻视儒学的形上学或工夫论,但我深信儒学对社会文化的引导功能,是我们要特别注意的,因为这是儒学前途的兴衰关键。"(第53—54页)

求而言,笔者所主编的当代中国哲学研究各期,都是希望能够引出这一个论题的尖端意见。

三、二十世纪的回顾

回顾二十世纪的中国哲学研究,对于中国哲学的创新之路是跌跌撞撞的,民国初年,处于认识西学的阶段,梁漱溟的《东西文化及其哲学》是其中最有贡献且意见最为中肯的大作①。抗战以前,新文化运动以及冯友兰的"新儒学"创作,是中国哲学现代化的再下一程,尝试性的效果已显。1949年以后,港台学者的创作,便真正展开了中国哲学现代化的创作工程,理论以系统性的方式表达而出,建构说明中国哲学理论体系的架构,正是方东美、唐君毅、牟宗三、劳思光几位大家的学术贡献,其理论意义在于以哲学理论的进路言说中国哲学的意旨,明确化中国哲学异于西方哲学的特质,有系统化中国哲学理论建构的贡献。

在此同时,中国大陆发展了马克思主义的中国哲学诠释史观,有其特色,但偏颇之处甚多。改革开放以后,有文化热,对于中国哲学的研究,主张返回中国哲学概念范畴的研究。然而,概念范畴既负担了问题意识的功能,又扮演了哲学主张的角色,对地毯式细节探索有其贡献,但对理论以系统性表述的建构,功力不足。伴随概念范畴研究的回到传统的文化运动,还有另一个风貌,那就是国学的复兴。中国台湾地区在1949年之后就极力推动中国文化复兴运动,从中小学教科书到社会人心的雕塑,可以说台湾社会是传统文化走向现代社会的良好代表。而中国大陆地区,则是到了近二十年,国学才在民间甚至政府的层次受到鼓舞,目前正急起直追中。但是文化复兴与国学推动,只是中国哲学现代化的土壤,并不是它的理论创作的利器。

这一个阶段,除了上述诸大家的创作以外,亦有许多学者以西方哲学家的理论体系为模型而陈述比对以研究中国哲学,柏拉图的理型论、亚里士多德的潜能实现及四因说、斯宾诺莎的能产的自然与所产的自然学说,康德

---

① 参见梁漱溟:《东西文化及其哲学》,台湾商务印书馆2003年版。

的实践理性学说,海德格尔的基本存有论,一家一家都有可为言说中国哲学的理论借鉴,然而,毕竟问题意识是西方的,理解与讨论的成果只是将东方拉向西方,却对东方的理解之深入贡献不大。

时序继续演进,中国崛起,西方学者热烈研究中国哲学,也影响了中国学者的学术讨论的氛围,这一波的中国热,更加速了东方哲学向西方行走的形势,意思是说更多元地以西方哲学的问题意识研究中国哲学的材料,这样的做法,更有效地让西方学者以自己的眼光认识中国哲学,但是,对中国哲学本身的创造发展而言,它的创造,不是在原来的问题意识的脉络上前进,而是在西方思想的问题意识的脉络上前进。这样的氛围,正是二十世纪与二十一世纪之交的新主流风貌。谈中国哲学,或者以分析哲学、以语言哲学、以逻辑学、以后设伦理学的方法解读中国哲学文本,参与西方学术讨论,将中国哲学的素材贡献给国际学术界。又或者,遗忘了理论以系统性的表达方式以为陈述的哲学之路,而与中文系、历史系的研究方法搅混在一起,一家一家更深入、更细节、更地毯、更地毯学术的研究成果被呈现,确实有学术的贡献,但是哲学的创造力依然不足。

四、二十世纪的创新及其限制

然而,中国哲学自身的发展,也就是前述第二个面向的开展,并不因为上述这些研究而有重大的前进。关键就是:一是指导人心的传统哲学,要有精确的现代论述才能感动人心;二是指导性的实践哲学,本身有它在哲学理论上的再论证的理论需求。第一个任务的努力,人可为之,前述国学的运动,正在打基础。为了让其意旨更清晰,从哲学基本问题的进路论述它的精义才是正途大道。更早之前的冯友兰新理学[①],以觉解说四境界,企图补足新理学四大命题的太形上学偏失,这个理论建构的努力,在他后来的《中国

---

① 参见冯友兰早期代表著作:《贞元六书》是冯友兰在抗战期间写作的,其前后的次序大致如下:《新理学》,1939 年;《新事论》,1940 年;《新世训》,1940 年;《新原人》,1943 年;《新原道》,1945 年;《新知言》,1946 年。

哲学史新编》中见到了不少工夫论的名相①,但也未能大张旗鼓地论说。方东美先生以本体论和超本体论提彰中国哲学的特质②,认为中国的超本体论将理想点化于现实世界,是其优于西方哲学的精要之论,但超本体论指的是道德实践的活动,其实就是工夫论,这就不免把形上学和工夫论混在一起论述,这样并不容易让西方学者更了解并认同中国哲学的特殊性。劳思光以心性论、形上学、宇宙论的三型评比传统中国哲学,主张心性论中心与优先性③,认为这才是成德之教的有效理论,但是把宇宙论、形上学的功能过度贬抑的结果,使得中国哲学的系统性论述受到限制,义理彰显的成效打了折扣。

牟宗三以动态的形上学说中国哲学的特质④,这与方东美的超本体论和劳思光的心性论一样,都是要强调中国哲学的实践特质,用意甚美,但不免仍陷在形上学中心的问题意识及理论建构中,其实,说动态就是说的工夫论。牟宗三另说"只有道德的进路才能证成形上学的命题"⑤,但谈证成就是知识论的课题,当儒家能以道德意识证成儒家形上学的同时,道佛不能以无为、以般若的实践证成道体和佛性的形上学命题吗? 这点牟先生以实有和非实有强说哲学必须为实有而奋战,而将道佛贬为非实有的体系。在同一个三教辩的问题上,劳思光先生则是以建设性的文化肯定论而说道佛非是文化肯定论者,以此评比三教,而高儒于道佛。这就是以定义为论证,仍然不是针对三教真理观的抉择的理论性辨析之作。

五、系统性解释架构的建立

以上各家都一方面未能将工夫论独立地提出作为中国哲学的基本哲学

---

① 参见冯友兰:《中国哲学史新编》,台湾蓝灯文化 1991 年版。
② 参见方东美:《原始儒家道家哲学》,台北黎明文化 1983 年版。
③ 参见劳思光:《新编中国哲学史》,台湾三民书局出版 1981 年版。
④ 参见牟宗三:《中国哲学十九讲》,台湾学生书局 1983 年版;《智的直觉与中国哲学》,台湾学生书局 1980 年版。
⑤ 参见牟宗三:《圆善论》,台湾学生书局 1985 年版。

问题,而总是将工夫论和形上学混在一起述说。另一方面又不能独立地看待知识论课题,而将知识论问题和哲学体系建构的问题合在一起讲。这就使得从哲学基本问题的进路建构中国哲学的理论体系的努力工作仍需再接再厉。笔者在此一问题上,提出以"实践哲学的解释架构"定位中国哲学有别于西方哲学的特质①,以及揭示中国哲学的义理脉络。中国哲学是实践哲学,理论的建构以提出人生理想为目标,人生理想基于对世界的认识,宇宙论与本体论则是述说世界观的两大哲学基本问题,这就是形上学部分,此处清晰,则有宇宙论进路的身体修炼工夫和本体论进路的心理修养工夫之得以言说,做工夫达境界,则有理想完美人格的实现以为理想人生的落实,于是境界论成为中国哲学理论的结晶。这一个实践哲学的解释架构,是四大问题互为推演形成一致性的理论体系。这就有别于西方形上学、知识论、伦理学各是三种不同的哲学问题,且哲学史上又是一家一家推翻前说的境况。知识论时代来临,形上学的工作方式便被推倒,启蒙运动以后,只有黑格尔勇于建立形上学,之后之外者都是知识论问题意识下的各种哲学创作。而伦理学则或者是形上学进路的讨论而有后设伦理学,或者是知识论进路的讨论而有语言分析的或逻辑推演的伦理学。中国哲学则不然,宇宙论、本体论、工夫论、境界论紧密结合,且是以学派的进程在各家之内经历两千年的推进而一家一家地捍卫本门学说。唯三教之间的辩争不能免除。

六、面对三教辨正的问题必须由知识论进路来解决

然而,辩争之可能与否,必须经过知识论的讨论。中国哲学自古以来,就没有真正笛卡儿意义下的知识论的反思,也就是命题从认识能力的可能性探索其意义成立的依据。但是,做工夫却是可以证成形上学的方法,而工夫论则是与形上学合构的理论系统,这当然有别于西方知识论对形上学普遍原理进行反思之后②,将传统形上学的命题皆予以否定,当然,知识论时

① 参见拙作:《中国哲学方法论》,台湾商务印书馆 2010 年版。
② 参见拙著:《中国哲学方法论》,第九章"中国哲学的知识论问题研究",台湾商务印书馆 2013 年版。

代的哲学也在经由认识能力的反思之后重新建构了不同形态的新的普遍原理,如笛卡儿的心物二元,与康德的先天范畴。但是中国哲学的工夫论却是两千年不断地为着同样的形上学普遍原理而合会、发挥、补充着。然而,做工夫达到境界而证成了形上学原理,那么,就此而言,如何确认实践者已经达到原来本意下的普遍原理? 还有,当初创教者对于普遍原理的言说如何意识它是真理? 这两个问题,正是实践哲学的知识论课题,其一是创教者的创造,对于人生理想的真理揭示,如何定位它是成功的? 其二是实践者的工夫,如何印证他已经达到了最高境界?

笔者以宇宙论、本体论、工夫论、境界论四方架构论述中国哲学各家理论的内涵,这是改良牟宗三、劳思光、方东美、冯友兰的哲学基本问题进路的解释架构之建立,完成了述说中国哲学的系统性陈述工程,但是上述知识论的两大问题,才更是中国哲学理论本身的再证立的新问题。儒、释、道三家可以在四方架构下被系统性一致地自圆其说,完成梁漱溟所说的理论以系统性的方式表述的哲学工作,也有别异于西方哲学的东方特质之定位的贡献,但是儒、释、道三家作为一家一家自命为绝对真理的真理观问题,尚未开始讨论。牟宗三先生说的只有道德的进路能够证成形上学的意见,就是知识论的问题意识下的发言,儒学是真理,道佛就有所不足,所以三教辩争非进入知识论思维,否则不可解决。这个问题才是中国哲学再度证立自己的理论发展。

理论必是问题意识下的发言,问题不同,主张便不同,若是三教问题不同,则谈何辨正? 笔者提出的哲学基本问题,假定三教有共同的问题意识,但这是抽象地共同,具体的问题三教仍是有别。儒家在家国天下的范围内谈人生的理想而有圣人之教,道教在天地之间甚至是天界之上谈人生的理想而有神仙之说,佛教在三界之外谈成佛的境界。都是理想人生的问题,却有不同的适用范围。即便同是天下范围内的哲学,儒家自体制之内强调服务的人生观与责任的承担,老子则强调领导者的不争与无为的智慧胸怀,庄子根本否定了社会体制的价值而重出世立场,主张体制外个人生命境界的追求,《易经》再度将人生拉回体制,而有上下卦六爻的进阶以为应对进退的必然逻辑,《人物志》全谈人事,《菜根谭》全谈意境的体悟①。许多表面上意思不同的话，未必有直接的对立冲突，必须深入讨论范围，才真正能掌握适用领域，彼此圆融无碍，才能在应对之际优游选择任我所用。

至于各学派内部之间许多的冲突问题，几乎都是不同的哲学基本问题的交错误解，厘清问题就可以解消争议，例如讲形上学的程朱和讲工夫论的陆王，讲境界的南禅和讲工夫的北禅。这些理论内部的差异，都可以透过哲学基本问题的意旨厘清而得以化解，但是，学派内部的冲突就算可以化解，学派之间的竞争却难以止息。应该如何反思？以讨论三教辩争的问题呢？

语言有限而意旨无穷，虽是共同的哲学基本问题的语言，其实内部涉及的范围仍是差异甚大。从宇宙论进路说，道教和佛教已有它在世界，且各自不同，这就不能和只在经验现实世界的儒家哲学做意见的较竞，宇宙论不同，本体论不可能相同，工夫论和境界论也就随之有别。因此三教各自是自圆其说的系统。果真是自圆其说的系统，比较则趣味浓厚，较竞则没有结果。不认识对方理论下的较竞都是各说各话，如同篮球选手讥笑足球选手得分太少的意见，不值反驳。

七、面对真理观问题必须谈实践哲学的检证原理

辨正都无可能，证成又如何？创教者的理论必是自己实践已成或有丰富经验体证下的发言，对其自身而言就是绝对真理。然而，各自证成之下，各家就都是真理观了，问题只是不同学派之间能否正确理解对方而已。创教者对宇宙论的见解，虽无现今科学仪器的检测，但有主体实修的经验，这就是宇宙论进路的身体修炼工夫，操作之后有感官能力的提升而有亲证的认知而有它在世界的言说，这就是道、佛两教它在世界宇宙论知识的显示结果，甚至，意想到哪里，世界观及主体能力就被开显到哪里，宇宙论的知识竟是主体自己的身体修炼的开显结果。宇宙无穷，开显有限，呈现什么就言说

---

① 参见拙文:《中国管理哲学的理论与材料》，首届海峡两岸高校中华优秀传统文化教育论坛，中国高等教育学会、两岸文教经贸交流协会主办，2015 年 7 月 1—2 日。该文已收录于本书第六章。

什么,所以有了道、佛两教诸多不同的宇宙论系统。

开显宇宙论知识的同时有价值意识与主体意志的认定,所认定之观念即是本教的智慧,智慧亦是一独断,但有实践之继起,故有实现之结果,故能说为证成。所以独断也非对智慧的否定,而是独断是种种不同价值的自我选择,能证成自己是实践成功的结果,但对三教辨正而言,并没有否证它教的功效,因为它教在不同的价值意识下亦能实践亦能实现亦有证成。因此从创教者角色来谈理论的证成,只要有实现,有亲证,就有证成,而他人无从否定之。

接下来是实践者的印证。印证就是做到一学派理论的最高境界,或是有阶层的境界递升,然而,实践哲学的印证,不比自然科学的证明,经验看到了就是证明了,也不比数学和逻辑的证明,推算出来就是证明了。实践哲学的印证,常是如人饮水冷暖自知,他人的意见未必有用,必须是能力高于自己且是实有诚意的他人的意见才有意义,小知不及大知,能力不如自己的人是无法印证自己的成就的,更重要的是,理想人格的表现是在有同样理想的人身上才能有其肯定的,理想不同者,甚至是没有理想者,对于有理想者的人生实践是难以肯定的。

实践哲学的系统性只是内部自证其说的圆满,同时,实践哲学的检证的原理,也必须是自己的社群内部的事业。小知不及大知,只有同样信念的族群才能够认可自己的学说以及实践的成果,于是,诚恳变成检证的心理前提。检证上各家有此在世界及它在世界的系统性重大差异,必须分开讨论其检证原理的特质。首先,对于在经验现实世界的实践,过去已有许多评价的理论,就儒道哲学而言,《人物志》《菜根谭》都述说甚多,胡宏的《知言》,文字也不少①,佛教禅宗的公案,案案都是境界高下的展现。但关键还是个人理解力的深浅,以及个人境界的高下,这许多评鉴与评价的理论,苟非其人,难以理解,也难以应用。因此,检证的落实,前提还是功力的提升,也就是实践者自己要去实践以提升能力,而检证者也要有同样甚至更高的能力,

---

① 参见拙著:《南宋儒学》,第二章"胡宏在基本哲学问题的理论建构""第八节:境界论进路的人物评鉴智慧",台湾商务印书馆 2010 年版。

才能衡量同道的成就。由圣人眼中看来,谁是君子谁是小人是一目了然的,由禅师的境界看下来,一句话就知道弟子的深浅。

虽然,各家的检证经验不乏其说,但这并不是抽象思辨的理论检查,也不是逻辑一致的命题推算,而是真实经验的碰撞对勘。所以,中国哲学的检证理论,其实已经备具底蕴,除了各家经典的境界哲学相关论述之外,就是《人物志八观章》[①]、《菜根谭》的话语、禅宗的公案等,只是尚未进入哲学学术界的理论关切视野内而已,要讨论实践成就的检证方法,上述作品都是其中的经典,但是,关键还是个人理解力的到位与否。

回到实践者的成就印证问题,上述各文都是在现象上可以观察而得的,但涉及它在世界的能力及境界,就不是一般的智慧可以侦知,没有自身相同的特异感官能力,他人的实践就是一个神秘的意境,那就只能选择相信与否,选择的当下仍是一个经验值的判断,不论多么神妙的境界,单纯的善意以及诚恳的态度还是判断的准则,儒释道三教的圣人、神人、菩萨,只有更使人安心静虑,不会激起欲望,更不会引发争心,如果实践者在与修行者互动了以后,是引发自己的好胜心甚至欲望的话,那么这位修行者的境界必定是虚假的,同时愿意跟随这种修行者的实践者,也是自己修道不诚的显现,因为他肯定是为了利益而不是为了境界而来。

八、小　结

中国哲学是人生智慧之学,智慧就必须是真理,但真理的面向很多,不同的人生面向会有不同的智慧,儒家用于经验现实世界的社会体制的管理问题,老子用于管理者的领导原理问题,庄子用于体制不可信托之后的个人自由问题,《易经》用于体制阶层的吉凶祸福应对进退问题,佛教用于命运认识和生死的管理问题。这种种的差异现象背后正是理论的适用领域问题,适用领域清楚了,就没有辩论的需要了,不须辩论而全体应用时就看个

---

① 《人物志八观章》八观者:一曰观其夺救,以明间杂。二曰观其感变,以审常度。三曰观其志质,以知其名。四曰观其所由,以辨依似。五曰观其爱敬,以知通塞。六曰观其情机,以辨恕惑。七曰观其所短,以知所长。八曰观其聪明,以知所达。

人心灵的自由运转功力之深浅了。面对生活,各家理论都可以拿来应用,想要达到最高境界,当然必须一家深入,各家意旨的深度内涵,藉由基本哲学问题的解释架构予以说明,个人实践的深浅,则是做工夫之后的效果。面对深具实践特质的中国哲学研究,为追求其理论的创新发展,首先应让它系统性解释架构的建立,这是二十世纪中国哲学家的贡献,至于真理观的证成,则应该是二十一世纪的理论创新之重点。整整一个世纪以来的中国哲学研究,有许多是中国学者提升个人认识深度的成就,也有许多是西方学者将东方拉向西方的个人研究成果,但是中国哲学理论自身的创造性发展,国学之途只是土壤的提供,哲学基本问题的深化才是创作之功,而知识论的理论证立问题,更是二十一世纪的创作重点,系统性说之是中国哲学建立理论的第一步,知识论进路地谈证成的问题则是中国哲学现代化的第二步。从二十世纪到二十一世纪的中国哲学就是好好走出这两步路。

第一步,把哲学的理论系统化的建构,第二步,藉由国学的实践,把检证的理论与实务予以落实。二十一世纪,是我们好好实践中国哲学的时代了。

第 二 章

论人心在生命哲学中的理论地位及其作用[①]

一、前 言

当西方哲学讲唯心主义的时候,有柏拉图理型实在论的意思,也有德国观念论的意思,但这些都是形上学问题下的哲学立场。由于唯心主义的中文使用了心概念,因此有比对探究的需要。当东方哲学讲心学的时候,它却首先是实践哲学的意思。实践哲学追求理想的人生,需要透过自身的努力修养,提升实践的能力,以追求理想的完成。

对比于西方哲学是思辨特色的哲学,重点在定义、推理以及寻求实在与真理,理论的推演是哲学活动的根本要素。但在中国哲学中,却重视提出价值,以为人生的追求目标,价值是主观意志的选择,将之理论化成为宇宙论与本体论,对于实践的知识,则是工夫论,实践之后的理想人格状态,则是境界论。而在实践的活动中,人心便是其中最重要的主体,主导选择、判断、执行。本章之作,便是要将中国哲学的特质,从人心的作用的进路,予以揭明。

二、生命实践哲学的体系架构

面对中国哲学现代化的问题,重点就是将其理论化,将追求人生理想的儒、释、道三家的思想予以理论化的建构,建构之而以系统性的架构予以表

---

① 本章为 2016 年 8 月 21—24 日,笔者参加:Program of 2016 Dialogue between Chinese and German Philosophy,"Approaches to the Self:Classical Chinese Philosophy and Classical German Idealism in Discussions"。"中德哲学会议"而作,北京孔子四海书院主办。

达。但首先,中国哲学的特质必须掌握,这就是实践哲学要表达的重点。实践哲学的目的,在究明人生真相,以求完美人生。实践哲学的理论,在说明真相,以及提出实践的方法和最后完成的目标,就此而言,笔者提出宇宙论、本体论、工夫论、境界论以为说明中国哲学的理论架构。就真相之说明而言,需要现象的知识与价值的观念,现象的知识是宇宙论在谈的,价值的观念是本体论在谈的。针对价值信念,依据宇宙论的知识,则建立了工夫论,追求这个价值,实现了理想,达到了人生的最高目标,就是境界论在言说的。

宇宙论有许多次级问题,宇宙发生论、根本元素、世界观图标、现象变化的规律、生死过程、死后生命、命运之有无、天文学、历法学等。本体论就是一个最高价值意识,它可以有次德目,但最高价值意识是永不改变的,改变了就不是这个学派的立场了。工夫论有两种进路以及三种次级类型,下节论之。境界论是总和本体论、宇宙论、工夫论的最高理论完成,完成于提出一个理想完美的人格,说明儒家的圣人观,道家的神仙观,佛教的菩萨与佛就是境界论。

三、生命实践哲学的一致性、证明性与检证性问题

这四个哲学基本问题,形成了互相推演的系统,当它们能够被一致性地推演时,就是这个学派的理论完成了。理论创造于教主的智悟独断,并且被后来的实践者继续创作补充。教主必然是实践了故而证成其理论为真,后继的实践者也是经由实践而再度证其为真。有证量的实践者可以检证后来的实践者之实践,检证其是否达到教派的理想,这时候有检证的问题,至于教主和后继创造者的实践,都是证明而不是检证。

四、工夫论的两种进路

工夫论讨论主体实践的方法,意旨透过个人的身心训练,而提升能力,实践哲学就是对准个人的实践而追求理想的,实践就是关于身心能力的学习与锻炼。这就包括身体的锻炼与心理的修养两部分。身体能力要提升,

以追求超能力,例如佛教的神通与道教的法术。心理能力要提升,以追求意志的坚定,例如儒家的服务观与老子的领导力。提升身体的能力要靠宇宙论的知识,提升心理的能力要靠本体论的观念。宇宙论的知识涉及个人身体感官知能的部分,利用这种知识,透过对身体能力的修炼,而提升能力,并用之于个人生命或社会事业上。

本体论的价值意识,涉及人生的理想,个人的行为以这个价值理想为标准,正确理解这个理想的信念,事事以之为行为标准,端正行为,改正缺点,朝向自己的价值观而生活与实践,以落实自己的理想人格,这一切,都是心理上的工夫。儒家只有本体论进路的心理修养工夫,道家道教则以心理修养工夫为基础,而有宇宙论进路的身体修炼工夫,佛教则是两路并进,称为修行论。这个结构,也正好说明了宇宙论、本体论与工夫论在内在推演上的一致性。

五、本体工夫的三种层次

本体论进路的心理修养工夫,就是主体意志在主导其作用的,这就是心在实践哲学中的作用,即便是强调宇宙论进路的身体修炼工夫,依然要有心理修养的前提。心理修养的工夫,在传统中国哲学的理论建构中,发展出三种类型:其一,工夫入手;其二,工夫次第;其三,境界工夫。

工夫入手指的是操作的方法,谈如何纯粹化主体的意志以坚守价值信念,它的表达方式则依概念的类型而有多种,以范畴概念说,有尽心、尽性、守道、心即理、致良知、求放心、心斋、明心见性;以价值意识说,有识仁、行义、知礼、无为、逍遥、发菩提心;以操作方式说,有主敬、有立志、有专一、有收敛、有主静、有默然、有行不言坐不议、有静虑。

工夫次第指的是对各种具体实践工夫安排它们的先后次序,以免躐等,躐等便不能究竟。具体实践活动包括儒家的读书、科举、断讼、治国;道家的心斋、坐忘,忘仁义、忘礼乐、外天下,佛教的布施、持戒、忍辱。这些具体实践项目,是可以有次第的先后安排的。但是在心理修养的本体工夫中,次序可以排列,却未必在现实的操作中每次都能遵守这个次序,因为现象世界变化不定,碰到什么就要操作什么,只是就终极完成而言,还是依据次第逐一落实才是圆满地完成。

最具体的例子就是儒家《大学》八目的次第,另外就是儒家《中庸》的未发涵养与已发察识。八目各项都是具体工夫项目,也都是心理修养的本体工夫,理想上是逐一完成,现实上是碰到什么就做什么。未发、已发的状态也不固定,纯熟的能力变成日常的未发涵养,尚未经历的就是已发察识,但察识纯熟了也就又变成日常涵养了,而涵养中若因突发的新事件而导致心绪的不宁时就要察识了。

境界工夫指的是工夫实践已达最高境界,此时已经不须再做工夫,只需保持与展现而已。孔子的"七十而从心所欲不逾矩",惠能的"心平何劳持戒",王阳明的"四无教"者都是。

工夫入手谈的是如何在心理上纯粹化意志,等于是操作的指导原则,或曰操作型定义。工夫次第是就具体的实践活动项目逐一安排先后的顺序,至于各项事件的实践,都还是依据工夫入手在讲的方法为主。而境界工夫则是达到最高境界的状态,就是入手的方法已经纯熟,而无须辛苦地坚守就可以做到的状态。所以以上三种类型是不会有理论的冲突的,因为都是依据工夫入手而讲的不同阶段的不同状态而已。

六、工夫论的辩争及解消

在中国哲学史上,依据学派理论的各自发展,不一定是宇宙论、本体论、工夫论、境界论的哪个问题先被创作完成,通常是教主有了清楚的价值意识,经过实践完成,而建立说理的系统,终成学派理论,再经后学者继续创作发展,而不断在上述四大问题中创造之并充实之。但是在这个过程中,就会产生学派内部的争议,就工夫论而言,争议的发生都是在于上述三种形态的混淆与相争。

通常,境界工夫论者会讥笑工夫次第论者,例如禅宗的顿渐之争,以及王阳明的"四无教"与"四句教"之争。笔者以为,境界工夫论与工夫次第论都是工夫理论,就实践者的需求而言,都是必需的,理论本身没有高下,只有个人的实践有境界的高低之不同。而个人境界固有高低之不同,却也不等于境界工夫与工夫次第的理论有高下之别。

七、人心在生命实践哲学中的作用

心这个概念在中国哲学的讨论中是一个最关键的概念,因为中国哲学都是追求人生理想的哲学,人生理想需要去实践,而实践需要能力的培养,这就是做工夫,而实践的过程中正是考验能力以及再度磨炼的机会,这还是做工夫。所有的过程中都是心在主导的,本体论进路的心理修养工夫就是主体意志的纯粹化于这个学派的价值信念,朝向设定的理想而行动,孟子的"动心忍性",老子的"损之又损",佛教的"忍辱、精进",无一不是心智力量的展现。

心就是人的主宰,宋儒说"心统性情",就是说心既具备了天赋的价值目的,又会受到后天的习气影响,如何变化气质而做修心的工夫,就是儒者的使命。做工夫都是人在做的,人从不完美而趋向完美,人从充满了私欲而朝向充满了公益的理想而进展的,所以必然是一辛苦的过程,辛苦也是心的辛苦,但这也正是生命的成长,而儒、释、道三家,就是为这个成长订立方向的实践哲学学派,给了方向,人心受之,坚定意志,勠力而行,谓之实践哲学。

八、人心在生命实践哲学中的理论地位

谈人心,是就实践的主体而谈,是实践哲学的议题,它并不是形上学意义下的唯心论。中国哲学并非没有形上学意义下的唯心论,佛教唯识学就是形上学意义下的唯心论,王阳明的儒学也有形上学意义下的唯心论意味在,但是以心为主宰的实践哲学的心学,并不是形上学的唯心论。

就形上学而言,儒、道两家是道气论或理气论的,亦即有一最高形上实体,化生天地,它既是观念实在论也是经验主义,可以说是两者的综合,道体既是理型也是物质,而不是一主观的意志就生发了世界。佛教则不然,既是佛放光而有世界,也是个别存有的意识构作而有了世界。儒家的王阳明略

有逾越了这个界限,向佛教唯心论靠拢,但儒学史上也只有王阳明的理论是如此言说的,其他的学者建立的体系都不这么说,虽然如此,冯友兰先生仍以客观唯心论说其他学者的理论,如朱熹。但这是个人诠释,笔者不取。

其实,形上学是否唯心论是一回事,就算是唯物论,也不会影响实践哲学的本体工夫论仍是心在主宰及作用的。心就是人身之主宰,工夫论与形上学不是一件事,当代中国哲学工作者时常以中国儒学为心学、理学、气学、性学之分辨,这种分辨,笔者亦不采用。一方面在儒家形上学的区分上未必准确;另一方面是没有认清个别儒学理论是在发挥不同的哲学基本问题,讲心学的多半在讲工夫论,讲气学的多半在讲宇宙论,讲理学的多半在讲存有论或本体论,讲性学的多半在讲人性论。至于各家的工夫论,就儒学而言,则没有不是本体工夫论的,亦即没有不是人心在主导操作的。

九、小 结

本章谈人心在生命实践哲学中的理论地位及其作用,强调中国哲学的特质在实践,而实践则有身体的锻炼与心理的修养两型,各自对应宇宙论知识及本体论观念。就心理的修养工夫而言,则有工夫入手、工夫次第、境界工夫的三种层次,各不相同,但不冲突,反而应该共同构成完整的工夫理论体系。工夫论与形上学不是同一回事,但工夫论必然依据形上学,尤其是宇宙论与本体论,而谈概念范畴的存有论则是提供表达工夫理论的范畴概念。本体工夫都是人心在做的,不论形上学体系的类型为何,这是根本不相同的问题,谈本体工夫就是心理修养工夫,但与谈任何类型的唯心论的形上学不是同一个问题。

在中西哲学交流过程中,将中国哲学理论化是唯一重点,但中西哲学有别,许多专业术语的使用需要区别其意,但这却不妨碍中国哲学可以建立模型,说明意旨,一旦可以清晰表达,就有了普世的价值,也可以中西交流了。本章之作,即是为了理论化中国哲学以为交流而作。

第 三 章

论理解在生命哲学中的作用①

一、前言

　　中国哲学的主要学派儒、释、道三家,都是生命哲学,也就是生命实践的哲学,实践哲学意味着提出理想,指导人生,追求最高境界。然而,三家的世界观不同,关切的人生问题面向不同,提出的解决方案亦不相同,因此,理解三家的理论宗旨是最重要的学习课题。笔者提出宇宙论、本体论、工夫论、境界论的四方架构作为解读儒、释、道三家哲学理论的解释架构,以有助于系统性的理解。理论系统的提出,首先是教主的信念、强烈的理想动机,使他坚定的实践,从而完成想要追求的事业,从而提出理论圆满其说,故而是价值意识为先,才有理论系统的建构完成,并由后继者接续创作,不断补强理论体系。故而实践哲学的理论体系之发生,并不是像西方思辨哲学的进路、假设、定义、推理、结论而完成,而是对理想的坚信,此一坚信即是他的智慧,透过智慧去实践,去做工夫,而完成事业的,所以当事业完成,理论就成真,这才是实践哲学的真理观,其中,对信念的理解与实践,是最重要的关键。

　　然而,作为实践者,他所面对的课题,是在实践的过程中,如何坚持信念,绝不动摇,逐步实践,提升能力,深化理解,在事件完成时,见证了他所坚信的学派价值理想,若不坚持,等于理解并不深入,可以说,有实践的完成,

---

　　① 本章为参加 2016 年 7 月 15—16 日"理解、知识与真理"国际学术会议而作,中国人民大学主办。

才有理解的完成,有能力的提升,才是见证了学派的价值。至于成果是否为真,可以有检证者来裁断,检证者必须拥有更为深刻的理解,并且已经完成了自己的实践,已经达到最高或至少高于实践者的境界,才有正确评价的能力。最后,无论是实践者还是检证者,都必须要有诚意,就是坚信价值理想以及真诚实践及检证,若无真诚,变成人际冲突与斗争,则与实践价值追求理想无关,只是人欲横流而已。

本章之作,是笔者一系列中国哲学方法论研究的产物,在笔者完成了中国哲学理论体系的解释架构之创作之后,转向了知识论问题的探究。笔者认为,讨论中国哲学的实践哲学的知识论问题,要处理它的系统性、检证性、适用性以及选择性的四大问题,理解的问题是属于检证性中的重大问题之一,笔者认为,没有实践,就谈不上理解,而没有能力的提升,理解就没有达到应有的标准。

本章之作,将讨论中国哲学的理解功能及其难度,所谓理解,是针对中国哲学儒、释、道三家哲学的价值信念之正确理解,以及在实际生活中的正确运用的问题,为何要谈论这样的问题呢?这是因为,儒、释、道三家的理论,是对准生命的意义,以及追求理想的人生的哲学。首先,有关生命意义的问题,儒、释、道三家各有观点,说明观点的理论各不相同,这就有了理解的问题。其次,就算理解了,若未实践,亦不是真正的理解,真正的理解必然是落实在现实生活中的实践,而且是正确的实践,经由实践,而追求理想的人格,从而拥有理想的人生。此时,实践的过程将充满了对当初的理解的挑战,因为实践是生命力的贯注的问题,理解得不够透彻时,实践就无力,实践无力,最终理想就无法达成,则当初的理解亦是落空。因此,实践过程中的坚持,等于是在生命中不断深化原初的理解,也就是再理解。于是,针对实践哲学的理论观点的理解是一层,针对实践的具体经验的落实是理解的另一层。两层都有知识论的检证意义。第一层的意义在于理论是否系统化地被表达,达到义理的一致性,而有所谓理论建构的完成。第二层的意义是,在不曲解、不逃避、不退缩的坚定实践下,透过实践达到最高境界,从而证成了理论的可实践性,以及理论的终极真理性。

此处,笔者将以以下的章节进行本章的讨论。"中国生命哲学的实践哲学特质""生命实践哲学的理论系统""对生命实践哲学真理观的定位""对生命实践哲学真理观的错误理解与错误运用""实践者对真理观的理解与检证""实践中的理解与检证"。

二、中国生命哲学的实践哲学特质

中国哲学以儒、释、道三家为主流学派,加上先秦的墨家、名家、法家等,都是谈人生问题的哲学,提出理想的人生蓝图,或者为君王谋议,或者为百姓谋生,或者为个人求出路,莫不是针对人的实践提出意见,指出实践之道路、方向,它不是单单针对思考上的逻辑是非,也不是针对真理观的思辨证成,而是针对理想人生的指导与实践。因此,实践什么? 如何实践? 才是中国哲学的大哉问,才是中国哲学理论建构的目的,也才是中国哲学理论意涵的要点。

三、生命实践哲学的理论系统

实践诚固其然,却必须是有道理的。道理就在哲学理论的建构中,理论的建构迭经两千年的发展,各学派都有体系庞大甚或内部冲突的理论资产,如何消化与理解,成了一大问题。笔者以为,讲道理的理论,还是要以哲学问题的进路去理解才能准确,历来许多概念范畴的研究进路,或是针对争议问题的研究进路,都不能准确其意,而只是在理论的外围擦边而过,关键就是不形成全面一致的系统,单点的意见不足以解决学派面对的所有问题,必须就学派本身所面对的问题,藉由哲学问题的提出与回答,而建构体系,进行理解与诠释。

笔者以为,宇宙论、本体论、工夫论、境界论是实际上发生在中国儒、释、道三家哲学理论体系内部的哲学问题,宜于由其形成架构,以为诠释以及理解之作用①。宇宙论说明世界观,本体论说明价值,工夫论介绍实践,境界

———————————

① 参见拙著:《中国哲学方法论》,台湾商务印书馆2010年版。

论叙述理想。必须这四方架构的观点全备,且于推理上系统一致,才是讲完了道理。既说明了这个理想的终趣,也说明了它的合理性原因,更说明了如何追求实现。这样的系统,才是能够真正解读实践哲学的理论全貌,以及将它成为可以操作实践的哲学,从而交由个人去学习与应用。

四、对生命实践哲学真理观的定位

实践哲学的理论就是要提出理想人生的理论,所以对于价值本体的认识是根本目标,因为只有价值明确才会有正确的实践方向,才会有人生的追求。至于宇宙论的提出只是为了说明价值的理据,而工夫论的提出则是为了实现这个理想的实践方法。既然是价值理想,那么不论它的宇宙论是否建构合宜,是否能够绝对封闭性地推导出这个理想的价值,价值理想几乎都是先出的,它自身决定了它自身的内涵,它是主观的意志性目的,就是这个意志才会最后成为实践的动力,并且会去实践,理论系统的建构只是事后为了说明这个理想的有道理性,从而去建构的说明系统。宇宙论给予世界观的理由,尤其是道、佛两教,这是不可或缺的。工夫论配合价值意识,以及宇宙论的知识,去说明操作的方法。境界论说出最终完成实践之后的理想人格状态。这一切,都是从这个价值意识的坚决主观独断智慧而开始的。

它首先就是一个理念,儒家要淑世,老子要领导,庄子要自由,原始佛教要解脱,大乘佛教要普度。这个理念成了坚定的实践信念,这时候就可以叫作理想,理想就是改变社会或改变自己的目标,这个目标被说成了生命的意义,再上升为整体存在界的存在目的,这时候就是本体论了,再针对这个整体存在界进行知识探究及说明,以配合落实这个意义的合理性,这就是宇宙论的建构了。既然是整体存在界的意义,就是个人生命的意义,就是有理想的人应该追求的理想,就应该去实践它,就有了实践的方法的提出,这就是工夫论。实践过程中动心忍性、增益不能,最终达到了理想,而具备种种过去不曾拥有的人格与能力,对此之说明,便是境界论。

因此,实践哲学的理想目标就是本体论的价值意识的内涵,而它竟然不是无预设的客观思辨的结论,而是自始就是有意志的目的性独断,理解这个意志是最重要的,但理解不等于愿意接受,更进而实践,理解也只是知道了一家学派的价值立场,使自己成为这个理想的实践者是另外一项更为重大的事业。实践后面再谈。针对这个本体价值理想而言,历来不同学派之间产生的巨大争辩实为无益之事,关键就是本体是实践者自己主观的决断。我欲淑世,有何可议?淑世而建构理论以说明道理,何必否定?以及批判?为淑世的信念建立的理论,只为自圆其说。圆说了就介绍给别人一起实践。其目的是实践此一信念,其理论能够圆说此一信念即是理论的成功,其实践能够实现此一理想即是经验的证成。历来不同学派之间的争辩都是学派各自的好胜之举,从未有说服成功的案例,只有不断争辩的议论演化而已。

因此,定位实践哲学的真理观之要点,实际上是落在理解与实践的坚持上,而不在理论建构的争辩或否证上。

五、对生命实践哲学真理观的错误理解与无谓争辩

在中国哲学的讨论中,过去盛行的三教辨正,以及学派内部的争辩,存在着两种形式的错误。

其一,不同学派因为关切的信念不同,以致开发的世界观不同,因而有着经验的不同,故而学派间的理论争辩,有其无法成立的结构性限制。首先,本体论是主观的意欲选择,其次,宇宙论是配合实践的操作而有的知识性开发,再者工夫论是追求自家的理想而有的操作方法,最后境界论是原初意欲的实现,四方架构形成的自圆其说的体系,无法被其他学派以不同的信念及其世界观从理论的外部设想所否定,因为所有理论的观点都是各自的选择、内部一致且可实现证成的。尤其是价值本体的设想,都是意欲的决断,没有被其他学派以不同立场的判准予以否决的理性空间。于是,不同学派之间的争执是以为只有自己的体系是绝对的,这是一个错误的理解。

其二,同一学派在同一价值本体下的理论构作,除非对本体认识有异,否则,其宇宙论、工夫论、境界论都是配合同一价值意识的辅助建设,其中是非高下的争议也是无谓的。多数的案例是对问题意识的不察,根本上是不

同的问题的命题立场,被误以为是共同问题的不同立场。这也说明了以哲学问题为研究进路,从而运用四方架构以为文本解读工具的重要性,在四方架构下,所有的学派内部的理论可以被清晰地置放在各种不同的问题中同时呈现,共构互倚。至于同一个哲学问题不同意见立场的争议也是不必要的。就本休论而言,只有理解错误才会有所争议。否则同一学派永远是同一个价值信念的本体。宇宙论的争议也是不必要的,在同一个价值本体的信念之坚持实践下,若是涉及它在世界,则尽量开发即是,宇宙论是知识性问题,只要有所感知就是有所亲证,不过,通常的案例中并未出现主要的宇宙论的理论争辩。有所争辩的多是在工夫论及境界论上。

工夫论的争辩自然是争个高下,但是争高下也是不必要的,关键若是工夫方法的高下,这是没有争辩的必要的。不同经典依据下的不同工夫论命题只是语言的差异,没有优劣高下之别。不同个性才情的不同适性做法,也只是路径不同,目的则一,若有快慢之不同,也必须尊重,无须论理高下。因此,工夫论上不会只有一种做法,以为只有一种最高级的工夫的观点,是不必要的。不见佛教言八万四千法门吗?以及菩萨的遍学。这些都说明了工夫论的不须争辩高下。真要论究高下,则只有对实践的结果的目标设想有高下的问题,但这已经是境界论的问题了。

讨论境界论的建构,需要先区分此在世界的宇宙论和它在世界的宇宙论,在此在世界的体系中,究竟应该追求理想到何种境界?这个问题等于是对于本体的实践的落实的问题,这个落实就等于是个人的格局和视野的问题。此时,很难讲教主的视野就一定比后来的信徒来得视野更高,有时因为科技条件的进步,视野会提升,有时因为地理的发现,视野会提升,有时因为人口的增加,视野会提升,有时因为社会环境的变迁,视野会提升。如此一来,争议是难免。

至于涉及它在世界世界观的系统,它们的境界论思想当然也会有所争辩。它在世界的世界观是随个人能力经验而逐步开发的,所有宗教哲学的宇宙论知识都是曾有亲证,因而言说,方才出现的,否则变成科幻小说,当然就没有知识的意义了,至于一套涉及它在世界的世界观是确有亲证还是只是幻想?这就进入到知识论的检证问题了,然而此非本章主题,略言之,要有能力以及诚意的人才能检证①。就其皆为具备亲证下的知识而言,则能力决定所观,又由于人类世界对于宇宙的探问尚未止息,因此具它在世界世界观的学派,其个人实践境界的理论,都还有再开发的空间在。如此一来,争议也是难免。

但是,无论是此在世界观的境界论还是它在世界观的境界论,它们因差异而导致的争执,都是源自更新的经验,经验面前,是毋庸再争辩的,因此境界论的争辩根本上而言并非对本体的理解的深浅问题,而是经验的新旧质不同而已。明白这个道理,争议自然是无须的。

六、实践者对真理观的理解与检证

价值信念在实践的过程中必然遭遇困境,因着困境的发生,实践者对价值理想的理解与坚持便产生动摇,于是会有曲解的事情发生,或是因为理解的深度不同而有因应困境的做法的差异,但这是对实践者而言,也就是对相信这个学派的真理观的学习者而言。至于创教者,他已经达到了最高境界,已经证悟,已经做到,就不会有困惑及曲解。

然而,实践者则不然,他需要不断地砥砺自己,在动心忍性中,自己进步,深化了理解,也提升了能力,更见证了真理。关键就是实践者的能力的提升,实践哲学的根本意义就在提升实践者的能力,就是创教者对价值的坚信与自我修炼的事业,同时也是学习者的效法与见证,也就是说,与其说实践者可以检证儒、释、道三教的真理观,不如说实践者是在见证这套真理观,因为,若不是真诚相信,便不会有深厚的力量一步一步实现它,因为过程中的艰苦与困惑是在所难免,所以需要坚持,坚持需要信念、需要相信、需要愿意,只要他肯坚持实践,他就能做到,只要他做到,他就证实了真理的存在,但他不是为证实而做,他是为理想的实现而做,所以说他是在见证,而不是在检证,他没有检证的心态,若有检证的心态,就会有怀疑,就可能放弃,这

---

① 参见拙作:《实践哲学的检证逻辑》,《哲学与文化月刊》2015年第490期,第77—98页。

就说明了实践者成就高下差异的关键点，就是是否真正相信，从而克服困境，而终于实践成功。为什么相信呢？因为他跟教主选择了同样的理想。

在成功的过程中，实践者有了自己的生命崭新的经验，同样的价值，儒家淑世的理想，庄子自由的解放，阿罗汉不死不生的证量，菩萨救度众生的愿力，在不同的实践者的生命经历中，内涵都是崭新的，对实践者而言都是全新而不可模仿、复制的，这个过程就是他自己的理解，就如程颢所说，天理二字是我自家体验出来的，就如惠能所说，"迷时师度，悟时自度"。在这个意义上，实践者的实践具有创造的意义。文、武、周公的事业是个创造，民族英雄的气节是个创造，阳明的致良知是个创造，智者大师的禅悟是个创造，都是体悟学派真理观的价值意识，但经验的内涵各不相同，都须自己去体证、实践、见证、理解，坚定的信念，克服历史情境的各自困难，深化理解以及完成事业，所以后来的实践者与教主一样伟大，坚持了同样的信念，但经历了不一样的事件，达到同样的境界，但内涵都不重复。可以说实践者对真理观价值意识的理解，就是在自己动心忍性的生活经历中，理解深化了，能力提升了。而实践者对真理观价值意识的检证，就是坚信从而实践，以至实现，因而见证了而已。

七、实践中的理解与检证

理解是对真理观的理解，但就实践者而言，必须是在生活经验中的践行才会有理解、践行，以至提升了能力，从而深化理解。也就是说没有能力的提升就不等于有理解的深化，没有能力的提升以至完成了理想的事业，也就无所谓检证了。

检证是对学派真理观价值信念的检证，检证了是说他的价值意识扣合的理想内涵在实践中被完成了，儒家的治国平天下，庄子的至人真人神人之无己无名无功，阿罗汉的不死不生住动天地的果位，菩萨的诸地升进终至成佛。

因为是实践哲学，实践面对的是情境，情境是在历史的洪流中各不相同的，如《易经》的六十四卦之六十四种不同的情境，但贯穿其间的就是后来儒家讲的服务的人生观,以及老子讲的谦虚的态度。所以,情境各不相同,但价值立场是一样的,然而如何在情境中掌握价值立场而有恰当的处置呢?这一切需要的都是当机的智慧。既然是当机的智慧,就会有无尽的案例,每一次都是创造,如人饮水冷暖自知。

实践的理解与检证指的是实践者在各自实践中的经历,实践了,理解了,实现了,证实了,也就检证了。于是有种种的理解,而且是在情境中的理解,情境中的理解,在中华国学的材料中是数不尽的。但不同学派间,各家价值观不同,表面上相同的事件却处置的方案各不相同,虽不相同,不必辩争高下。至于同一个学派中的实践者,却也会因为理解的深度不同,而有不同的处置,虽不相同,但也不必论争对错。毕竟,实践只能是在个人的理解内涵中作为,例如谦虚,要做到怎样才是谦虚?理解不同,同一学派中人的做法也不会一样。至于不同学派中人,就未必在同一情境中以谦虚为处置之重点。所以,理解一定是对价值意识的理解,同时是会作用在现实生活经验中的。虽然如此,真伪之间还是可说也必须说的。

以上谈的都是实践者的理解与检证,若是旁观者,作为检证的他者,就会有种种的判断,这其中,就是对于真伪的判断。真伪之间就是真诚与否。儒家的服务精神是否真诚彻底落实?庄子的解放是否真诚且落实?阿罗汉的苦行是否真诚且落实?菩萨的救度是否真诚且落实?从作为检证的他人而言,是可以判断的。只是作为实践者本身,即便有真诚,亦会有做法的差异,关键还是情境的判断能力以及理解的深浅程度。这就是要考验检证的他人的实力了。

检证的他人亦须是真诚的,若不真诚,所检证的意见都无参考价值,可能是人际斗争而已。若是真诚,亦须看实力,也就是理解的深度和准确度。可以说,检证真的是他人的任务,实践者只是印证而已,因为实践者是真诚地相信,若不是真诚地相信,他是怎么样也见证不了真正的深度及达到真正的境界的。至于已经有足够能力的他人,就能检证实践者的作为,这就是中华国学中许多作品文字中所呈现的评价意见之由来,都是做到了的智者,对他人的实践行为的判断性意见。否则,就如庄子所说,"小知不及大知"。检证者自己也是相信的,同时也是已经有其能力境界的,故而可以扮演检证者的角色,"孔子作春秋,乱臣贼子惧"。孔子可以担任检证者。《人物志》书中有"八观"一篇,叙述八种观人真伪、优劣、得失的角度,作者刘劭可以担任检证者的角色。达摩祖师问弟子学到了什么？弟子纷纷讲说,只有神光礼佛一拜,达摩说你得到我的骨髓,达摩祖师可以担任检证者。禅宗公案,师父弟子间的问答,互相印证,禅师们可以担任检证者。检证就是评价,社会上报纸杂志有许多读者投书,发表人事的看法,臧否他人,有时有理有时未免意气,一般人未必真能担任检证者,所以说检证者也需要有理解及能力,所以检证者自身也可以被检证,只要是公之于世的评价,就会有再评价。

八、小　结

本章谈生命实践哲学的理解作用,理解在中国哲学中有两种难度:其一,是对一学派理论的客观认识,笔者以哲学基本问题的四方架构作为理解与诠释的解释架构,那就是宇宙论、本体论、工夫论、境界论,有助于克服这项困难。其二,是在实践过程中的坚持,那就是理解的深化与能力的提升。这一部分,各家的工夫论就是在对付这个问题,要是没有做工夫,则一切也是枉然。

本章之作,是笔者在中国生命哲学真理观的知识论研究进程上的一个环节,中国哲学的理论特质是实践,谈实践哲学的知识论问题,要对准这种实践哲学的真理观。首先,它依然必须被系统化地理论表述,中国哲学的系统性架构在二十世纪有众多的成果,冯友兰、牟宗三、劳思光都有其特定的系统性解释架构,笔者经改良而提出四方架构,是为此一工作的完成,将提供作为所有中国哲学工作者在做文本诠释研究时的解读工具。

其次,应该要谈检证的问题,检证有对于创教者提出理论的检证问题,关键在亲知的展现。有对研究者进行研究成果的检证问题,关键在理解的相应。有对实践者在学习过程中的检证,关键在理解的深化以及能力的提升。本章之作,即是在理解的这个环节上展开讨论,指出研究者在理解上的不相应就会产生种种误判,包括对三教辨正的狂言,以及对他人实践的贬抑。指出实践者在实践过程中的坚持,必须立基于绝对的信念,亦即深信,从而实践而实现而印证了。实际上实践者并不是在做检证，真正在做检证的是已经实践完成的高境界者对后来的实践者的检证，检证其是否真的落实完成。但是，检证者与实践者都需要有真诚之心，不真诚，则实践与检证都是虚伪落空的。但是除了真诚之外，实践者在能力提升过程中就会有理解的深化，从而印证了真理观价值意识。而检证者本身就是已经实践实现从而有境界的人物，他要做的就是去评价去确认实践者的成果而已。可以说，实践者是在印证，检证者才是在检证，有真人而后有真知，没有真人，亦遑论检证，历朝历代忠臣烈士不都是被奸臣诬告丢官丧命的吗？若非真人，谈何检证？

实践哲学的知识论的第三个问题是适用性，儒、释、道三家各有其理论面对的问题，也就是各种不同人生问题，问题不同，答案不同，适用领域当然也就各不相同，同一事件三家体悟到的重点不同，也就在处置时成了不同的问题，于是种种意见各不相同，都无须争辩。故而就一般人而言，自己对事件理解的角度，是会决定了他的处置方向，这个角度，就看相应于哪家哪派的关切问题，于是就用哪家哪派的智慧去处置，这就进入了第四项知识论问题的议题，就是选择性的问题。

既然各家要面对解决的问题不同，一般人碰到事情的时候，就看他自己的理解面向，从而选择特定学派的价值立场去处理。碰到社会不公义的事件，儒者选择承担而出面处置，老子选择礼让强势出头者而在旁协助处置，庄子看到众多强豪借机夺权便退至一旁不参与事件，佛家看到受苦难的弱者主动关怀陪伴安慰而不去置喙众人的处置。这就是同一事件的不同关切面向以及处置的不同方向。各家境界最高的实践者，都是选择一家，直驱深入，在历尽考验中达其化境。而一般人则是在生活经验中，游走各家，随机应用，在各种处置中逐渐提升自己的能力与深化对各家智慧的理解。所以，笔者要说，在对适用性的正确认识下，一般人可以做各种不同的选择，但唯一的重点就是，不论选择何种智慧方案，就是要去做，在做的过程中，深化理解及提升能力。中国哲学就是实践哲学，实践哲学就是要实践，实践就是对理想的追求，追求就是在能力提升上的追求，学习中国生命哲学就是在实践中提升能力的事业，深化理解及提升能力。

第 四 章

生命哲学的检证逻辑①

一、前 言

在中国哲学方法论讨论的进程中,知识论的讨论始终是较缺乏的,本章之作,针对知识论中的检证问题进行讨论,特别针对东方实践哲学这种类型的哲学理论,并且认为,这是人类哲学史上的新问题,与过去西方思辨传统的知识论讨论,有截然不同的新观点。就检证而言,可以谈创教者如何察知其说? 而研究者如何定位其说的真理意涵? 以及学习者如何可说已达到了创教者所界定的境界? 首先,就创教者言,他必须有自己的实践才有宇宙论、本体论、工夫论、境界论的提出,然后供后人学习。也正因此,无有所谓对它教的理论的否证之可能,因为都是发生在自己的经验内事而已。至于己说能否为公众所接受? 这也因为人类社会的价值立场差异,亦无有被所有人肯定的可能,关键在于,本体论之观念是来自理想价值选择后的智悟独断,宇宙论的知识也是来自相应价值心灵的修养而后开启的宇宙奥秘,无此理想心灵者,永无开启的可能。本章之讨论,从问题意识的界定开始,溯及对二十世纪的当代中国哲学家的理论贡献做形态定位,然后从创作者、研究者、学习者的不同身份立场,进行学派理论的检证讨论,并且区分从此在世界建立理论体系的系统之检证原理,以及对于有它在世界观的哲学体系进行检证原理的讨论的种种差异。本章之作,确乎是中国哲学方法论上未及

---

① 本章已正式发表,原题:《实践哲学的检证逻辑》,《哲学与文化月刊》2015 年第 490 期,第 77—98 页。

讨论过的问题,宜有开阔学术领域的贡献意义在。

在中国哲学方法论的议题中,应有一个关于检证问题的议题,这是一个属于西方知识论问题意识下的议题,就是对于东方哲学所宣称的真理要如何确定为真的问题?以及东方哲学的实践者所实践的理想如何确信其已成功的问题?前者是针对创造者之言说,后者是针对学习者之成果。

这个问题,就是对东方哲学理论的成立可能以及判定理想的落实完成的检证问题。这是一个特别的问题,是一个有东方特色的知识论问题。由于它是在东方实践哲学的脉络下发生的问题,因此西方知识论的意见并无可用之处,必须直接从东方实践哲学的理论特色中去讨论而建构。关键在于它是实践的,是必须涉及实践者主体能力的改变、提升而后来认识及检证的知识论课题,而不只是驰骋主体的思辨即可定义、推论、证立、反证的知识论问题①。

本章之作,即是直接面对这个人类知识论史上的新议题进行讨论。虽然东方哲学存在已久,但以知识论的问题意识切入却从未真正进行过,虽然西方哲学的知识论存在千年,但以实践哲学为对象的讨论也从未发生过,故而,这是一个全新的问题。笔者希望本章之作能有以增进人类知识论课题的创新发展,同时推进中国哲学方法论研究的深度。

二、二十世纪研究成果的知识论定位

过去,亦曾有数不尽的中国哲学知识论研究的讨论,但那些被称为知识论的理论,常常只是正确地认识那个学派的理论体系中的形上学观点的认识方法的理论②,或是如何实践那个学派的价值理想的身心操作的理论,亦

① 关于中国哲学的知识论问题的初步讨论,参见拙著:《中国哲学方法论》,台湾商务印书馆 2013 年版。其中第九章“中国哲学的知识论问题之研究”,首先处理了中西哲学知识论课题的异同比较。另参见杜保瑞、陈荣华:《哲学概论》,台北:五南图书2008 年版。本书则讨论了实践哲学的解释架构,以及中国哲学的知识论的系统性、检证性、适用性、选择性的问题。

② 例如荀子的解蔽篇以及庄子的齐物论,并不是对该体系的世界观的认识可能的能力反思之作,而是对该体系的世界观之正确认识的认识方法之作。

即是工夫论①。这些都不能真正深入整套哲学理论的成立可能及证立可能的知识论讨论，这是西方哲学在笛卡儿以后才发生的新问题，不是西方哲学在柏拉图、亚里士多德时期就存在的认识方法及逻辑学的知识论问题，这个问题，在整个中国哲学史上应该是没有发生过的，唯一直接相关的，就是二十世纪出现的几位当代中国哲学家，以西方哲学的严密学模式建构起来的中国哲学解释体系的创作庶几近之，他们的工作说明了中国哲学的实践哲学体系的如何建构？如何成立？完成了可以让各家哲学体系系统一致地内部推演的理论诠释。但同时，也提供了如何评价优劣的判准。不过，他们也多在此处，触犯了严重的方法论的失误，那就是，完全忽略了实践哲学涉及的世界观差异的问题，特别是对于具有它在世界的世界观的哲学体系，作为被评价的对象，是无从比较好坏及评价优劣的。因为，评价者不具经验的亲知，又是在不认同该世界观的前提下，所有的评价，便只是诉诸主观的立场而已，变成了只是不同的意识形态之争而已。依笔者之见，儒、释、道三教是不可比较的，具有不同的世界观时就等于生活在不同的世界里。儒家就是这个经验世界的家国天下，道教则是有不死的神仙优游于层层的它在世界，佛教的世界观此起彼灭、成住坏空，而生命则在各个世界里生死轮回不已。这样说来，便只有世界观相同的价值体系才有辩论的可能，如儒、法两家之间，都是以现实世界为范围所建立的理论体系。至于儒道，也必须是限缩了老庄的它在世界观的诠释进路之后才有可能，否则彼此的批评都只是意识形态之争而已。至于儒佛之间，便完全不必比较了，因为根本世界观的范围就是不同的，结果当然就是关怀不同、理想不同，两造若还要争高下，不是修为不够，便是义理不精，因此学界的讨论，应以澄清彼此即可。

二十世纪的中国哲学家在儒、释、道三教的系统建构上贡献了力量，但是在系统评价上都没有到位的讨论，只是做到一家捍卫一家的意识形态之

---

① 例如孟子之尽心知性之论、大学之格物致知之论、禅宗之明心见性之论，这些都是工夫论之作，是对于体系所揭示的终极理想的实践方法的理论，亦即是工夫论，却多因有"知"的概念出现其中，便被多数学者从认识论的角度去诠释它，其实它们是要让实践者主体达到这个世界观的理想的实践哲学，而不是反思这个理想在人类认识能力上的如何可能的知识论理论。

争而已。这是因为,缺乏准确的知识论问题意识的结果,在不具备检证条件的前提下,却要去论断高下,这不是意识形态的自我坚持是什么呢?所谓知识论的检证,是各学派成立时创教者的行动如何确断他的知识的成立?以及随之而来的教义体系如何确定被后人实践成功?这两个问题,在劳思光及牟宗三的儒学诠释中,对于创教者的知识提出的证立问题都有讨论,一个是心性论进路①,一个是道德的形上学进路②,两者都是实践哲学的进路,但是,仅及于说明儒家哲学的体系是建筑在主体实践的进路上,是实践才有这套理论的出现及可能,两家都以此说即是理论的证成。但是,理论的出现是一回事,理想的实现是另一回事,如何说明依据此进路而有理想的实现?以及后儒依据此价值之自我实践如何可说确实达到效果?这些问题并没有被深入讨论。

更重要的是,当代中国哲学家们多半讨论的是儒家哲学的成立与证立的问题,对于涉及它在世界的道家、道教、佛教基本上是没有处理,冯友兰、唐君毅、牟宗三、劳思光都是儒学本位的立场,方东美虽宗佛家③,一样未及处理。因此检证的问题仍是一片空白。

东方哲学是实践哲学,理论的目标在提出理想人生的意境,理论的构作在提供普遍原理与操作方法,普遍原理在西方哲学参照下,有世界观、形上学、天道论、宇宙论、本体论、存有论等名相,关于这些原理的成立问题,就是重要的方法论问题。它有两个面向,其一是这些普遍原理和操作理论之间的关系,其二是它和操作原理并合为一之后的整个系统的证立问题。前者完成了理论的系统间的统一性,后者则需问道于具体的经验。二十世纪的中国哲学家们处理了第一个面向的问题,但有缺点。笔者已有《中国哲学

---

① 劳思光先生以心性论作为儒学的最佳理论形态,关键就是从心性论的命题中,就能落实价值理想于现实社会中,故而是成德之教最重要的理论。参见劳思光:《新编中国哲学史》,台湾三民书局 2001 年版。

② 牟先生道德的形上学进路,主张形上学唯有透过道德信念才能成立,关键还是实践能证成普遍原理,不如西方思辨哲学,只是在下定义,做假设,故而都无证成的可能。参见牟宗三:《圆善论》,台湾学生书局 1996 年版。

③ 参见拙文:《方东美对中国大乘佛学亦宗教亦哲学的基本立场》,《师大学报(语言与文学类)》2011 年第 2 期,第 1—31 页。

方法论》的专著讨论了第一个面向的问题,将二十世纪的中国哲学家们诠释中国哲学的解释体系做了批评与修订①。现今,则将针对第二个问题进行探究。

此即是要讨论,透过工夫实践的操作,如何去说明普遍原理被证立了的问题。基干操作永远是个人的事,创教者如何言说操作所得之经验的知识意义? 后学者如何言说个人的操作已然符合前人的理论真谛? 再者,如何由他人的检证而说明个人的实践之成功? 甚且,个人的经验并不能过继给他人,那么,如何言说个人的实践证成了普遍原理? 这些问题,都必须要做好界定,从而展开讨论,然后才有关于检证问题的讨论的实际展开,而这些,都是实践哲学的知识论议题。

三、实践检证的问题意识说明

实践哲学是要人存有者主体去进行身心操作的哲学,实践哲学首须有理想的价值意识之提出,然后提供后人以为追求,追求之使自己更加理想,从而提升人格,甚至达到生命的最高境界。所谓检证,就是对于这个理想之是否成立的真理观之检证,以及对于后人依据之以提升自己的修养成果进行印证,这个检证与印证,确乎是发生于实践中的活动,而不是理论建构的完成与否的问题。就理论的完成而言,察乎西方哲学的所有体系,都有理论的完成,但也有再度被批评的空间,更有被新的问题取代而建构新体系的理论活动。前说是否被否证? 这需要多方讨论。但前说是否证成自己? 这就要进入系统内部去检视,但无论如何,旧系统必然会有绝对默认,此为旧系统不证自明的绝对前提,否则论述无法展开,不论系统是否察觉到这样的预设,只要是要推翻旧系统的理论,无一不是在这里予以批判反驳的。

否定了旧系统的绝对默认,自定义新问题,展开思辨,创造新说,当问题

---

① 主要就是指出二十世纪的中国哲学家所完成的是一套套分类判教的理论架构,且有学派立场的偏见,不能真正提出深入有效的文本解读工具,而笔者所提出的宇宙论、本体论、工夫论、境界论,才是直接对准文本诠释,且平等面对三教的解读工具。参见《中国哲学方法论》第十章"追求真理观的文本诠释进路之中国哲学方法论"。

意识澄清、概念使用约定、推演系统绵密完整,结论则随之而出,便完成了内部系统一致的理论建构,整个过程在主体的思维中进行,此即西方思辨哲学的特征,整个西方哲学的主要精神也在此,从希腊哲学开始,既有士林哲学进入烦琐哲学的茂林,更有知识论对形上学的舍弃,但知识论哲学也形成了新的思辨体系,如笛卡儿、康德哲学等,虽然如此,黑格尔又是一套形上学对康德的超克,马克思又是另一套辩证法对黑格尔的超克,海德格尔则是非思辨型的进路对黑格尔的超克,而进入体证哲学,近于东方实践哲学,而有存在主义的兴起,那就更类似东方哲学了。

　　东方哲学,儒释道各家,追求人类生命意义的终极真理,探究生命的终极目标,类似基督教的宗教哲学,但最多用力在实践理论的提出,并同时进行具体实践,鲜少进行知识论的反思。就实践理论的提出而言,三教各有自己的术语系统,难以统合,但确乎必有其基本哲学问题,如此才能形成有效的理论体系,以为实践的依据①。一旦追问理论体系,这就是类似西方哲学的工作了,但这个工作的理论意义及问题意识,在过去两千年的传统中始终不能正面面对,许多"圣默然"的说法②、"不言之教"的说法③、"易简工夫"的说法④,甚至都是在边缘化或否定掉这个理论体系的功能。即便是当代中国哲学家,例如牟宗三先生,也要提出"只存有不活动"的定位,批评谈理论体系的朱熹哲学⑤。朱熹哲学就是儒家哲学中有体系化建构的哲学,却饱受强调实践立场者的攻击,如象山讥为支离、阳明批其理在心外。

---

① 对于这一部分的简说,笔者在拙著《哲学概论》中即针对儒、释、道三家理论的基本形态,以伦理学、形上学、知识论的进路做了说明。

② "圣默然"多为佛教的说法。参见《长阿含·世记经》佛陀曾告诫比丘们:"凡出家者应行二法:一贤圣默然,二讲论法语。"又,《思益梵天所问经》,T14-0586姚秦龟兹国三藏鸠摩罗什译,等行言:"如佛所说:'汝等集会当行二事,若说法、若圣默然。'何谓说法? 何谓圣默然?"

③ "不言之教"多为道家的说法:老子:"圣人处无为之事,行不言之教。"庄子德充符:"立不教,坐不议,虚而往,实而归。固有不言之教,无形而心成者邪? 是何人也?"

④ "易简工夫"是宋儒陆象山对比朱熹支离工夫的说法:"墟墓兴哀宗庙钦,斯人千古不磨心。涓流积至沧溟水,拳石崇成泰华岑。易简工夫终久大,支离事业竟浮沉。欲知自下升高处,真伪先须辨只今。"(《象山全集》)

⑤ 牟宗三《心体与性体》整本书都是藉由两宋儒学的讨论,批评朱熹哲学之为别子为宗之作,关键就是朱熹理气论,做不得澈上澈下的超越性工夫。此说笔者甚不认同。

　　笔者以为,即便是要实践,建立完整绵密的理论体系以说明此一实践的真理观的合法性,绝对必要。此一工作,就像所有西方哲学体系之自设定义、自提问题、自作推演、自表主张的思辨哲学的工作是一样的,笔者即以"宇宙论、本体论、工夫论、境界论"的四方架构以为此一实践哲学的理论架构,主张任一学派的哲学建构,必是在这四方架构中的所有问题论述完成,且结构完整、互相推衍、融贯一致下才算是学派理论的完成。过去东方哲学家不察,常有谈境界的讥笑谈工夫的境界不高,如王龙溪的四无教以贬抑钱绪山的四句教;也有谈工夫的讥笑谈宇宙论、本体论的光说不做、知而不行,如陆王对程朱之批评,这其实都是内部无谓的攻击,都是不明白实践哲学再怎么实践,它一样有理论建构的一块,否则智者大师只要打坐禅定就行了,何须《法华玄义》《摩诃止观》等大部著作以说明体系?

　　当然,体系的建构是理论的事业,理论的完成虽不等于实践的证成,但毕竟已经提出一套系统一致的推演体系,然而当体系建立,就会像西方哲学体系一样,一套套理论的完成之后又会遇到向其绝对预设挑战的新理论一样,没完没了。西方哲学体系有绝对预设,东方实践哲学的理论体系也有绝对预设,其世界观、宇宙论的知识如何确证? 其价值意识的本体论如何证明? 常常都是言说者有经验而学习者没体验,故而亦是一套套的绝对预设,因此可能永远只是一套教主自以为的假说系统,而不是普世同证的绝对真理。

　　然而,以这套绝对预设的假说所建立的整套理论系统,仍然可以被系统地展现出来,就此而言,笔者所提出的四方架构,便是在文本诠释的目标下,使传统东方哲学的理论,可以被绵密精细的架构予以体系化地完构的解释架构,此时这一套被诠释架构完成的哲学理论,亦如任何一套西方哲学体系有其自圆其说的理论完成一样,要说到这一套完构的理论是绝对真理,这个工作尚未开始。本文,就是要展开这个证成工作的实质讨论,也就是检证如何进行? 检证是否可能? 最终汇归于,如何定位实践哲学的真理观?

　　这其中,西方哲学的绝对预设会被更新的问题所推翻而取代,但是,东方哲学的绝对预设,是谈不上被新的问题所取代而有所谓的推翻的,东方哲学体系就像基督教哲学、士林哲学一样,它的上帝创造世界的理论,并不会有被任何新的问题来推翻而取代的可能,因为世界是谁创造的? 如何创造?
这是永恒的问题,故而问题不可消灭,这就是哲学基本问题的角色定位。不
像是知识论出现之后形上学就不必再问了的模型。当然,问题虽不可消灭,
答案却可以改变,对于世界是上帝创造的主张,是有可能被其他的学派所否
定的,否定之道在于提出其他的创生原因,但仍不是否定有此一问题。因此
而有东方哲学儒、释、道三学的三教辨正,互相否定,因为大家在竞争对同一
个问题的绝对答案。

但是,就算有了不同的答案,新的一家也证成了自己的答案的真理性,
新的一家是否就等于已经替代了旧的一家呢? 这也是本章要探索的检证问
题,这就等于是在问这样的问题:一家被证立了之后,其他两家是否就等于
被否证而可舍弃了呢? 在实践哲学的脉络中,这个问题有不同于西方思辨
哲学脉络的结果的。先简述笔者对这个问题的回答,那就是各家都无否证
他家的可能。

四、创造实践理论者的证成问题

讨论证成的问题有两个问题群,其一是针对理论创作者的创作合法性
做讨论,讨论什么意义下创作者可以宣布创作了实践哲学的真理观? 其二
是学习者的实践成功之印证,讨论什么意义下实践者确实做到了创作者所
说的工夫而达到了最高的境界?

实践哲学有理论也有实践,理论的部分可以有各种架构以陈述之,但实
践的部分则都是人存有者的主体活动。理论的建构必然预设实践,实践哲
学的理论体系必是在经历过真正的经验之后才能说出的,否则就是写历史
小说或科幻小说,则此时该创作者不必为其所言说的世界观以及主体实践
后的境界负责,他只要勾勒故事的架构就行了。实践哲学则不然,儒、释、道
三家都是要人去实践、去追求、去牺牲、去体证的理论体系,是要求整个人将
身心性命全副投入的事业,其不为真是不行的。儒家要治国平天下,实践上
要格致诚正修齐治平,若真如此却不能平天下,则何须实践? 既已实践,必
是对此一实践方式信其为真,此一信心亦必是来自于历史上曾有人如此实

践并获成功的事实,人以其实践而言说其理,后人以其理为真而实践其说。

故而,讨论实践哲学的检证为真可分两个层面,首先,创说此理的教主的实践成真而为言说,其次,相信此理的后学的实践其说以得其境,前者讨论如何确知己所证者,后者讨论如何确认己已得证。就前者言,必须解决的问题是,儒、释道各有自己亲证亲知的不同世界观,各有自己确认无疑的终极价值,却如何面对其他两教的亦有其证、亦有其认? 这个问题又分两个层面,首先是创造者的立场,其次,是研究者的立场。两者共构出后人对这套理论的证成问题的认识,因为理论固然是创教者所造,但论说其成立则是研究者的工作,因此研究者如何面对系统被证立的问题也是一个重要的面向,此外就是信仰者的实践如何达到系统的标准则是另一个重要的检证问题。

(一) 从创造者立场谈理论的检证

就创造者立场言,他的理论就是亲证之后的言说,不论是谈此在世界的理论还是有涉及它在世界的理论,创造者不论是就此在世界有强烈的价值实感而发为言说,或是就它在世界的知识有实际实践的亲证而发为言说,实感与亲证是不可或缺的条件,既已有实感与亲证,则其自己的理论必是真理且是绝对的。因此对他而言,永远只有自己的系统是真的,他人的系统就是假的、不可信的,既非为真,则何须言说? 故而就创作者而言,立足于亲证亲知的知识,必是绝对真理的系统,对于他人的理论,最好的态度顶多是尊重,一般来说就是否定了。

因此,就不同系统之间的对待态度而言,创造者的立场就不必多说了,要说的是研究者的立场,也就是研究者要怎样来确认创造者成功地创造了一个理论体系? 以及哪一个体系才是最终绝对真实的系统?

(二) 从研究者立场谈理论的检证

对于这个问题的有效讨论,仍需藉由实践哲学的解释架构来进行,也就是在哲学基本问题上,可以看见创造者如何在具有真实经验之后而为言说的原理,而这也才是有真理意义的理论,就此而言,问题首先要放在宇宙论与本体论的确立上。至于工夫论与境界论自不待言,因为宇宙论、本体论的获致,必然是有工夫实做、已达境界体证而后说出的。又因为本体论的观念多是从宇宙论的知识之推想而得,因此以下先从宇宙论的获得及检证讨论起。

儒家宇宙论就是经验现实世界,只要建立概念、进行言说即可,通常叙述十分笼统,没有什么真正具体的客观知识,因此也不必大费苦心去检证,基本上不会与人类至今的科学知识有什么抵触,因此研究者通常就是忽略之可也。重点还是本体论的价值意识之所以为真的思辨讨论。

道家老子的宇宙论应同于儒家,也是经验现实世界的理论,其中有类似宇宙发生论的说法也仍十分简易,老学史上的宇宙发生论固然言说较多,但仍然十分笼统,语焉不详,无从精确地认知,遂也难以否证,这都是因为,真正的重点不在宇宙论,而在价值意识的本体论。老学应用于现世,价值意识的本体论才是用世的法宝,故而道家老学的宇宙论亦是任其言说可也。这一点,是与儒家一样的。

道家庄子的宇宙论,意旨明确得多了,气化聚散而有生死,此是现象观察,以气之有形无形之际说物之存在及消散,这也是容易理解的素朴说法,难的地方是在它在世界,庄子屡言神仙,并以神仙的世界为最终的归趣,引发价值观上的逍遥立场。此一它在世界的宇宙论,对庄子而言,可能并未亲证,而是对传统神仙知识的继承,因此面对这个问题,庄子自己似乎是后学者、相信者的角色,而不是创造者亲证后而言说的角色,但历史上必有此些实践亲证者,发为言说而成为知识且相传久远,否则这些神仙知识也出不来,人们也不会以之为知识而予以引申讨论。不像小说,本来就可以任意持说以为论述。不过,神仙道家的庄子,正有神仙道教以为继承,成为学术史上的另一领域,并非空前绝后之系统,讨论神仙道教的宇宙论知识便是庄学路线的发展。不过,神仙道教系统庞杂,难以绳约归一,以下转入佛教宇宙论的讨论,相关议题可一并解决。

佛教宇宙论有两大议题,一为生死问题,一为现象问题,就生死问题而言,佛教主生命轮回说,这也是长久以来的印度宗教哲学的知识继承,但这套思想在佛教唯识学理论中有所承继并深入发挥,故而亦构成佛教哲学的宇宙论骨干,而且这是被视为真知识的宇宙论哲学,并不含混笼统,研究者必须有相信或不相信的明确立场。不相信一句话就过去了，相信的话就有知识论课题要说的了。佛教大小乘经论中的许多故事，对于佛陀与菩萨而言，是亲证的知识，在其神通发用中历历分明。但是作为研究者，因为涉及感官能力的限制，却是无法检证的，只能选择理解而相信或理解而存疑或根本不理解而予以忽略。但是，作为具有信仰的后学者，却可以选择实践而检证，就后学者的检证之事，下节再谈。

佛教谈现象世界，主世界成住坏空、此起彼灭，且现象世界无一恒久体性，故现象生灭是空，此说与当代许多太空物理学以及分子物理学有不少若合符节之处，但因语汇系统仍然差异太大，迄今不能为科学界所正式承认，然而虽未能获得承认，却已经有许多可以模拟同意的论点了。不过，科学理论可以有科学实验以为检证，但是，佛教宇宙论却仍停留于自说自话不可检证的局面，关键是还有太多的说法完全超越现有科学知识的格局，以致完全没有检证的可能，因此对于研究者而言，这还是一个选择的问题，诉诸自己相信与否而已，就理论言是不能检证的。除非是作为学习者，则有工夫论以为操作之方法而进行亲证的印证。

讨论至此，儒家宇宙论没有什么好谈检证与否的，都是经验现象世界的宇宙论的简单模糊描绘而已，道家老学亦然，两家都是价值意识的本体论才是要点，故宇宙论的检证不需多谈。道家庄子转入神仙系统的宇宙论，其意旨与佛教哲学有死后的轮回生命和意生身的佛菩萨存有基本方向一致，谈佛教形态即可解决同样的检证问题。就此而言，创造者固有亲证亲知并为言说之事实，研究者就只能选择是否要去认真理解，进而要不要相信而已，除非，使自己变成学习者而实践之、而经历之、而印证之了。

以上谈宇宙论的系统创造问题，以下谈本体论的观念创造问题。

本体论谈价值，价值意识发生自创造者的智慧领悟，领悟是一独证之知，可以智的直觉说之，其直觉几为独断，人之不知、己所独知而已。此一独知之直觉，非无其理，其理据在宇宙论的现象之知，但从经验现象推价值意识的做法本来就是知识论上的独断，既是独断，就必须是具有同样的体悟者才能同意，如此一来，一般人如何同意呢？这个问题不能回答，理论的建构就没有学术的客观性可言了。现在，重点是，本体论的价值意识是一选择之后要去追求的理想,使其意旨成为社会历史的现实,价值就是方向,方向既定,结果就随之而来,只要结果出现,就可以说方向正确,但方向的本身还是一个智慧的独断,并非无理可说,只是,诉诸现象的理由,本身就是要有一个跳跃,也就是主体介入之后的体悟,而这也正是实践哲学之所以为实践哲学的特征所在,意即是有主体际介入的选择下的真理观。

　　总之,本体论的命题是选择的结果,过程中有现象世界知识的依据,但终须主体自己的自作抉择才能成形。这样说来,检证的重点是在于理想是否被达成,而不是本体论的命题如何是现象世界的终极真理,因为这一部分并没有理论上的必然,端视个人的智悟抉择①。因此,作为研究者对于创造者的价值智悟之检证,便成为是否善会意之而已,体会了就是理解了,理解时多少道理就在心中落实了,就是研究者也已在价值的信念上具备了创造者的同样心灵了,这些心灵就是一些价值性的情怀,这些价值观其实仍是自我意欲的选择的,价值都是自取的观点,找到了同样的信念,就是同意了创造者的本体论了,剩下的便是去实践以至成功的实践事业。那么,如何从实践以检视其本体价值之为真实有效且可实现的真理呢? 这就要跳入学习者的身份才来谈此一检证的问题了。

　　总之,就研究者言,宇宙论的知识听其与科学的符合程度,科学未能言及时只能选择相信与否。本体论的观念在培养自己获得同样的信念,信念建立时,就是同意了创造者的本体论观点了,信念之所以成立的理由可从宇宙论的知识中寻求,但最终必有一智悟独断的跳跃,这个跳跃就是选择。选择仍有其合理性在,但是否同意其合理性仍是研究者自身的选择。如接受儒家爱民利生的信念,接受老子无为保民的价值,接受庄子逍遥自适的观点,接受佛教般若智、菩提心的智慧等。

　　就研究者的工夫论与境界论的证成而言,谈的就是与普遍原理的系统一致性问题,此证则是理论的推演,宇宙论与本体论既已建构完成,则剩下的就是依其意旨推演,即能有工夫论与境界论的观念产出。要问的是推理

———————

① 例如:同样的气化宇宙论,庄子得出逍遥自适无目的有巧妙的造化立场,张载及宋儒却得出诚者天之道的价值立场,因此几乎可以说都是主观的价值选择,而不是客观的价值推理。

的合理与否的问题,若是问操作的效果问题,那就变成学习者的身份在谈的了,此待下节,则此时所谈的,便是真格的实践后的印证为真的问题,印证为真尚不只是系统的一致性推演而为理论的完成,而是在具体的实践经验中证明为真。这就转入学习者的讨论了。

五、学习者的否证问题

理论创造者已然故去,讨论证成问题只能是学习者的事业,理论的证成是一大课题,实践的证成才是更难的部分。当理论的证成可以四方架构完成系统一致之后,三教之间还是有辨正的问题,因为四方架构可以让每一家都自圆其说,却不能主持孰是孰非之辩论,孰是孰非还需学习者从实践上去亲证。此时,便产生一个新的问题要先讨论,那就是,否证的问题。在科学的证明中,现实经验只要有一个反例出现,整个原理就算是被推翻掉了,那么这在实践哲学领域中是否依然如此呢? 并不是的。亦即,就算实践者可以亲证某家之是,他能否同时证明它家之非呢? 笔者主张,这是不能否证的。为什么? 因为本体论的价值意识是选择的结果,选择了而证成了只能说明自己的信念是有效的,但是并不能否定他人的信念。实践是人生方略的实验,不同目标就有不同结果,因此没有否定它说的意义在。

至于宇宙论的世界观是生存实感的问题,就算是它在世界的宇宙论知识,亦有亲证的实效,故而宇宙论并非没有客观辨正的可能,只是涉及它在世界时就是个人感官知能的问题,有此感官知能者才能证知此宇宙论、世界观的知识系统,无此感官知能者就无法体证,当然亦无权否定。以上是就主体的知能而说,然而,无它在世界的感官知能者能否否定有它在世界的学习者的世界观呢? 这是就主体的信念与知识而说的,庄子说“小知不及大知”,既然不及,就只能限制自己在原处,想要否定别人这是不可能的。那么换个角度呢? 有它在世界观的感官知能者也是无法否定无它在世界观的感官知能者的立场,因为有它在世界观者只能证知自己的世界观,却无法说服他人不要以经验现象世界为唯一真实的世界。所以,小知无权否定大知,但是同样的,大知也是无法否定小知,于是,这一切变成态度的问题,而不是可以辩个水落石出的问题。就此而言,笔者主张:哲学史上所有的三教辨正都是一多余无功的辩难,废之可也。

以上是本体论和宇宙论的知识意义,任何人在别派的立场上不能对某派否证之,至于在工夫实践的个人活动中而言,如果实践成功固然是证明自己达到标准,但若是失败的话呢? 这却是不能说明原论是错的,因为教主在实践达成时就已经证明系统为真了,因此只能要求自己改变方法继续努力。当然,如果根本不信,那也不必再实践了,关键是信,信了做了不成功,不能否证系统,只能否定自己的方法。

六、学习者的本体宇宙论之证成

否证问题如此,证成问题呢? 宇宙论与本体论虽然是不同的问题,但讨论时却要合在一起进行,因为两边的问题与主张是完全交织构作在一起的。宇宙论的证成是知识问题,要有经验的亲知,这又要区分此在世界与它在世界的不同类型。以下从此两路分别来谈实践者对创造者的本体宇宙论体系之检证问题。

(一)**此在世界观下的实践证成**

此在世界观的宇宙论知识,就是对经验现象世界的肯定与描述,最多言溢至开天辟地、宇宙洪荒时期,对于这种论点,反正有现代科学可以检查,大家都可以说说。重点在本体论的价值意识,从宇宙论到本体论是个智慧的直观,也就是独断,但不是任意妄说,而是有主体的选择判断与相信接受,理由在系统中都有陈说,但关键却是目的,有特定的目的就有特定的价值与相应的做法。例如《大学》所言之"欲明明德于天下",便有"格致诚正修齐治平"的次第历程。又如老子所讲的"为道日损,损之又损,以至无为,无为而无不为",就谈到了理想目标、操作方式以及结果。所以,固然是宇宙论或现象数据给了一个合理性的推断,但其实是目的决定了价值的意涵,然后就是实践去完成理想,实践了、达到了就是证成了,实践而未成功,那么可以继续去实践,或由后人去实践,直至成功为止。这么说来,它差不多没有什么不能证成的可能了。例如儒家天下为公以及老子取天下的理想。

也就是说，对某一哲学体系的此在世界的宇宙论和本体论的学习成效之检证，就是了解与实践，因正确了解才能准确实践，因准确实践才能有具体成效，既已有具体成效，那就说明了实践者已然实践成功。

（二）它在世界观下的实践证成

就有它在世界的世界观、宇宙论、本体论而言，由宇宙论推说本体论的思路仍是一智悟的独断，关键还是在于目的上，不论有怎样的它在世界观，哲学创造者有爱民济众利生的信念，他的本体论的价值意识才因此出现，此时还是智悟独断之事。就系统理论之完成而言，是有它在世界的宇宙论决定了道教及佛教的价值本体，虽是智悟独断，仍十分合理，但就证成而言，则首先便要去证成宇宙论的它在世界的知识，然而，这是需要身体的超能力才可以做到的，这就需要先进行宇宙论知识为进路的身体修炼工夫，只不过，原先那个智悟独断的本体论仍是实践的起点，因为心理修养的本体工夫永远是身体修炼的宇宙论进路的工夫的前置作业阶段。心念错置，相关的身体特异功能是无法出现的，或出现的是所谓的走火入魔的境界了。端正了心念，宇宙论进路的身体知能便逐一相应出现。因此我们可以说，它在世界的宇宙论也是在实践者爱民、济众、利生的目的下被开发出来的亲证感知，也就是说，思辨或实践开始之初的目的，就是开显那个世界的动力，结果，它在世界的宇宙论知识既是被创造者亲证开发而言说出来，又能被学习者实践实现而印证出来。而宇宙，本来就存在，只待哲学创造者去认识、去开显，有什么目的，就逐渐开发出什么样的宇宙论、世界观的经验，从而说出，并提供后人实践亲证的方法，是为工夫论。工夫论则有本体论进路的心理修养、和宇宙论进路的身体修炼两型。本体工夫先行，再继之以身体修炼工夫。

以上，便是在有它在世界观知识体系下的实践者的检证事业，重点是，心念不正，结果就出不来，于是要追究的反而是心念的不断调整，至于身体的知能之出现，亦有视个人体质的诸多不一现象，最好是交由有经验的前人引导，或依凭既有的典籍自己尝试，但往往会因为典籍所述晦涩难懂而无法深入，以致打退堂鼓，因此若无教团的勉励、督促、甚至磨炼，则身体上的特异知能也是不易出现的。

　　笔者此处的立场,并非一唯心论的立场,亦即,并非主张有什么目的就创造出什么样的世界,而是主张有什么目的,才会去开发服务于这个目的的宇宙论知识,而这个宇宙论的知识内涵或经验结构,是本来就存在的,只是被发现而已。因为宇宙本身奥秘无穷,实际上可容受任何修行者的各种想象,以致供应了此一想象所需的可能资粮。于是,一路实践,一路追求,就一路发现,从而言说,成为一套套它在世界的宇宙论知识系统。现在新的问题是,如果,我们还认为宇宙是统一的,不是依据个人的唯心臆想就可以任意创造的,那么,这些修行者个人经验所发现的世界观知识之间就必须要有可以沟通交涉的可能,亦即道教宇宙论和佛教宇宙论必须有知识上可以沟通的管道,甚至基督教亦然。不过,这只是理论上的假设,实际上道教的世界观和佛教世界观之间尚有较劲、敌对的现象。但是,笔者认为,这只是受限在宗教意识形态下才会有的做法,若能摒除我执,各种它在世界观知识体系的交流互涉是根本可能的,至于此时是否会出现某一大宗教世界观收摄了其他所有宗教世界观的理论体系呢? 这是可能的,只不过,其结果仍是信与不信而已,理论上会有这样的情况发生,但现实上人心为己,被包摄掉的宗教世界观,都不会去承认的。但就理论而言,这是可以进行的研究,至于相信与否,这只是世人自己的生命选择事件,不等于理论的讨论,研究者也无须强要世人接受。现今各大宗教不都是在强要世人接受己说、舍弃他说吗? 其结果,却仍是人各自信,教教相传,流行不已,事实是:有什么样的人群文化,就有什么样的宗教,接受人类社会的这个现实就好,无须强求,只要做理论上的澄清即可。

　　总之,就修炼者对于具它在世界观的本体宇宙论的实践以为证成而言,方法上首须有理论的正确认识,然后按部就班地操作进去,而操作过程中,又会出现许多并不是思辨哲学可以论述的议题,需特殊地对待之。

七、学习者此在世界观下的本体工夫之检证

　　以上谈本体论及宇宙论的否证及证成问题,以下谈学习者在工夫论上

的证成问题。这上下两层的问题,原来是一体的,本体宇宙论的层次是讨论普遍原理的确知问题,工夫境界论讨论主体实践的成就,但本节更聚焦于此。这一部分的讨论,更非得区分两路来进行不可,那就是在此在世界和有它在世界观的两类工夫论的证成问题。

此在世界观类型的理想经验是落实在此世的,因此实践者的成功与否是众可目睹的,但是问题并不简单,因为人们对于理想的定义与成功的界定往往是不同的。此在世界观的理想有两种:一是对社会的理想;另一个只是施用在个人的理想,对社会理想的实践活动,决定于在人群中的互动效果。而个人的理想则决定于自己的心态的圆满。这正是追求治国平天下的儒家和追求自我超越的庄子的不同类型①。但就算是追求社会理想的儒家,同时也有作用于自己的修养工夫,自己的修养不能成功,对社会的理想也就无法落实,不见王阳明光讲致良知就可以修齐治平吗?因为福国利民的社会理想必须完全去除私欲后才可能,故而追求社会理想的形态的修养工夫和追求个人理想的修养工夫都是要从自己的修养活动上开启。那么,个人修养的印证如何可能呢?中国古代人事智慧的宝典《人物志》,其中的"八观篇",就是藉由各种生活事件,检证修养者的做法,看他是否真的达到了应有的水平②。所以与其说是检证,不如说是考验。关键就是,修养的程途几乎是一无止境的长路,因为个人的修养决定于与他人的互动,然而众生百相,人生有穷,但是可能的经验无穷,于是个人修养的向上之机,会不断地在接受更新的考验中触发,一次机会就是一次考验,做得到就是通过了,就是印证了,但这并不表示他可以在未来的所有新的考验中也能通过,而这也并不是说他这次的通过是虚假的,而是说他下一次的考验是更严峻的,他目前的境界只能通过眼前的考验,却未必过得了下一关,若在新的经验中不通过就是失败了,但他也永远有再度重新努力的空间在。

----

① 笔者以儒家的理想是追求整个社会进步的类型,而庄子的类型则是个人主义的,是出世的,只是追求个人的理想。这两种不同的类型,就检证的问题而言,是应该分开来谈的。

② 八观者:一曰观其夺救,以明间杂。二曰观其感变,以审常度。三曰观其志质,以知其名。四曰观其所由,以辨依似。五曰观其爱敬,以知通塞。六曰观其情机,以辨恕惑。七曰观其所短,以知所长。八曰观其聪明,以知所达。

以上是从修养实践者自己的立场说,若从他人的视角来看时,个人实践的成功与否是不能只从一般人的评价来决定的。关键是,人际关系的事业,各人感受不相同,观察视角也有别,"小知不及大知"的情况必然存在,老子不是说"下士闻道,大笑之,不笑不足以为道"吗?这就是有修养境界的人所作所为对于嗜欲之徒而言是视若无睹的,关键正是理想性格,也就是价值观念,小人无此价值观念时,当然不会肯定有此价值理想且勠力追求的人的行为,因此即便实践的成效已经明确地显现在经验现实世界之上,世俗中人仍然会有人不予认同。所以,所谓的检证也很难在众人之间实施成功。当然,追求理想的实践者只要自己不放弃理想,他还是会有持续不间断的作为展现,不论他人肯定与否,永恒不变,日日实践,日日提升,则所有的社会效果也就会在不知不觉中慢慢出现了,而为普世所认可,这就是圣不可知、出神入化的意思①。也就是说,追求社会理想的实践者,若不成功,无从检证,若其成功,仍有人否定,若不放弃,持续努力,其成功的升进历程便是在凡人不能感知而社会确有实效中默然前进,终至大成其功,整体社会蒙受其德,且众所目睹。若在尚未完全完成之前,则只有具备同样信念与智慧的人们的身上才能给予肯定的印证,对于不具备同样价值的人物或根本就不是个有理想的人物而言,则多半是不予肯定的。

至于只是追求自己个人理想的修行者,他的价值观或许来自自己的选择,也可能来自其他哲学家的体系,但都必须绝对理解并且真心倾服,这样他的作为才可能符合他的理想,这种个人理想的修养工夫之印证问题,关键只要自己认可就行了,他人无须介入过问,除非是接受了某家哲学理论体系的个人理想,则其作为之是否符合该理想的意境,是可以有他人的公议的,然而他人的印证肯定与否,也得依据他人对该哲学体系的了解深度,若是一知半解,则其评价也未必精准,至于谁的理解更为正确呢?这就回到了对义理了解的问题上了。

这时,这个对理论理解的问题,是诉诸贯通了理论的一致性的推求,便

---

① 对于圣不可知之的神话意旨,张载《正蒙》中备言此旨。"无我而后大,大成性而后圣,圣位天德不可致知谓神。故神也者,圣而不可知。""'鼓万物而不与圣人同忧',天道也。圣不可知也,无心之妙非有心所及也。"

可以说是了解了该理论？还是要诉诸个人有亲证的体会，才能有准确的了解呢？笔者以为，没有它在世界观的价值哲学体系，对于学习者而言，理解就是理解了，只是对于义理的表达不一定是在哲学专业的语境中发生而已，不是哲学专业的知识分子也一样完全能够正确理解此在世界的各种价值观，至于做不做得到？是否要真正做到了才算是真正知道了？这个问题并不是关于理解的问题，而是关于实践的问题。知道跟做到是两回事，知道而做不到不代表不知道，做到当然就是知道了，但也不代表他会积极地说出去，或是说得十分精确缜密。至于知道却做不到的人，一样有能力对于别人的做不做得到表示意见，或进行印证。

若以科学定律来说，有些定律在目前的科技环境下无从证实，但不代表知道这个定律的人因尚未亲见就不算真正知道；又例如政治人物的作为，百姓看在眼里都是心知肚明，政治人物讲理想时口沫横飞，这些理想百姓确实是做不到，但政治人物宣称自己做到了的时候，究竟有没有真正做到？这个百姓心中是知道的。所以百姓虽然自己做不到，但他还是可以检证政治人物做到了没有的，因为，在经验现实世界的价值观，对它的验证，就看现实的效果就行了，有理解力的一般人，都能够判断真伪。当然，社会上必然存在无理解力或嗜欲深重或刻意否定他人的人物，那么这些人的意见就不必参考了，只是从政治操作的立场来说时，政治人物还是必须对他们小心处理的，不过，这已经无关乎知识的认识与否的问题了。再者，也有人追求与世无争的山林野趣之意境，但却开口闭口都是厌弃名利之谈，有境界者就会知道此人绝非真正厌弃名利之徒。总之，基于此在世界观的价值理念，作为自我理想的追求时，追求者的实践成功与否，他人是可以知道的，或许是社会效果的出现，或许是他人观感的落实，这就是被他人检证成功了。以上是对此在世界的工夫境界的检证，若是它在世界，则原则又不同了。

八、对学习者在有它在世界观下的工夫实践之检证

有它在世界观的工夫理论，修炼者的追求是与世界合一的身体知能，他们首须有体知它在世界的感官知觉，这就需要宇宙论进路的身体修炼工夫

了,处理感官知觉能力提升的修炼法,其检证之途当是较为神秘的,因为他人中无此能力者是不能检证的,而实践者自己的检证则是如人饮水、冷暖自知,因此一般人也无从检证他们,唯有当这种关于它在世界的感知可以在此在世界显现时,才有被一般人的经验认可的可能,否则都是自说自话,如道士禳灾、祈福、抓鬼、扫妖诸事者。这些事情对于一般人而言,只能听其自说,要不就选择相信而接受安排,要不就完全不相信而不接触此道。至于修炼者自己,要不就坚持自己亲身所感的经历就是前人所说的它在世界观的真相,要不就继续深入锻炼,以求更为高深或细密的经验感知。但这位修炼者究竟是否走在进步的正确路上? 这只有其他也是有经验的修炼者可以检查,没有经验的其他任何人是没有肯定或否定的能力的,因此这位修炼者要不依靠别人的检证印可,要不自己走在继续开创的道路上,唯一最后的凭依也只有经典中所述的案例了。其实,就算是依靠有经验的他人的印可,也必须此位他人具有诚恳的态度,真心印可,若是心有私欲他念而故意否定,那这也是谈不上印证的,于是最后还是得诉诸个人自己的检验,自己诚恳,不是故意假合炫耀以欺骗他人,则个人自己做到了与否,是与他的知识正确度直接相关的,因此,态度诚实,能正确理解,则依法实践,老实做工夫,一旦达到所知的某种境界,此时,靠自己的知识,就能知道已经验可了。

总之,对于它在世界观的感知能力的修炼之印证,仍是经验中事,故需修炼者确有此经验才算成功,但他人的印证认可,却是可遇不可求的,除非所体知之事可以在经验现象世界中呈现,而被一般的人验证,否则,这就永远会是修炼者族群内部的互为印证的私密事业了。虽然,印证是私密的,但是理论的铺陈却是公开的,后人从知识学习的进路一样可以学习了解涉及它在世界感官之知的修炼知识的。

九、小 结

讨论实践哲学的检证问题,先就创造者、研究者和学习实践者做区分。再就属于此在世界的宇宙论和涉及它在世界的宇宙论做区分。创造者必是有其实践、有其亲证而后才有其言说的,不论此在世界或它在世界的理论体系皆然。但是,创造者所发现的世界观及价值意识,却是在有理想、有信念下才可能发现的,也就是创造者自己的目的几乎决定了他所能得知的世界观、宇宙论知识以及价值意识的本体论观念。而此时,无论所得之世界观是此在世界或是涉及它在世界,任一家学派都无有否定它家世界观的条件,因为感官知觉之结果各不相同,因此都无法互相否定。至于本体论的观念,更是自做选择的智悟独断,只要结果出现、理想达成,这就是一套真实有效的价值观,是为实践哲学的真理观。

至于研究者对于创造者的此在世界观的知识,以正常理性即可有所理解,只是现实上的实践完成就要靠学习者来达成。至于涉及它在世界的世界观,则亦可以有知识上的理解,但却不能有现实经验上的体证,而对于学习实践者的成效,亦无判断之能力。

就学习实践者而言,在此在世界观下的工夫实践之检证,一般人凭其正常的知识能力即可确知实践者成功了没有,但若是检证者自己价值观错乱,或充满了个人利益或利害关系的考虑时,那就不能真诚检证了,则此人之否定意见亦不必在意了。但在涉及它在世界观的实践成果,除非是也具备它在世界感知能力的修行者,才能检证,否则,一般人是只能选择相信或不相信,而难有可以检证判断的可能,此时则只有一切交由实践者自做检证了。

总之,实践哲学有其特殊的检证逻辑,因为涉及了人的能力问题,故必须纳入意见是否能够采用的考虑,而不是一概而论。本章之讨论是检证逻辑的总纲领,就细节之深入而言,则需儒、释、道三家一家一家分开来谈。关键就是实践者的修养境界的升进程度之检证问题,此中之艰难就在检证者自己的程度问题,而不只是实践者达到的境界问题。尤其,此在世界的社会理想之追求? 此在世界的个人理想之追求? 涉及它在世界的个人能力之提升? 涉及它在世界的宇宙理想之提升? 这就是要分开不同学派作个别案例的讨论了。

第　五　章

生命哲学的检证者理论①

一、前　言

　　本章针对东方哲学进行知识论进路的哲学研究,首先说明东方哲学的特质为生命的实践,要反思这套理论的成立,便是要针对其实践者进行检证,这其中,有创造学派的创教者、研究理论的研究者、实践理论的实践者、检证理论的检证者。创教者已经实证了此事,而研究者则是要理解其说,实践者便是要真诚实践,检证者则是要对实践者的实践成果进行检证。其中,后三者之真诚是最重要的态度,而角色亦可时常互换,只是就其角色而为研究之区分而已。

　　笔者向来专注中国哲学方法论的讨论,亦有研究成果产生,主要集结于《中国哲学方法论》和《哲学概论》两书中,书中提出讨论中国哲学理论体系的解释架构,即宇宙论、本体论、工夫论、境界论的四方架构,以及讨论中国哲学真理关的四大问题:系统性、检证性、适用性、选择性的问题。过去,在东方哲学的研究讨论中,知识论的问题意识是较为缺乏的,尤其是针对理论的提出、理解的深度、实践的效果以及检证的可能。本章之作,将针对以上问题进行研讨,并将焦点置放在检证理论中,过去,亦已完成《实践哲学的检证

---

①　本章为笔者于 2016 年 8 月 19—20 日,以《亚洲哲学的知识论议题——实践哲学的检证者逻辑》(*Epistemology in traditional Asian philosophy*:*The principle of verification in Practical philosophy*)为题,发表于 *The 3rd Conference on Contemporary Philosophy in East Asia*,(Institute of Philosophy Seoul National University)首尔大学哲学系主办。后于 2016 年 10 月 14—16 日以中文版发表于"对话与多元诠释:全球化语境中的中国哲学——成都道济论坛·海峡两岸哲学研讨会"。

逻辑》一文①,本章之作,接续此论,主要讨论检证者的角色及功能的问题。

二、东方哲学的实践特质

东方哲学是实践哲学,有别于西方的思辨哲学,关键在思辨哲学提出假说、进行推演、得到结论,就是理论的完成。但是东方哲学的理论,却是为实践而服务的,理论说出实践的目标,并解释它的原因,再提出操作的方法,最后说明达成后的主体状态,总之,根本目的是在追求理想完美的人生,所以必须要去实践,若无意实践,理论也不必提出来了。但是实践不能没有理念,否则就是妄行了,实践而要有理念,就必须建构理论,以说明理念的合理性。实践都是为了追求理想,所以,首须讲出人生的理想,这就是本体论的建构,内涵是价值意识。然而,理想为何是如此呢?它当然应该是有道理的,这个道理就在对现象的观察中,这就是宇宙论的提出,目的是说明价值的依据。宇宙论及本体论明白之后,实践就有了依据,接下来就是要说明如何实践了,这就是工夫论。做了工夫会提升能力,达到最高的能力就是实践哲学的目标,说明最高能力的状态就是境界论。可以说,实践哲学特质的东方哲学,他的实践的理论就完成在这四方架构之中:宇宙论、本体论、工夫论、境界论。

三、东方哲学的发生逻辑

东方哲学是实践哲学,它的发生是怎样的过程呢?笔者以为,它是源自创教者对于理想的追求而建构完成的。创教者自身拥有熊熊无尽的热情,有他自身强烈的理想,理想是针对他所观察到的现象世界,提出改进的方向,从而找出做法,经他自身的实践而完成,同时,当他言说这套价值观的内涵时,理论就建立了,后来,又经过后继者不断补充而完备,最终形成了在宇宙、本体论、工夫论、境界论皆有言说的完整系统。总之,东方实践哲学,

---

① 已收录于本书第四章,改名《生命哲学的检证逻辑》。

是先有理想的意愿,再经过实践、实现而语言化的过程。

四、东方哲学的认识论课题

东方哲学虽经理论化,却一直是在东方文化传统中表达,表达的重点还是深化理论,甚至在不同学派之间进行辩论,却鲜有针对自身理论成立与否的反思,纵或有涉及认识的问题,也只是如何认识这套理论的方法,而不是这套理论是否是真理的讨论。西方思辨哲学的理论建构,自笛卡儿以后,理论必经认识能力的反思而后方可提出,这就是知识论的特点,也是本章要讨论的重点。东方哲学的理论建构,却是先有理想,成为目标,再藉由对现象的说明,而提供理由,然后找出方法去实践,最后指出理想人格的状态。因此,对于这样的一套哲学,要反思它的成立问题,重点就不在人类的认识能力了,而是理解这一套知识是如何形成的,以及检证实践者是否能达到目标。这是因为,这一套哲学根本就是用来提升人类的能力的,因此检证的关键在于能力是否提升,而非有何种能力,以至于能理解及实践何种信念?

五、东方哲学的检证课题中的人的因素

实践哲学是人的活动的哲学,理论由人提出,理想由人实践,理论之是否完成以及理想之是否达致,皆赖人为,因此,东方哲学的知识论检证问题的重点应该在于对人的活动的检证上,然而,参与在这套哲学的人物角色有多重歧义,因此讨论检证时首先应分辨出活动者的角色。第一,是理论提出的创造者。第二,是研究理论的学者。第三,是相信理论的实践者。第四,是对实践者进行检证评价的检证者。若不能区分是针对上述哪一家的活动进行检证,则对于检证的讨论将会是十分混乱的。

六、东方哲学的检证课题中的世界观因素

实践哲学的理论创造,是为了要实现想的,而理想则是在现实世界中实

践的,但现实世界的范围如何? 这是各家观点不同的,因此谈实践哲学的检证问题,将会涉及世界观的认识问题。世界观决定理想的范域,而理想在设定之初也已经预设了世界观的范域。儒家的理想在家国天下,宇宙论只及经验现实世界的发生。道教理想在沟通它在世界存有者与此在世界存有者的互动关系,世界观理论的范围就进入了它在世界。原始佛教的理想在超越生死,世界观就涉及它在世界的生命。大乘佛教的理想在同证佛果,依然有它在世界的世界观。既然,理论的世界有此在、它在的差异,则实践哲学的检证原理中,就必须面对这个差异。重点是,不同世界观的学派之检证者,无从否证他教,关键就是,没有共同的标准。而不具备它在世界感知能力者,不能检证它在世界的实践者的能力真伪,关键就是没有能力之支持。至于不同世界观的实践者,也无从强迫他人接受自己的世界观信念,关键就是没有经验之佐证。

七、对创教者理论的检证

以下针对创教者、研究者、实践者、检证整进行检证逻辑的讨论。创教者因理想的坚定,而有实际的实践,理论只是语言化他的信念与经验。无论他实践到什么程度,信念永不改变。经验则一方面展现为现象的知识,而成为宇宙论的内涵;另一方面展现为实践的方法,而成为工夫论的内涵。创教者的信念是没得检证的,它没有是非的问题,因为它都是淑世的理想;它没有好坏的问题,因为淑世的方式人各不同,内涵人殊人别;它也没有高下的问题,因为理想不同,互相尊重即可,天下各学派之间的辨正,都是好胜争心所致。教主创教时固然有所欲胜出的对象,但所能面对的问题以及所能达到的目标都是特定有限的。没有哪一个学派真正面对并解决了人类生命的所有问题,因此不同学派只是解决不同问题的系统,故而无须论究高下。

其中,尚有世界观的别异问题,世界观既然不同,如何比较? 而不同的世界观认定,是没有认识能力的一致性前提可为真伪论断的,因此,有它在世界的世界观之学派,亦无法因此以宇宙论的广大而贬抑只有此在世界世界观的学派。总之,各自独立,互相尊重即可。因此,对创教者之所说,就是知道其所创造之内涵,理解其理论之特征,检视其系统之完备与否,从而予以尊重即可。既然是创造,都是已经有了成果,信念已经被实践,因此既不必检证,也不必论究高下,只需理解,以及是否相信和愿意投入而已。理解是研究者的事业,相信和投入是实践者的事业。

八、研究者的检证理论

研究者就是一般学者,他的任务是要对于理论是否为真进行检证,但是,实践哲学是理想追求的哲学,理想的发生就代表智慧的获得,智慧本身是一自做决定的独断事业,因此,研究者无从检证智慧是否为真,只能理解智慧的内涵以及实践之后的效果,而智慧本身就只是一个价值趣向而已,并没有真伪论断之必要。因此研究者最重要的检证任务便成为理解的活动,理解就是研究者最重要的任务,为何要谈理解呢? 因为实践哲学的理论不是任何人都容易理解的,由于价值信念的出现,是带着生命实践的感动而进行的,若是研究者缺乏同情体贴的感动,则对价值的理解就不能相应,如此一来,对于理论建构的要点,以及不同理论之间攻防成败的检证,也将失去准确判断的能力。

又,由于研究者并没有被要求实践,而实践是相信者的事业,也是学派信徒的事业,故而当研究者不以实践者为关键性角色时,则他自身就必须更加地具备高度的理论能力,以便深入理解学派理论,尤其是理论的系统性架构,以判断学派理论的完成与否,以及发展历程中的后期理论的贡献。研究者不必决定自己相信与否,学派如何言说就如何理解,关键是能不能正确理解学派的言说,这是决定研究者是否称职的唯一要点。研究者没有实践的操作,也就没有论断不同学派理论的是非、好坏、高下的能力,只有理解力的准不准确的问题。研究者的理解,将提供实践者去认识,实践者做了选择就是相信了,相信了就要去实践了,没有研究者的良好转译,实践者是不容易正确实践的。

九、实践者的检证逻辑

实践者的实践,将面临许多困难,他固然选择学派的价值,相信学派的世界观,但他自身从没有经验、没有能力,到有经验、有能力的过程是一个艰苦的历程,必须十分坚定,不可中途退却,否则无法达到最高境界。但是,人世间人,又有几人能够达到各学派的最高境界呢?显然是极少的。对于实践者的检证,谈得是境界的升进以及操作的真伪,境界的升进决定于实践事业的完成与否,有完成就有升进,没有完成就谈不上升进,然而,完成与否未必容易察知,有些完成是主观心态的坚实,有些完成是人间事业的落实,有些完成是主体感官能力的提升,有些完成是它在世界的处置,实践者对自己的检证就是诚恳一事而已,有没有达成自己最清楚,只要有实践的真诚,自己就会知道达到了没有,因此,自己就是自己最好的检证者。

除非是认识错误,才会虽有诚意却无成果,所以研究的工夫是很关键的,也就是说,实践者最好自己就是最佳的研究者,经由正确理解,从而准确实践,加上心诚意真,逐步升进。达到了很好,没达到就再勉励,绝不造假。造假是追求理想的事业中最常发生也最严重的障碍。有太多的人,口称追求理想,其实人欲横流,如何分辨?孔子说:"巧言令色鲜矣仁","刚毅木讷近仁"。这就是真伪分辨之原理。一旦人不真诚,当然也就障碍了实践的成果了。然而,真诚与否,唯人自知,如人饮水,冷暖自知。至于别人是否知道,那就是检证者的角色了。总结于实践者,选择价值,相信世界观,真诚实践,对于自己有没有达到境界,保持不我欺的态度,这就真正的实践者图像,至于从外部评断他的功力高下?以及成就如何?这就是检证者的事业了。

十、检证者的检证逻辑

检证者是针对实践者的实践成果之检证,检证者自己也必须是实践者,同时必须在实践的程度上超越了被检证的实践者,如此他才具备检证此一实践者的能力条件。因此谁是检证者?谁是实践者?便成了一组相对性的关系网了。实践哲学是有理想的人的实践,所以检证者本身也必须具备这个学派的理想的,若无理想,则忌妒、中伤的事情就有可能发生了,而这当然不是检证者应有的作风。也就是说,检证者虽然曾经以实践者的身份进行了实践,但是当他担任检证者角色的时候,他自身的态度便决定了他的检证的信用效度,他的态度就是他的真诚度,若是真诚,达到了就是达到了,没达到就没有达到,不会为了打击而达到了说没达到,也不会为了讨好而没达到说有达到,这其实都进入了检证者自身的为人处世范畴了。

检证者当然也有可能在实践的经历上不如实践者,但依然进行检证之事,这并非不可能有一定的信用效度,关键只是,深度不足,所证有限。他们在价值方向上一定是一致的,只是达到的心量高下有所不同,以及世界观知识上细节的认识有别。但只要他是真诚的,他还是能够举证说明实践者的成就的,只是评价的标准仍在自己的高度中而已。

十一、检证活动中的人物角色关系

检证者、实践者、研究者三者时常难以区分,研究者自身也会是实践者,也会是检证者。研究者、实践者、检证者只是就当下正在扮演的角色而为之界定,各有重要的角色逻辑,但在同一人之身上,却是可以共具三种角色的。实践者自身首先亦必须做好研究的任务,实践者自身也会是别的实践者的检证者,重点是实践者着重于自己的实践,只是在历程中必须研究,也会涉及对他人的检证而已。作为检证者,既要拥有良好的研究成果,以便藉由正确理解而准确检证,也要拥有良好的实践结果,以便藉由深度的经验而能更为准确地检证。然而,此三者,皆须有真诚之心,皆是究心于对创教者学派学理的认识与实践,进而检证他人,若无真诚之心,则理解不成其理,实践不成其实,检证不成其证,只是小人物的表面功夫,伪饰一番而已。

十二、实践哲学的检证者理论

谈实践哲学检证理论是为了面对西方哲学的知识论问题意识而提出

的,哲学就是普世的哲学,地域上有东方与西方之别,但内涵上就只有理论理性的唯一标准,可以普世化的才是哲学,可以理论化的才是哲学,说东方实践哲学是因为来自地域上的东方的普世化哲学,虽然宣称了自己的真理性,虽然充满了实践的智慧,但是它们最初的表意形式在理论理性上较为不明晰,当然,明晰不明晰也只是相对性的评价,只要是真理,就可以被清晰地表意,剩下来的问题只是学习者的程度而已,学习者的程度不是哲学工作者可以负责的,哲学工作者只要负责清晰表意。笔者进行了长期的中国哲学方法论研究,目标在提出解读中国哲学的清晰的理论架构,也就是以宇宙论、本体论、工夫论、境界论的四方架构以理解与诠释东方哲学,当东方实践哲学可以被系统性清晰地表意之后,它也就是普世的哲学了。不过,它的真理性问题仍然存在,因为哲学永远不能逃脱被质疑的命运,东方实践哲学的各家理论固是真理无疑,但它们如何是真理? 不见三教辨正两千年不绝。又在面对理论清晰的西方哲学时,东方各教派的理论更可以被质疑。为响应被质疑为真理的问题,便是本章写作的目的。

但实践哲学毕竟有其特质,关键就是任一教派的理论都是创教者淑世理想下的实践结果,被信以为真也被切实履行,并从而在人类文明历史上被实践了千年,儒释道墨法各家皆然,既然已是历史的现实,那么检证是要检证什么呢? 笔者主张,检证只有针对学习者的实践之效度进行检证,前提是检证者本身既有理论的认识又有实践的证量,以及根本就是相信此派的理论,而且是虔诚的教徒。是儒家就实践儒者的行谊,是佛教徒就好好修行,自己有了能力上的程度,就能判断后学者的状态。至于学派的理论,都是真理,只是淑世理想不同,想达成的目标不同,而成就的理想人格状态也各不相同,也就是有各自不同的圣人观,就好像各种类型不同的运动高手一样,人人都是绝顶高手,他们实践训练的道理都是真理,但游戏规则不同,技艺的呈现不同,却都是冠军。

在这样的检证理解下,对中国哲学的学习,重点就是在应用,而且是先有淑世的理想之后的应用,因此首须正确地理解,之后在适当的情况境遇中准确地选择某家某派的智能来予应用,于是选择性也成了讨论实践哲学的知识论课题的重要问题之一。然而,选择之前就是适用性的问题,实践哲学各家各派的理论是面对人生不同问题、不同处境下的理论建构,因此各家的适用性问题也是知识论的重要课题之一。谈东方实践哲学的知识论问题就是系统性、检证性、适用性、选择性四大问题,而这也就是中国哲学真理观的讨论议题。

十三、小 结

本章之所论,乃笔者针对中国哲学真理观进行的一系列讨论之一,本章着重于检证活动中的人物角色之讨论。东方哲学是实践哲学,实践哲学亦是有理论建构的哲学,此一建构,笔者以宇宙论、本体论、工夫论、境界论以为系统化的架构。但东方哲学的知识论讨论是缺乏的,而西方知识论的讨论亦无功于此,关键是实践哲学的特质与思辨哲学大异其趣,只有反思知识之成立及实践之效度有其精神上的共趣,本章之讨论,一方面有助于深化东方哲学的实践哲学的理论特质,另一方面有助于扩充知识论问题在人类哲学文明上的研究深度。

第 六 章

中国生命管理哲学的理论与材料①

一、前 言

讨论中国生命实践哲学的真理观问题,除了系统性和检证性之外,还有适用性和选择性问题,适用性问题厘清楚了,选择性的一句就都具备了。本章之作,先整理中华国学各家学派及各种智慧宝典的理论与材料,以为适用性问题的讨论作铺路。此外,中国生命哲学,就是人生管理哲学,从管理的面向切入,就更能彰显它在适用领域上的重点。若不能准确管理的面向,各家混论使用,则中国哲学的精蕴就会被遮蔽了。

二、中国生命哲学的对象

要谈中华文化以及中华国学,自然是包括诗词书画、历史典故以及哲学智慧等。由于笔者的学术专业是中国哲学,因此愿意从中国哲学的角度来谈文化与国学。中国哲学主要都是人生哲学,是追求人生理想的哲学,是必须自我修养的哲学,是管理社会国家的哲学,是穷究天人之际的智慧。要把中国哲学与国学做出联结,应该从管理哲学这个领域入手。由于国学是个超越学科的名词,包含了历史、文学、艺术、语言、思想、人生观、世界观等,要说明中国哲学在国学研究教学中的特色所在,必须要找到一个醒目的标志,

---

① 本章为参加"首届海峡两岸高校中华优秀传统文化教育论坛"而作。2015 年 7 月 2—3 日,中国高等教育学会、两岸文教经贸交流协会主办。

笔者以为,以管理哲学作为进路,可以有效地将中国哲学与上述相关中华文化与中华国学的关系定位清楚。亦即以中国式管理思想作为中国哲学在国学中的根本角色功能。

中国哲学以儒、释、道三学为基底,再扩大来说,回教思想也属于在中国地区广泛影响的哲学智慧,限于笔者的学力以及传统的印象,只好先略去不谈。

儒、释、道三教都是人生管理哲学,但是有各自的不同经验领域及使用范围。要了解及使用儒、释、道的国学智能,首先必须厘清各家各派是在什么问题、什么领域上的发言,这样,才能有效应用他们的智慧,以解决个人的问题。关键就是,儒、释、道三学确实有许多表面上的差异甚至争辩,想要汲取精华为我所用,就不能乱用。虽然儒、释、道三学都宣称自己是穷究天人之际的绝对真理,然依笔者的研究,仍然可以指出各家侧重的不同面向,将这些面向排比出来,便可以把中国哲学各学派的智慧进行有机的运用,进而改善人生,追求智慧,成就理想完美的人格。

三、中国管理哲学的课题与教派

那么,对人生的管理,究竟有哪些问题呢? 首先,第一要旨当然是人生的意义与目的的问题,这一部分就包括对生死的看法以及对命运的理解,还有健康长寿的知识。面对这个问题,儒、释、道三教各有不同看法,关键在世界观的差异,其宗旨后文再述。其次,则是人在职场中的应对进退,人都是要工作以求温饱的,进而藉由工作实现自己的理想,以满足成就感的需求,同时作出对社会应有的服务。这一部分就有关于领导的智慧,以及职场的应对进退原则,当然也包括就任、卸任、退休等时机的自我处置原则。最后,则是日常生活中的人际关系的处理,这里就包括对自己的心理调适,对人性的了解,以及对于人和人相处时的种种原理。以上简述为人生的目的、职场的应对、与生活的调理三大项。虽然三教的宗旨不同、价值不同、理想不同,但三教对上述三大问题几乎都能有高度智慧的指导。

首先,适合在中国管理哲学中讨论的中国哲学经典,应包括以下各家各学：

（一）儒家人生目的与生命意义的管理哲学及政治哲学：《论语》《孟子》《大学》《中庸》。

（二）儒家个人修养及生活管理实战格言：北宋四子语录《近思录》、南宋胡宏《知言》中的人物品鉴、明代朱柏庐的《朱子治家格言》、清代的《弟子规》。

（三）道家给而不取的入世领导者管理哲学：《老子》。

（四）道家化除矜持的出世生活的管理哲学：《庄子》。

（五）儒道两家情境设想与阶层逻辑的管理哲学：《易经》。

（六）儒道两家人事管理哲学：《人物志》。

（七）儒道两家生活实战演练的人生哲学：《菜根谭》。

（八）法家唯组织目的的管理哲学：《韩非子》。

（九）佛教解脱并度众的命运与生死的管理哲学：《四十二章经》《大乘起信论》《达摩二入四行论》《六祖坛经》《了凡四训》等。

以下，进入三教意旨以及其他重要中国管理哲学宝库的角色与功能之说明。说明的同时，将理论与材料一并讨论。而说明的重点，则主要是该学派或经典在面对的问题，然后才是它的主要理论主张。

四、儒家人生目的与生命意义的管理哲学及政治哲学：《论语》《孟子》《大学》《中庸》

首先，儒家是运用于社会体制的个人及国家问题的管理上，意思是说，相较于道家庄子的出世主义、佛教的彼岸追求，儒家显示出主要在经验现实世界追求理想、肯定价值的立场。人活这一生，就要好好和身边的人以及同时代的人共谋幸福，儒家就是直接投入此一现实世界社会体制的建设事业上，以家国天下的治理为理想，藉由社会体制的建设而谋求人民的幸福，因此，整个儒家哲学就是一套"肯定经验现实世界"从而"为社会服务的人生观"。为达此一目的，个人自己必须有"提升道德意识的自我修养工夫"。所以，儒学的内涵，从三教辨正的角度言，儒家要和道佛辩论"肯定经验现实世界"的立场,从人生的意义之价值取向而言,儒家要建立"人生以服务为目的"的人生观,同时,从教化的需求而言,儒家更要提出许多"培养道德意识的自我修养观"。这样的一套哲学,既有对家国天下的管理的讨论,也有对自我修养的人生管理的观点,可以说就是最适合国家体制采用的意识形态,也正是历来中国王朝所肯定及采用的国民教育理念,即便是今日民主共和政体,依然是维护国家体制、建设和谐社会、创造人生意义的最佳系统。

至于儒家智慧的宝典,宋代以后所强调的"四书",包括《论语》《孟子》《大学》《中庸》。可以说是儒学经典中的精华,"四书"既是治国的宝典,也是个人修养的指南。

《论语》以仁、孝、礼三大价值观贯穿全书,仁是对所有人的真诚关怀,礼是这个关怀所表现出的合宜行为,孝是培养这个关怀的人性起点。《论语》以这三大价值,讲说了人生的意义、生命的目的、人与人之间相处的原则、君子与小人的区别、个人与国家的关系,可以说已经把一个立志做君子以为社会国家服务的人生观全盘说尽了。

《孟子》以仁、义、礼、知四大价值说人性本善,对于孔子所说的人生理想以及君子的人格,提出性善论的理论以维护之,就是因为人性本善,之所以必须修养自己、追求理想,以成为服务社会国家的有用人才。此外,《孟子》为行仁政的政治管理下了许多的脚注,国家就是要为人民服务的,政府就是要照顾百姓的,官员就是要为民众做事的,若反此之道,革命是必然的。"民为本,社稷次之,君为轻。""闻诛一夫纣矣未闻弑君也!"这两句话成为千古王朝的警惕与丧钟,是所有中国历史上的民族英雄之所以能够"杀身成仁、舍生取义"的价值圭臬。可以说,《孟子》的政治哲学,真正维系了中华民族的王朝政权的统治合法性,以及士大夫的民族气节,和百姓生活的纲常伦理。读孟子,更能够让乱臣贼子惧。

《大学》是教导君子人格形成的絜矩之道,以"格物、致知、诚意、正心、修身、齐家、治国、平天下"的八条目为"大学之道在明明德"的修养次第。其中如何诚意、正心、修身的自我修养原理,以及如何齐家、治国、平天下的政治管理哲学,则是从政者应有的价值准则。朱熹一生用力最多于此书的原因,就在于它是适合所有的人都可以使用的修养哲学。《大学》是从个人修身到担任政府官员的角色扮演的最佳教材。

《中庸》沟通天人之际,以"诚者,天之道也,诚之者,人之道也"赞天地之化育,亦即把天人之间的关系紧密地建立了起来。又以"天命之谓性,率性之谓道,修道之谓教"把天对人的赋命以及人生存在的使命说清楚了,那就是,人受天命之性以生,人的一生就在于尽性至命,并致力于教化万民。《中庸》又以"故大德,必得其位,必得其禄,必得其名,必得其寿"而将君子的任务,以及担任国家治理者的角色,做出定位。有德的君子就是应该从政服务,且身居要职,反之,身居要职而非有德的君子,就不配当此位。

可以说,从《论语》《孟子》《大学》到《中庸》都是倡说人生以服务为目的,个人必须以修养自己成德为一生努力的目标,君子养成之后,都是要从政以为民服务,而国家就是要服务百姓的体制。就是因为儒家学说的这种正面的立场,所以才能成为中国文化的主流,中华国学的代表,维系社会体制,培养健全的国民。

以上是儒家最核心的经典,此外,还有一些具体操作的生活实践准则,也是儒家管理学中最值得认识的国学教材。

五、儒家个人修养及生活管理实战格言:《近思录》、胡宏《知言》的人物品鉴、《朱子治家格言》、《弟子规》

在长远的儒学传统中,除了先秦儒学的《论语》《孟子》《大学》《中庸》以外,符合以上儒学的目的与功能,而能从生活面、实务面来发挥的儒学作品,还有《近思录》、胡宏《知言》的人物品鉴、《朱子治家格言》《弟子规》。等书。这几部著作的特点在于,不是要讲三教辨正的大道理,而是要讲修身、齐家、治国的基本原则,因为文义浅白切近,易懂好学,因此,也在长远的过往中,对人格修养、人物品鉴、家庭教育、人际关系等,发挥了重大的影响作用。

《近思录》汇集北宋周敦颐、张载、程颢、程颐的重要言论,只有少数篇幅用在三教辨正的哲学理论上,最多的篇幅都是用在讨论如何修身、如何应对、如何出处进止上，因此《近思录》用于大学生人格养成教育时，是非常有用的教材。笔者于台大通识课程中讲授《近思录》，引起极大回响。最让同学讨论最多的，竟是"吾曹尝须爱养精力，精力稍不足则倦，所临事皆勉强而无诚意。接宾客语言尚可见，况临大事乎"。这是因为，大学生多半作息不正常，白天上课时无精打采，关键都是时间管理不好。《近思录》从君子修养的切身经验说起，正对青年人修身养性之需要，是今日大学生生活教育的良好教材。

胡宏《知言》的人物品鉴，胡宏之父胡安国，北宋春秋学大家，因此，胡宏以春秋学的家学，对品评人物有独到的精解，表现在《知言》著作中就有许多谈君子、小人之别的话语，以及个人修养之道的观念，句句精辟，刀刀见骨。尤其是对人的情绪管理以及富贵与德行之间的关系，解说透彻，可以帮助在社会职场上工作的人们，立即知道自己行为的对错，值得时常品味。《知言》品评境界以及个人修养的谈话，也是笔者国学课程中谈到儒学思想时最常引用的材料。

《朱子治家格言》是明代作品，明代士子朱柏庐，撰《朱柏庐治家格言》，从家庭生活出发，把人们日常生活中对于街坊邻居、叔伯姑嫂、邻里乡党、父母子女等所有人际关系的互动原则，做了智慧的引导。并对子弟教育、金钱管理、物质居处种种日常生活事务，都提出作为的意见。言简意赅，易知难行，读《朱子治家格言》最容易让忙碌的现代人体会到日常生活中所犯的许多的错误，其实就是保持仁爱的胸怀还是流入自私自利的作风之别。以《朱子治家格言》为成人社会教育的国学教材，十分合适。笔者讲授时，依其本来的顺序，将其分为以下六个章节："物质管理""家人管理""金钱管理""处世管理""福德经营""人生志向"，由此亦可见出《朱子治家格言》的特色重点。

《弟子规》是清代童蒙教育教材，以启蒙教育为主轴。朱熹批注《大学》时特别选辑若干古文而编纂了《小学》一书，唯文字尚未易读，然而清代士人所编辑的《弟子规》，内文完全是以日常语言述事，因此更易于记忆理解。《弟子规》以日常事务为谈论材料，向未成年的子弟讲说生活礼仪的应对进退之道，将儒家仁义礼智的教育收纳其中，涉及时间空间行走坐卧的处理，与长辈与平辈的相处,几乎所有生活细节上可以碰到的事情,它都做了指导性的规范,可以说是一套最为完整的未成年子弟的生活教育。近年来,各地华人社群中,经由许多教育机构的推动,《弟子规》已成为幼儿及中小学生课颂朗读的最佳材料,唯愿中华儿女,亦能真正在生活上落实此规。《弟子规》虽然是童蒙教育材料,但现今多少的成年人一样是基本礼仪不足,缺乏人格养成教育,他们若能从《弟子规》中去反思、学习,则一样是成年人基本生活礼仪教育的最佳教材。

以上是儒家的经典,接下来谈道家的经典。

六、道家给而不取的入世领导者管理哲学:《老子》

老子对于先秦时期的国家征战,导致的人民生活痛苦,认为都是领导者自私自利的结果,既不能有效领导,又不能带给百姓幸福,于是老子哲学的根本问题,便是在于教导国家的领导者,如何有效领导臣下？如何让百姓生活幸福？而老子的思考模式则是,先找出人际关系变化的律则,再提出领导者自我修养及对待众人的智慧之道,而整个思考的背后立场,仍是爱护百姓,且期许帝王行仁政,并追求天下太平的境界。

《老子》五千言,智慧深刻,但它究竟与儒家有何异同呢？笔者认为,相同的部分在于,都是用心经营家国天下的哲学智能,也是肯定社会体制的价值功能,而非避世、消极的哲学。至于差异的重点在于,《老子》智慧集中用于领导者有效领导的原理上。被领导者不过要的是荣誉和利益,领导者能将更多的权力、财富、荣誉给予干部,干部必定效命不疑。但是,要做到这点,领导者必须无私,于是减少欲望、一心为公,成为领导者自己最重要的修养方法。所有职场上的领导者,包括公司的老板、职员、政府单位的主管、公务员,都应该要有《老子》的智慧与作风,只有一心为群众的领袖,才有可能领导一批优秀的干部,创造人民的福祉,开创不朽的事业,这一切,只有从领导者自己去私、无为处做起。《老子》是国学教材中最好的入世领导者的哲学。同时,《老子》哲学也是儒家哲学最好的事业伙伴,而非一般误以为的消极之学。

七、道家化除矜持的出世生活管理哲学:《庄子》

同是道家哲学系统的庄子,在儒道关系上,就与老子不同了。庄子是菲薄孔子的,孔老都是现实世界的管理哲学,而庄子却是超越天地之外,有它在世界神仙存在的哲学体系,因此对于现实世界就采取了出世主义的态度,亦即对于社会体制家国天下并不关心。庄子不认为家国天下是照顾人民、保护生命的必要制度,反而认为是虚伪政客宰制天下的工具,因此否定孔子救世、淑世的理想,从此在人间采取出世的立场,不涉入人间名利权势的事物,只以自己的最高精神境界培养为目标,于是,在日常生活上便展现出风趣、幽默、恬然、自适的姿态。学习庄子,对于繁忙的现代人而言,正是一股清凉剂。提醒人们在事业追逐的同时,也要有一颗抽离的心,不要因为权势的争斗而迷失了天真,要有容人的胸襟。做主管的,对于单位内部一些长时心情愉快且不与人争的同事,要懂得珍惜,因为他们正是公司人际关系的润滑剂,这类人就是现代社会的庄子。

庄子哲学对现代人生活而言,尤其珍贵,关键在于现代社会物质丰富,人们生活不虞匮乏,但欺压、侵凌之事仍不减少,庄子哲学正是让人们化除矜持、自适的最佳清凉剂,让人们能够从社会人际关系的紧张对峙中抽离出来,同事之间的相处,人人专务本分即可,大家以专业的身份分工合作,不须推挤压迫,从而获得生命的自在逍遥。对于现代公司组织及公家机构而言,庄子哲学正是用于解放体制的矜持,藉由庄子的智慧,教导人们:(一)看破社会体制的真相,(二)建立自主逍遥的生活,(三)解放领导阶级的矜持,(四)拆掉自我尊卑的面具,(五)作为所有朋友的好友,(六)成为休闲退休的哲学。人们在职场工作的时候,充满了狡诈诡谲,退休后也没能放松下来,如此便不能有真正的退休休闲生活,除非领略庄子的智慧,以体制及名利为短暂虚妄的事物,唯有精神的自由才是最终的归趣,这样才能真正享受轻松自在的退休人生,而仍在职场阶段处事者,若也能有此体会,便能真正享受到工作的乐趣。《庄子》哲学,正是现代社会人生管理最佳的宝典,因为他最前卫,他所指向的社会发展阶段,最符合现代社会的实况。庄子哲学是承平时期的快乐哲学,具有出世主义的精神,是个人主义、自由主义者的哲学。它固然有神仙思想,但与具体生活较无直接关系,反而是超越逍遥的智慧,根本就是现代人去除矜持、化解忧愁的最佳宝典。

谈完儒道之后应该进至佛教哲学,但是,人生需要面对的问题还很多,在儒道价值之间,还有一些特殊领域或主题的管理哲学宝典,应先予认识,之后再谈涉及彼岸的佛教哲学。这些特殊哲学就包括:《易经》,用于阶层组织的应对进退、吉凶祸福之认识与处理。《人物志》,用于人才分门别类以及拔擢晋用的人事管理上。《菜根谭》,这是综理人生各种问题的实战演练原理,是儒道管理哲学的最高智慧之综合。至于佛教,是用于对命运问题的理解与生死问题的处理上。

八、儒、道两家的情境与阶层管理哲学:《易经》

易经哲学面对的是社会体制内的人际关系原理,默认了情境设想下的吉凶祸福原则,认识到有一个变动不居的环境条件状态,并在其中的时位转化上进行处事的变通。它的智能原理有二:儒家守正道则无往不利的修养工夫,以及道家守谦德则避免咎难的修养工夫。

儒家倡议服务的人生观,是一套入世的哲学。而道家的老子也是入世的哲学,只是侧重其中的领导管理哲学,要旨在谦虚。至于道家庄子,则是出世哲学,但正好对于仍在体制生活中人,提供化除矜持、解消尊卑的心灵智慧。这些,都是经验现实世界的人生管理哲学。此时,《易经》哲学正好提供了一个良好的架构,将之统合起来。那就是一套上下高低阶层或中央地方阶层的体制架构,或是上下六爻的时位阶段的架构。藉由这一套架构,正好可以把人生不同阶段、不同角色的人物所面对的问题,予以统合汇整,从而可以把儒道两家种种管理原则应用于其间。

易经上下阶层的情境原理是如何建构的呢? 首先,《周易》以一卦六爻,共六十四卦,展现六十四套人生情境的处理哲学。其次,一卦六爻由上下两个三爻卦组成,正显示中央与地方、高阶与低阶的组织结构,以及人际关系原理。上三爻为中央或高阶,下三爻为地方或低阶。这就是人在职场中的角色逻辑。我们可以假设每个人都是落在这六个阶段之一的职场角色，而人的一生就是在这六个位阶中逐渐上升的历程。但是，人们也很有可能没有逐阶上升，而就在中间走到了职场的退休阶段。然而，不论在哪个位阶，人人都需要人生智慧以为应对，而《易经》的智慧重点就在于，不同位阶的人生正好有不同的吉凶祸福之命运。六十四卦的六十四种情境首先就是说明这种种的吉凶祸福原理，至于应对进退的处事智慧，永远是儒、道两家的原理，人生的理想以儒家道德价值主之，阶层的进退以道家老子的智慧处之。

以下先讨论从初爻上升至六爻的上进式人生。

（一）初爻

初爻通常为初入组织之时，一切以观察、学习、不强出头为原则。此时，学习是第一要务，对于外在世界的纷争，自己尚不能看清楚，因此不宜贸然出头。就算是要出头，因为不获信任，也没人要听。在十分特殊情况下，竟然可以让初爻负担重责大任，这就是组织快倒了的时候，只有这种情况下的初爻才有重大角色。否则，只要是初入组织者，都是要以聆听及学习为角色扮演的第一原则。这就是老学及儒学的互用。儒学重于学习，老学重于沉潜。

初爻以学习为最重要的角色逻辑。赶快学习，不发声，在这个位阶的人物反而人人愿意教你，等你能力强了人家反而不愿意再传授秘诀给你了，愈谦虚，学愈多，将来成长愈快速。如《菜根谭》言：

> 伏久者飞必高，开先者谢独早，知此，可以免蹭蹬之忧，可以消躁急之念。

（二）二爻

第二爻为基层组织中被授权的基层干部，一切以积极表现、勇于任事为原则，此时会获得赞誉，不必担心受猜忌，服务贡献才是角色重点，此时是最重要的快速成长的阶段，没有经历过这个阶段的人物，是无法成为第五爻的最高级领导人的，关键就是一些基层主管的历练绝对是高级主管必经的阶段。这个阶段的角色扮演，必须以和第五爻合作为最高原则，因为二爻的职务权力是直接来自五爻，两人相应合作才是成功的王道。这主要是儒家的形态，以勇于承担为唯一宗旨。

第二爻以做事为最重要的角色逻辑，事情一定要办成，不是来学习推诿卸责的，这样做第二爻就长不大了。事情办成、能力提升、获得荣誉。如《菜根谭》言：

> 议事者，身在事外，宜悉利害之情；任事者，身居事中，当忘利害之虑。
>
> 毋因群疑而阻独见，毋任己意而废人言，毋私小惠而伤大体，毋借公论以快私情。
>
> 横逆困穷，是锻炼豪杰的一副炉锤，能受其锻炼，则身心交益，不受其锻炼，则身心交损。

（三）三爻

第三爻为基层组织中年龄经验最老到的一环，但却已失去了领导者位置，上不上，下不下，最容易愤世嫉俗，也最容易闯祸，甚至会一时冲动离开了这个组织。所以第三爻是最凶险的阶段。建议要坚守岗位，用心观察最新情势变化，积极贡献智慧能力，绝不与第二爻甚至第四爻争功，更不以中伤、挤压二爻、四爻为晋升之阶。沉着稳重，终有上达四爻的一天。这是孔、老互用的一爻。当然，若已经没有晋升的念头，就好好追求自己的快乐生活，这时就需要庄子的哲学智慧。如《菜根谭》言：

> 当与人同过，不当与人同功，同功则相忌；可与人共患难，不可与人共安乐，安乐则相仇。
>
> 降魔者，先降自心，心伏，则群魔退听；驭横者，先驭此气，气平，则

外横不侵。

第三爻以忍耐为最重要的角色逻辑,公家的事仍然要积极任事,但是因为自己没有主管之位,所以功劳要让四爻、二爻拿去,这才是有智慧的人。继续学习、敬上爱下,以此为再度地晋升而准备的阶段,可以说是攀上高层之前第二次的初爻阶段。

（四）四爻

第四爻为高阶组织中的领导者周边的幕僚集团,基本上就是高层的官员,人数也不少,且个个能力高强,又都与领导者关系良好。他们的角色任务为帮领导者解决一切不好的事情,但不要声张;也要帮领导者完成一切风光的好事,但功劳要推给领导者。同时,有功劳要懂得分给其他的四爻的同事,以及第二爻的干部,以远害全身。切记,不要自恃高位,就懒惰不干活,事情要自己找,信息众多,随时撷取,当下决断,老板没交代的事情也要去做,但一切是为了老板而做。绝对不要恃宠而骄,因为这是最易受猜忌的位子,要战战兢兢、临渊履薄。第四爻是有最终上至高位的一天,但也可能终老于此位,没关系,都很好,这是修福积德的好位子。

第四爻也是令人垂涎的位子,最好不要搞太久,"谢世当谢于正盛时",年龄差不多的时候就要从一线主管的位阶上退下来,把自己放在第二线,直接进入第六爻的角色,不负任何责任,不享任何实权,让组织新旧交接。这是最佳的老学精华,可以说老学的最高智慧就是用在这第四爻上的。如《菜根谭》所言:

> 宠利毋居人前,德业毋落人后;受享毋踰分外,修为毋减分中。
> 节义之人济以和衷,才不启忿争之路;功名之士承以谦德,方不开嫉妒之门。
> 完名美节,不宜独任,分些与人,可以远害全身;辱行污名,不宜全推,引些归己,可以韬光养德。

第四爻是能力强者建立功业的时机,但最重要的角色逻辑就是合作,合作就是谦虚才能成事。这是积福德的好时机,千万不要制造恶业。

（五）五爻

第五爻为高阶主管,实际上就是组织的实质领导者,如君王、董事长角色。他有两项任务,政策及人事。其余所有庶务都应该是干部去处理,否则干部没事干,而自己累死,这样组织就危险了。所以第五爻不办事,故而没事,但第五爻为要用人及想定政策,故而亦极为忙碌。第五爻用人重点在各层主管的带领,而不是领导所有的部属,否则基层领导又要作乱了。至于处理政策的重点在自己亲身涉入议题,否则易为部属提供错误信息之误导而坏了大局。第五爻不能用人,就会自受其害,第五爻而没有政策决定能力,就不够资格坐于此位。这也是儒、道两家最高级的综合形态。如《菜根谭》所言:

> 盖世功劳,当不得一个矜字;弥天罪过,当不得一个悔字。
>
> 福不可傲,养喜神,以为召福之本而已;祸不可避,去杀机,以为远祸之方而已。
>
> 富贵名誉:自道德来者,如山林中花,自是舒徐繁衍;自功业来者,如盆槛中花,便有迁徙兴废;若以权力得者,如瓶钵中花,其根不值,其萎可立待矣。

第五爻要建立功业,但功业就是百姓的福祉,最重要的角色逻辑就是意志坚定地承担重任,但充分授权。爱心最重要,行仁政是坐在此位者的唯一目标。

（六）六爻

第六爻为组织中已退出领导位置的老人,或是第五爻卸下或是四爻退下者,既已退下,因此尽量不要干涉第五爻以下的作为,否则易遭人厌,应找寻自己的兴趣,好好休息,思考下一步,为未来做准备。六爻为组织做越多,就越令人嫌恶,同时也会让组织愈退步。不放下也得放下。领导者也切记切勿永远担任同一个组织中的领导者,做了一定年限之后一定要换跑道,否则种种尴尬便会出来了。"爵位不宜太盛。"这是老子及庄子哲学共同观照的领域。如《菜根谭》所言:

> 爵位不宜太盛,太盛则危;能事不宜尽毕,尽毕则衰;行谊不宜过高,过高则磅兴而毁来。
> 家庭有个真佛,日用有个真道。人能诚心和气,愉色婉言,使父母兄弟间,形骸两释,意气交流,胜于调息观心万倍矣。
> 有一念犯鬼神之禁,一言而伤天地之和,一事而酿子孙之祸者,最宜切戒。

第六爻最重要就是快乐,你不快乐就惹人厌,人生还有面对死亡的大事,要为自己的后路做好身心的准备,儿孙自有儿孙福,要放下。

以下讨论在不同爻位退休的人的职场一生。

六爻位为每个人的职场阶层,在同一时间中的某个体制里,所有的人物依各自的位阶而在六爻时位中扮演角色。但是,若就人的一生来说,人在整个社会体制的哪个阶层,当然是会决定他的角色命运,若是一生都是在某个阶层,或最后退休在某个阶层,那么,他应该要有怎样的人生态度? 才能顺适这个位阶的角色人生呢? 以下将以退休前的位阶来做人生哲学的讨论,重点在指出,中华国学的不同领域可以面对人生不同的问题,甚至针对不同的爻位,有正好相应的人生哲学。这是因为,从初爻上升到六爻的上进式人生,毕竟是儒家的价值观,庄子及佛教就有不同的态度,人不一定要经历过第四爻、五爻而到第六爻,人可以只在第三爻或第六爻,或根本不以爻位设想人生的角色。

(一) 第一爻的人生

有一些人来到这个世上,始终不曾真正参与到社会生活里面,始终在最底层、最基层中讨生活,天真烂漫,自由自在,终其一生不曾负担重责大任,所谈所知仅及于自己生活中接触过的,他不曾细想真正的生命的意义,不能扮演带领大众的角色,若有工作,都是被人家安排规划的,若有生活,多半是过一天算一天的。这样的人数不会太少,受雇阶级的清洁工、工厂工人、打零工、跑单帮、摆地摊者。社会通常不太重视他们,但他们是人数最多的一群,而且是最不可或缺的一群,没有了他们,这社会将无法运作。对高阶层的人而言,应该要好好照顾初爻位阶的人们。可以说,将近二分之一的人们都还处于这一爻。

适合的价值观:儒家的守分守法、爱家爱国的观念即可。

(二) 第二爻的人生

在社会底层经历、学习、成长之后,有机会担任基层的主管,或是在某一项业务上担任承办人,五年、十年甚至二三十年,除非是变动概率极小的行业或执掌,或是整个社会萧条,或是古代农业社会,否则现代人是很难会在基层中担任长达几十年同一位子的主管的,若是一辈子在这个爻位上,做到终老为止,那么这个人就会是庄子所说的"故夫知效一官,行比一乡,德合一君,而征一国者,其自视也,亦若此矣。而宋荣子犹然笑之。"在这文中的前两句话所指涉的就是这种人生的写照,但是,这就是儒家的价值观,他们守住服务的人生基本价值,这样的人生,对社会有贡献,自己也愿意服务,许多基层有管理者身份或有明确任务执掌的人物都属于这样的位阶。总之,无论是否作为基层主管,在整个社会中有自己的专职角色以为人群服务者,也都是此一爻位,例如:基层公务员、中小学教师、基层军警消人员,或是独立户的小生意老板、家庭商店的店长以及大公司的基层小主管。

适合的价值观:儒家服务的人生观。

许多电影中的英雄片,谈的就是这样的角色,这是人间生活最实在的爻位,在地方第一线负责任务的角色。

(三) 第三爻的人生

担任过基层主管之后,就一直担任基层的高级顾问、督导之类的角色,始终不能或不要上升至高层位阶,既然不能上升,不如接受这个命运,而忠于这个角色,以追求自己职场之外的生命精神境界的最高超越为目标,除了工作基本顾好以外,追求艺术、音乐、体育、健康、灵魂、宗教、旅游、志工等生活领域的最高境界。

绝大多数经历过第二爻的人,都是在第三爻退休,就算没有经历过第二爻的阶段,只要是有社会参与、有社会角色执掌、有知识程度的人,也是这种第三爻退休的人。

但也有人始终不认同自己的际遇,以为自己是怀才不遇,于是处处表现出愤世嫉俗的样子,结果就是阴阳怪气,很难相处,就这样过了令人讨厌、同时自己也不愉快的一生。

第三爻和初爻都是在基层但没有实权的人,然而,第三爻者自我明显,第一爻者自我不明显。实际上一般有自我认知的人,了解自己所要的人生,有所为有所不为,也就是处于这样的位阶了。其实这是上天给人在人世成功之后的新的学习阶段,好好享受,好好把握,虽无高阶的地位,却可以做很多有益的事情,对自己,对朋友,对家人,以及作社会的志工而服务奉献,无须承担什么重责大任,多么逍遥自在。

适合的价值观:道家庄子逍遥自适的人生观。

(四)第四爻的人生

第四爻是高层主管之位,也是领导身边的高级秘书、顾问、副手之类的人物。一般说来,社会上有名望、有地位、有才干的人士,都是第四爻退休,在一定年岁之后直接退到第六爻,都不见得能经过第五爻而走到第六爻,因为,最高领导者只有一位,那是极少数的人的特殊人生经历。其他有能力的人才,在职场上退出舞台之前,就是这种高级主管的角色。

这个位阶中人,个个武艺高强,人人互不服气,但是,想要智慧地过日子,最重要的就是要彼此真诚合作,有功劳归于领导,有祸事自己消弭,有苦事自己承担,且绝不张扬。有利益就归给同事部属,甚至身边的小器之人。

这个位阶的人物,要致力于追求有福德的人生,既能为社会团体组织奉献自己,又不制造敌人、与人为仇,结果就是讲话有人听,做事有人帮忙,出入有人暗助。这一阶层的人是社会运作真正的决定者,这个社会呈现什么样的面貌,其实就是决定于这一位阶人物的眼光、格局与心量的。

当然,社会上有很多这一爻位的人物,并不实至名归,仍是一心只想还要往上晋升,而不能好好扮演自己的角色,于是他们就会变成社会上最严重的问题制造者,整天与人斗争,浪费自己和他人的生命。

适合的价值观:儒家服务的人生观、老子给而不取的领导哲学、庄子逍遥自适的自由主义、佛教因果业报轮回观。

事实上,人不一定要爬上最高位,最高位是要给真正有坚定的意志、有强大的理想、有过人的智慧、有全备的个性能力的人去担任的,人若认清自己或许没有那么大的能耐,但一样有足够的能力,就让自己处在高位,而为天下人服务,并协助领袖,这是多么有智慧的高人呀。

(五) 第五爻的人生

集一切权力、责任、荣誉于一身的最高领导者,经历过初爻、二爻、三爻、四爻的历练,且有机会站上权力的最高舞台,在这个位阶上退休的人物,是人间的龙凤、稀世的珍品,卸任后直接进入退休生活,不问世事。不过,现代政府部门的最高领导,有卸任之时,古代王朝的国君,是没有卸任的问题的,几乎都是做到死为止,现代私人企业的老板,也没有卸任的身份,但要懂得自己给自己真正地卸任,否则没有机会享受人生的最后一个阶段。

在体制庞大的机构中,如政府单位,一些一级单位的主官也可以说是第五爻,因为这个一级单位也是体积庞大,而他自己则是能决定单位内的一切事务的。

适合的价值观:坐上这个位子,需要有太多的条件,没有这些条件,最好不要坐上去,否则自己的人生将遭受无法承受的创伤,而社会也会跟着受害。

眼前角色扮演:儒家及老子领导哲学、人物志、韩非子。

未来思考退路:庄子及佛教因果业报轮回观。

全备的个性能力是什么呢:有爱心关怀世人,有度量容忍别人,有勇气承担重任,有效率完成任务,有幽默化解矜持,缺一不可。

专业能力不可能全备,电子、医学、商业、文学、工程、管理、宗教、会计、法律,但一定是某一个领域的佼佼者,否则没有机会进入第四爻而站上第五爻,这时候需要两种能力,用人的能力及政策的能力。是让人才也就是第四爻去做事的能力,但一定是因为有远见有理想所以有政策决定的能力,若无政策能力又无用人能力,千万不要坐上此位,否则一定会被人侮辱。

(六) 第六爻的人生

经历过第五爻而进至的六爻者,应该从此不问世事,好好享受卸任及退休的生活,当个快乐老人,直至人生结束。

或者是在第四爻成功立业的人,在职场生涯结束之后,也进至第六爻,不再负担第一线角色职掌,开始享受自己的人生。

但也有另一类人,就是那些衔着金汤匙出生的人,富三代、贵三代的人,家世显赫,不宜抛头露面,总是深居简出,却富贵豪奢一生,也无须负担什么重大责任,就是好好活着以及快乐地生活,这就是长辈们对他们最大的期盼。可以说这辈子是来享福的,一出生就不用真的进入社会体制内生存及打滚,一出世就在社会的高层中过着低调、奢华的生活。这样的人,应该要做天使,做无名氏捐款者,这样的人可以真正做个不求名闻利养的慈善家。

至于自己的一生,应该要在知识领域或技艺领域中找到适合兴趣的项目,去攀登最高的山峰,这样才会真正逍遥自适。否则堕落到纵情享乐的生活中,终至失去一切,而没有生活质量可言,那就是自己败坏了自己的福气了。

更积极一点,直接做宗教家或慈善家的人,也是社会的第六爻,他们不是世俗社会阶层的角色扮演者,也不是人间事务的领导者,但却在人间世界散布爱与关怀,提供智慧生活的指导原则,陪伴及协助世人的一生,自己没有衣食俸禄的困扰,或者是已足够,或者是不需求。

总之,第六爻就像是退休后的生活管理,退休后的人生也是人生的一段重要历程,对儒家而言,就是富贵还乡、含饴弄孙,一旦国家有事,那还是老当益壮、披甲上场,退而不休。就老子而言,真正的领导者始终是在幕后,所以无所谓退休与否的问题,因为一开就没有站在最前面,若在职场上退休,他还是可以发挥领导者的角色,提供智慧、观念给后进之士,继续扮演"给而不取"的领导者角色。就庄子而言,可以说一人职场就已经是进入退休状态了,所以生命进入第三爻阶段的人应该学习庄子的智能,或是进入第六爻的人应该学习庄子智慧,至于所有的人在职场退休后,都应该就是过着庄子式的人生。或是在职场的第二爻、第四爻、第五爻的人物,虽是实际负有角色任务,但是也可以把庄子的智慧放在心上,这样更可以从容进退。至于佛教僧人,做一天和尚撞一天钟,自我修行没有止息的一天,救度众生也没有停止的一天,色身是臭皮囊,没有生死的界限,就更没有退不退休的问题了。

适合的价值观:庄子逍遥自适的人生观、佛教因果业报轮回观。

其实退休以后的人都应该是这样的角色,"七十而从心所欲不逾矩"的人物,"心平何劳持戒"的人物,岂能不自在逍遥?

九、儒、道两家人事管理哲学:《人物志》

以上,儒、道两家以及《易经》阶层管理哲学,已经把职场上的人的一生的进退之道都说到了,但是,就第五爻的领导者而言,除了老子的无私管理智能以外,还有一部中国国学奇书,直接有益于领导者的管理智慧。它是中国古代一部教人"知人善任"的人事管理奇书,这就是《人物志》。《人物志》是三国曹魏时人刘劭所著,是中华文明史上最玄奇的"人物评鉴理论"以及"用人宝典"。刘劭一生混迹官场,虽得其善终,但目睹波涛汹涌的政治巨变,体察英雄人物的进退福祸,深察详探,终于了悟人物评鉴的根本原理,遂发挥文思,笔之于书,写成《人物志》。既能用之于己,而处身得正;又能建立学说,而传诸久远。

《人物志》是领导者必备的人事管理的工具书,更是任何有志争逐职场人士的自我调整的修养工具书,拥有它的智慧,人们将会更认识自己的上司,也将会更认识自己的部属,更重要的是,更能清楚自己的不足与极限。若有职场人际关系的困惑,或是有领导团队、冲锋陷阵的雄心壮志,甚或想要回顾人生、反省自己、给自己打分数的职场中人,《人物志》就是最佳的指导宝典。

《人物志》说明官场与职场上各式人物形态的特征,剖析各类型人物的材质高下优劣,解析各类型人物为世所用时的长短之处,教导分辨不同材质人物的外貌及内心,不仅能从大处看优点,更能从隐微之处看缺点,最后则是提出"兼具众材之美者,必是中正平淡之上乘人品"的理论。

《人物志》长于讨论各种适任职务的人才类别,不论是为了举荐人才,还是为了品鉴人物,《人物志》基本上将人才分类为:"清节、法、术、国体、器能、臧否、伎俩、智意、文章、儒学、口辩、雄杰"这十二类人物类别。清节家为品性高洁可为人典范者,法家为制定仪轨可为人遵循者,术家为通达权变能解决问题者,国体为老成持重可担任要职者,器能为深具特别才干可承担特定职务者,臧否为能分辨是非善恶提出正确价值判断者,伎俩为具备专业能力心思灵敏能提出意见举办活动者,智意为了解人心顺应环境能让人心宽者,文章为擅长表意能发为文字下笔宏洒者,儒学为认同孔孟了解经义可担任教席者,口辩为讽诵思想辨析入微擅长辩难者,雄杰为胆识卓越勇猛刚烈可以上战场打仗者。

《人物志》具备了品评人物真伪的细腻智慧,包括:人才成熟的时间早晚问题、类型同异以至能否了解他人的问题、有近似人才却实质不是者、有看似不是人才却其实是真正人才者、有虽是人才却只能适用在不同大小格局的情况者、有只能在特定场合环境才能发挥能力的人才、有身兼数种能力的通才、有只具某种特定能力的偏材,《人物志》还能说明所有的人才都是有某一方面的能力就有相对应的缺点者,以上种种,都是《人物志》中十分细腻的品鉴人物的智慧。

学习《人物志》可以得到什么呢? 首先,在职场上,依据自己的优点,学会如何获得职务而被人用。其次,观察别人的优缺点,知道如何用人,而能避免受到伤害或坏了公家的事。再次,认清自己的缺点,补足不足之处,追求自我成长,不会因为骄傲而与人争斗,导致失去活动的舞台。最后,抱持服务社会的理想,既展现所长为社会所用,更能用人得宜而成就事业,从而造福世界。总之,第一流的人才是能力要广泛而平均、性情要温和而勇敢、待人要尊重且谦下、处事要智虑且胆识。

以上《人物志》之种种大用,必须预设儒家和道家的理想与智慧,若是没有这样的能力与胸怀,《人物志》文字中的智能是没有办法发挥出来的。一定是要有服务的人生观,愿意承担社会的责任,并且担任领导者,才会需要这套人事管理的知识及智能。对于现代人而言,《人物志》正是职场教育最重要的宝典,不论是否为主管,都需要《人物志》的职场理念。

十、儒、道两家生活实战演练的人生哲学:《菜根谭》

《菜根谭》是明代知识分子洪应明的人生智慧小品文,它融合儒家服务的人生观和道家谦虚无为的思想,并结合自身的经验,建立了一套出世入世的应世智慧宝点。他一生为官,晚年清净自修,将其一生的儒者承担精神、奉献国家社会的体验、配合道家谦退的智慧、如何在官场上及人生场景上应对进退的道理,还有对终极生命意境的认识,一一说出。作品以格言形式表达,发挥在《菜根谭》三百六十条左右的小品文中,字字珠玑,句句精练,深透人心,发人深省。是想要在社会打滚的成功人士,必备的人生修炼的智慧法宝。《菜根谭》的精彩在于,对于所有他所体会到的道理,都能以洗练对仗的文句表出,有经验者,一读就透,一透就入心。当然,对于没有经验者,很可能始终在门外不得了解,甚至不能认同。不过,这仍不妨碍它的价值。由于《菜根谭》的句子够深入、够辩证、够精准,真的只要了解了就一定入心,因为十分便于记忆,以及讲诵。然而,也因为《菜根谭》的意旨过于深奥,若非有相当年龄或经验者,着实不易体会,笔者以为,五十岁以下的国人而能读透《菜根谭》就都是早熟的人了。

《菜根谭》的格言,大致可以分为以下七类:

第一,关于自我修养。

《菜根谭》的条目中有许多条目谈的是:如何确立人生的志向,建立健全的人格,而提出的修养意见。这些都是中正平和之见,但确实能够教导人们应该如何调理自己的心情以及心态,如何面对日常生活以及社会生活,找出积极的价值及找出服务的理想以投身社会,从而展开自己美好的人生。例如:"伏久者飞必高,开先者谢独早,知此,可以免蹭蹬之忧,可以消躁急之念。"

第二，关于自我砥砺。

《菜根谭》中还有针对自己的缺点及事业的艰难，发出警惕的声音，从对横逆的面对处讲起者。这是因为，在为社会服务及学习成长的过程中，人们将面临许多的人生考验以及自我砥砺的关卡。《菜根谭》作者，深入发掘人生进步或退步的关键因素，勉励世人如何积极砥砺、自我要求，不为环境的艰困所击倒，不为人世的炎凉所击溃，永葆高昂的战斗意志，投身社会的服务工作中。例如："降魔者，先降自心，心伏，则群魔退听；驭横者，先驭此气，气平，则外横不侵。"

第三，关于人性的透视。

当人们有了良好的理想，又懂得自我砥砺，且不畏环境的艰苦以后，人们还是需要认识社会人性的真相。虽然，人心不一定是险恶的，但在某些特殊场景中，人心会是险恶的。因此，如何透视人性的弱点，以及人性的贪婪，以便保护我们自己在与社会互动的时候，不至于受害，又能够有效消弭纷争，解决人事的困境，这些都是需要深入了解的。而《菜根谭》中便是充满了这类的了解人性弱点的格言，读者明白之后，才能积极有效地推动社会的进步，而不至于在人性的乖戾中败下阵来。例如："休与小人仇雠，小人自有对头；休向君子谄媚，君子原无私惠。""待小人，不难于严，而难于不恶；待君子，不难于恭，而难于有礼。"

第四，关于境界的品味。

在了解了人性的弱点、缺点以及不足之后，人们取得了应对进退的智慧之道，此时，回过头来再看看自己一生的作为，以及与他人的比较，终于能够真正明白人生境界的高低之间，真正的关键不在世俗的名位成就，而在智慧的通达，以及心境的平和。认识此点，从而取得品味人生意境的独特智慧眼光，让自己得以保持从容、自在、悠闲，而不为世俗名位所羁绊，从而能够独立地走出有自我品味的人生格局。例如："放得功名富贵之心下，便可脱凡；放得仁义道德之心下，才可入圣。"

第五，关于福德的培植。

既然透澈了人生的意境，有了自我观照世局的独特眼光，此时，还是要回去追问，人生的意义何在？价值何在？那就是：在于求一己一生的平安，以及求家人福德的长远。但是,更在于求社会的理性平和,国家的发展与进步。于是,《菜根谭》进入真正最有智慧的入世之道:如何培养福德?包括自己的福德以及社会的福德。在所有人际关系应对进退当中,除了积极处事之外,还要在人性的透彻的基础上,以及境界的品位的平台上,让每一件事情都处置圆融,让方方面面都找到定位,这是《菜根谭》里面境界最高、意旨最深的一类的文字,但是条目却是最多的。例如:"完名美节,不宜独任,分些与人,可以远害全身;辱行污名,不宜全推,引些归己,可以韬光养德。""觉人之诈,不形于言;受人之侮,不动于色,此中有无穷意味,亦有无穷受用。"

《菜根谭》前五类的作品,已经是一个完整的人生修炼的历程;一层比一层境界要高。但是,还有两种人生的场景,有它的特殊性。第一就是官场,第二就是家庭。

第六,权力的处置。

这不是讲一般的权力,而是讲社会顶层尖端的极少数人的权力。我们每一个成年人都会在职场上活动,或者是在企业或者是在政府机构,其中只有极为少数的人,会进入企业或政府机构的最高层,也就是进入权力的世界。在那个世界里头,有特殊的权力逻辑、人际关系的逻辑,关键就是,贪欲炽盛、道德退位。人若投身其中,便要更加谨慎,要更有机灵的智慧、机智,才能自在从容。所以,如何让自己在权力的场景中,保持自我,又能全身而退,又能够服务奉献,对此,《菜根谭》有一些特殊的介绍。这也可以说就是直指《易经》第五爻者以及想要接近第五爻者的处境。例如:"爵位不宜太盛,太盛则危;能事不宜尽毕,尽毕则衰;行谊不宜过高,过高则磅兴而毁来。""士君子处权门要路,操履要严明,心气安和易,毋少随而近腥膻之党,亦毋过激而犯蜂虿之毒。"

第七,家人的关系。

中国人对家庭的观念始终强于西方人,家庭是人生的根本,也是修养的最后道场,人的一生,出生于家庭、死亡于家庭,未入世前受家庭的恩养,退休以后回到家庭让家人照养,家庭与每个人的关系都是自己与自己的关系,能有幸福充实的家庭生活,才是一个人的人生的根本圆满,就算生不逢时,无法施展才干抱负,人还是要把家庭经营好,把家人照顾好,让祖先祭祀不辍,让子孙绵延长久,则人生的职责才算是真正尽了。因此,家人的互动模式不同于以上所说的社会上的人际互动原理,而是有一个特殊的原理,关键就是,彼此容让以及和乐相处。《菜根谭》予以讲明,家人就是自己,自己对待自己都是无条件地付出。例如:"家人有过,不宜暴怒,不宜轻弃。此事难言,借他事隐讽之;今日不悟,俟来日再警之。如春风解冻,如和气消冰,才是家庭的型范。"

在《菜根谭》通透人生的智慧中,已经呈现了一个具有中国儒、道两家完整文化传统的知识分子的人生观,如何出世入世、应对进退、走出圆满潇洒的一生。甚至,《菜根谭》上述几类的文字,一样可以以《易经》六爻的时位上下重予排列,而汇入《易经》的阶层管理智慧体系之中。可以说,人生所面对的种种问题,在儒家、老庄、《易经》《人物志》《菜根谭》里面已经都讲透彻了,如果还有未及论到的,那就是对于命运的知识以及生死的了解,这一部分只有诉诸宗教了,但只要把握好《菜根谭》的智慧,其实命运与生死的问题也已关键地照顾到了,只是,若要精进求学,则应该学佛。

十一、佛教解脱并度众的命运与生死的管理哲学:《四十二章经》《大乘起信论》《达摩二入四行论》《六祖坛经》《了凡四训》等

管理问题的层面众多,如:企业管理、人事管理、财务管理、流程管理、政府管理、个人生活管理、人生管理、生命管理等。在儒、道两家及《易经》《人物志》《菜根谭》方方面面的讨论过之后,还有命运的问题和生死的问题未及处理,一般来说,这两个问题也有可能是不被处理的问题。关键就是,有人不相信有命运,以及有人不相信有死后的生命,若不相信有命运及有死后的生命,则佛学的有用之处就不能显出它的特色与重要性。

佛学主要是人生管理中的命运管理与生死管理,以此为基础理论,当然可以应用到其他所有层面,作为总纲领,于是儒道及《人物志》《菜根谭》《易经》能处理的问题也能面对了。但是,佛教之所以别异于前述诸家的最大

特点,便是佛教能用于对命运的理解与生死的超越问题上。因此,要说佛学在中国管理哲学中的定位是什么? 那就是:补足中国管理哲学中对于命运与生死问题的管理智慧。儒家、道家、《人物志》《菜根谭》《易经》都是世间法。唯佛教是出世间法,但它却能以出世间法的精神去做入世的事业,这也正是大乘佛教的根本立场。

佛教就是一套穷究宇宙人生真相的哲学,可以对人生及生命的终极问题提供应用的智慧。佛教藉由提出因果、轮回、业报的世界观与生命观,全体检视生命的意义,以追求生命的智慧。在自我修养的问题上,藉由去除多余欲望,以减少生命的无明。在服务社会的理想上,藉由利他、助人的救度精神,开启自我的智慧,增进个人的福报。亦即,中国佛教管理哲学的精要,就是以大乘佛教菩萨道的救度精神,自度度人,自利利人。

佛教思想是中华国学一大宗派,重点即是轮回、生死与因果、业报。此即原始佛教的根本精神,其修行法门就是舍离欲望,以此除灭痛苦。至于大乘佛教的修行智慧:一是般若智(《金刚经》《六祖坛经》);二是菩提心(《法华经》《华严经》)。般若智即为禅宗的特色,重点在化除我执。菩提心即大乘佛教救度众生的精神,四摄法及六度法门即为代表。当面对命运及生死问题的时候,只有宗教的世界观及价值观才能彻底安顿心灵。关键就是,将个人命运的好坏与个人行为的好坏完全密合为一,藉由轮回的生死观,将善恶诸业以因果报应的模式延续于轮回的历程中,于是一切公平,众生平等,善有善报,恶有恶报。无论是原始佛教的三法印:"诸行无常、诸法无我、涅槃寂静"。或是原始佛教的四圣谛:"苦、集、灭、道"。或是禅宗达摩祖师的"二入四行论",谈理入与行入。理入即是,众生皆有佛性。四行即是,报冤行、随缘行、无所求行、称法行。或是《大乘起信论》中大乘佛教的六度修养工夫:布施、持戒、忍辱、精进、禅定、智慧。还是大乘佛教的四摄法:布施、爱语、利行、同事。都是在因果、业报、轮回的世界观与生命观的基础上,所说出的人生的真谛与生命的意义,那就是,众生自造种种业报,觉悟者去染向净,先不放逸以自度,再菩萨行以救度众生。

佛学理论繁复,除原始佛教的三法印、四圣谛之外,尚有大乘佛教的般若学:对本体实相的意义的定位,以般若空性为根本认识。以及唯识学:对现象万物的说明,旁及轮回生死的解说。还有如来藏:谈及众生成佛的可能性问题。

结合到前述儒道哲学中谈时,出家的修行者,对于人间社会体制而言,是没有时位的,亦即他们的角色已经是出世的人物,若一定要说时位,那就是第六爻,也就是不参与人间事务的时位。但是,他们仍有人间的角色,那就是以生活指导者的身份引领人们过健康智慧、离苦得乐的生活。当然,谈国学就要谈在社会上生活的一般人,如何运用佛学的问题。也就是相信佛教因果轮回观,相信人类有命运以及有死后生命的人们,也就是以居士的身份过佛教的生活的人,对于他们而言,若走大乘佛教之路,则是人间佛教的观念,是可以以因果业报轮回以及救度众生的观念,参与人间世界的一切事务的,那么,无论自己是处于社会阶层的哪一个时位、阶段,他都可以使用佛教智能来应对。

以佛教智能处理人生事务,就是"面对自己、改正缺点;投入社会、服务人群"的宗旨。前者是小乘佛教的基本修养论,后者是大乘佛教的最终修行方法。此时,前述儒道的智能都可以使用,唯碰到命运问题的时候,接受而已,但仍持续不间断地付出努力,以及善意待人,因为生命原来是生死轮回的长时历程,所以人生的意义就在提升智慧与能力以解脱自己的痛苦,以及救助他人离苦得乐这两件事情而已,如此面对自己命运中不可解的难关或是障碍,就不再费心究诘,至于人生在面对死亡的问题的时候,则能坦然以对,因为还有来世,不必眷恋。至于今生的一切,缘起无自性故空,更是不必执着。

中国佛学经典众多,比较易于了解与运用而可以作为管理智慧的资源者,则可以参考《四十二章经》《达摩二入四行观》《六祖坛经》《大乘起信论》。《四十二章经》是小乘佛教减少欲望的修行方法,舍离欲望,与人无冤。《二入四行论》是综合大小乘的世界观、生命观与生活观,告诉人们要有报冤行,即是不要报复世人对我们的伤害,当作宿殃来报即可,报后即免。随缘行:不要对突然发生的好事兴奋不已,这是过去的福报,今生以及今日还是要继续努力。无所求行:对于所有日常该做的事情都尽心地去做,而不希求世俗任何的利养;称法行:勇猛精进地执行六度修行工夫。至于《六祖坛经》,这是禅宗破除执着的修行方法,以无相智慧行净心的修行工夫。最后《大乘起信论》则是完整地交代了"六度波罗蜜"的修行观,以完成大乘佛教上成佛道、下化众生的菩提道精神。

十二、小 结

中华国学,博大精深,但需有识者,才能吸收以及运用,更需有修养者,才能得到其中的益处。笔者多年讲授中国哲学以及中国管理哲学的课程,深觉这是对自己有益以及对社会有用的深刻智慧,值得国人努力学习。

谈国学领域众多,谈中国哲学范围广大,从中国哲学谈国学则应取其对现代人生直接有用的材料以为之,依据这样的思考,笔者提出上述各家各学的教材,说明基本意旨,并定位其使用范围,一旦人生问题发生,应该去找哪部著作以为解惑就清楚了。

所有的国学,都对人生有用,碰到问题就取来使用就是学习的目的,历来三教间的批评攻击是因为不能尊重彼此不同的使用领域,都以为自己是解决所有问题的系统,于是不能尊重他教的优点。我凡夫俗子,不求成圣成仙成佛的最高境界,只求假国学智慧以改善人生,则各家都可运用,关键在要用对了,本章之作,就是将理论与材料,结合问题,结合适用领域的说明,让国学易于为国人使用。当然,有英雄豪杰之士,真有成圣、成仙、成佛的气魄,则只取一家,深入学习,贯彻到底,不必东用西用,这是与一般人对国学的运用不同的原则。

第 七 章
中国生命哲学的多元真理观①

一、前　言

　　中国生命哲学,对准人生问题,提出解决的方案,并追求理想完美的人生,其中有若干重要的学派,以及一些个别精彩的著作,他们所提出的意见各不相同,但都能有效解决问题,只要情境符合,操作者又能诚恳地实践,都能带给人生莫大的贡献。这么说来,各个学派都是有用的,因此,就不需要统合于一元了。因此,本章主张,中国哲学各家各派是相对多元的关系,因此也不需要有对错以及高下的争议。本章之作,藉由《周易》六爻的架构将中国哲学各学派的问题意识与理论宗旨予以解明,这些理论所关切的问题各自属于六爻中的不同位阶,而各种不同的人生就是在这六个位阶中发展的,从而建立整套的人生图像,说明各个学派都是人生不同阶段、不同位阶所需要的智慧,因此必须是多元兼容的。

　　中国哲学的要点是人生哲学问题,意旨解决人生问题的智慧,它有儒、释、道的主要学派,也有《易经》《人物志》《近思录》《菜根谭》《朱柏庐治家格言》《弟子规》等的生活智慧宝典,都是为生活所用,也都道理切近,并真能解决问题者。问题就是,学习者是否真正理解其旨? 又,如果不把它们放在生活现场上去阅读,只是片面抽象地学习,没有生活历练的印证,只是成

---

① 本章为笔者于 2016 年 10 月 14—15 日,发表的专文:《东方人生哲学多元真理观的方法论探究》,"第四届'现代性:中国与世界'国际学术论坛:'现代性与多元文化主义'学术研讨会暨上海交通大学欧洲文化高等研究院成立五周年庆祝大会"上海交通大学哲学系主办。

了空头的学问,学术诚固其然,用处则是一无是处。学习东方哲学,就是为了解决自己的人生问题,就是要应用在生活世界中的智慧,不在这个面向学习,固然也是学习,但实在就跟这种智慧没有直接相应的关系了。问题是,这种生活上的学习,会因个人体会不同、个性能力不同,而有种种不同的感受,那么,这样还能当成哲学研究的课题吗?哲学不就是要严密的推理论证,以及绝对的精密理论吗?要讨论这个问题,就要对人生哲学的真理观进行深入的认识,虽然人生哲学充满了各家的论辩,彼此争议,辨正高下,实际上而言,笔者要主张,这一切必须是互为真理的多元立场。一旦接受多元价值立场,那就是每一家都有它的道理,都可以解决一种特定的人生问题,都是有效果的哲学,因此清楚明白地了解这一套哲学,进而正确地运用它,这就有了系统内部的哲学严密学的意义了。

二、多元真理观

儒、释、道三教辨正自古即然,最早是道家庄子菲薄孔子,而《论语》中也不乏和隐者的对谈①,价值辨正先秦即已开始,自佛教传入,道、佛两教甚至有法术的较量,华严宗密《原人论》却将儒道收入它的世界观系统②,明末三教辨正大张旗鼓③,当代仍有新儒家辩破道佛。三教之间在理论辩争上势如水火,但现实生活上却又有三教之人水乳交融的事实。究竟是个人性的所学不精,以致误解而交融?还是理论上的根本误解,因误解才有对立,否则,本来在运用上就可以交涉圆融呢?笔者的立场是后者,解消理论上的误解,使得运用上得以交融。然而,三教辨正与新儒家的锋头都是理论的实情,如何面对这种对立冲突的尖锐挑战呢?这就要从方法论、真理观的角度

---

① 参见杜保瑞:《从儒道对比谈庄子哲学的现代意义》,"经典传承与文化发展——儒道经典的核心价值与当代文化建设"学术会议,2014 年 11 月 21—23 日,主办单位:厦门篔筜书院。网络链接:http://homepage.ntu.edu.tw/~duhbauruei/4pap/2dao/20.htm。

② 《华严原人论》:"佛教自浅至深。略有五等。一人天教。二小乘教。三大乘法相教。四大乘破相教。五一乘显性教。"其中,儒、道两家就在人天教中。

③ 儒家的王船山,佛教的藕益智旭都是此中的大家。

来谈了。方法论讲究理论成立的方法,重点在形成理论的系统性,真理观讲究理论的类型、应用与选择的方面,了解真理观,才能妥当地运用,用在改正自己、提升自己,而不是用在轻视别人、否定别人,于是各家智慧皆能为己所用,各家智慧成为一套多元交融的共构系统。面对什么问题就使用什么理论,使用什么理论就深入了解它,并切实遵守它的指导,于是人人成为各家智慧的实践高手,运用之妙存乎一心。当然,这需要先在理论上解决各家的对立,这就要靠方法论和真理观的探究。

三、方法论问题

儒、释、道三教有自己不同的世界观、价值立场以及修养方式和理想人格,从而形成理论的系统,笔者即是以宇宙论、本体论、工夫论、境界论说之并架构之①,但是,这样的系统性理论是如何形成的呢?归根结底,是形成于教主的价值意识的坚持,以及实践的成效,或是对前人实践成效的诠释。当价值意识成为自己的心理状态,从而意志坚定地行动之后,所有的现象便都依据这个立场来理解及对待,这样一来,就没有不能成立的理论了。也就是说,价值意识是选择的结果,根本上来自教主的意志决断,世界观是配合价值意识而开发认识的,有此在世界的形态也有它在世界的形态,在价值观确立之当下,世界观的此在世界、它在世界的形态已经预设在那里了,只是等着实践的经验去经历它、体证它、验证它而已了。在坚守价值以投入行动的生活中,就有了修养方法的认识与讲究,这就是工夫理论。在展现这个价值信念于生活世界中的样态,这就呈现了人格的理想,这就有了境界论。于是,各家的理论是各家的信念选择与实践呈现的结果,因此各家都能够成立,因为都有实践的证明②。这是就成立说。但各家之间的辩论与非议呢?这其实是一场永远无法成功的事业,甚至是打不完的战争,因为领域上是根本不同的,以为有冲突对立都是理论认识不明的结果。儒、释、道各家的创

---

① 参见拙著:《中国哲学方法论》,台湾商务印书馆 2013 年版。
② 参见拙文:《实践哲学的检证逻辑》,《哲学与文化月刊》2015 年第 490 期。

教都不是基于否定对方而成家成教的,都是有自己清明的价值实感而建家立教的。可惜的是,就算是真正掌握到自家理论的核心问题与终极智慧的人,也未必能清楚地认识他教的问题与智慧,稍不收敛,辩论与非难就来了。各家不同的问题与世界观的真相为何呢? 讨论这个问题,就进入了中国哲学真理观的范畴了。为彰显这个问题的深度,以下先介绍梁漱溟、冯友兰和劳思光对于人生问题的分类和意见。问题分开了,答案自然也就不必有所冲突了。它们只是解决不同问题的不同工具罢了。

四、入世与出世的人生面向

以上藉由三位当代哲学家对中国各家哲学的分类定位之说明,笔者企图建立一个理论上的立场,那就是,儒、释、道各家只是在面对不同问题提出解决方案的智慧体系,彼此不需以为有理论的对立。虽然如此,因为各家已经建立了严密而庞大的理论体系,其结果,便导致各家理论表面上有重大的差异对立,其中尤以宇宙论问题为要,宇宙论问题中的关键因素,就是世界观的在于此在世界还是在于它在世界的差别的问题。这个差别,决定了哲学体系的入世主义还是出世主义的不同立场。

前文所说的经验值的差异,主要就是针对此在世界和它在世界而言说的,这也是决定于对生死的看法而提出的,若有死后的生命,则世界观必有它在世界,则生命的理想就可能定在彼岸,而以彼岸为理想,就是出世的人生观,这就和以现实世界的建设为目标的理想有极大的不同了。主张有它在世界及追求彼岸理想的宗教哲学体系,通常会有修炼、修行工夫以为超感官能力的获致,一旦获致,经验就出现,则彼岸的经验将成为论究价值的基础,于是出世的人生观就诞生了,关键就是人生以追求在彼岸的永恒生命为目标,此世的经历只是促成彼岸的新生命的过程而已,因此此世的社会体制之角色地位就不是出世人生观的价值目标了。相对地,没有它在世界观的人生哲学,追求此世的理想,价值实现在社会体制的建构上,个人的成就评量也放在社会体制的位阶上,这便是入世的人生哲学。

入世的哲学,不谈它在世界,不谈死后生命,不以死后生命的状态作为此世行谊的目的,追求人在世间的角色扮演。在东方哲学中,儒家、道家老子、法家、《易经》《人物志》《菜根谭》等都是重要的入世哲学体系。

五、出世主义哲学的形态

至于出世的体系,在东方哲学中,有庄子及大小乘佛教者是。庄子有神仙的世界观,这就是它在世界了。庄子的人生理想,或者在世间做个逍遥的智者,或者修炼成仙做个长生不死的仙人,逍遥的智者其角色固然是人间性的,但他不以社会体制的建设以及自己的社会地位为追求的目标,其背后还是有神仙思想作为终趣,能成仙,则是最高最好,不能,就死后化为泥土回到造化之中,这也是自在的。佛教大小乘都有轮回生死的世界观及生命观,它在世界及彼岸的生命对于此世生命的意义是重大的,更是根本性决定的。大小乘的差别是内部的,小乘主解脱,大乘主自度度人,自己解脱的历程中同时协助他人一起解脱,由于协助度众的关系,自己的解脱就变成不是第一序的目标了。现代佛教讲人间佛教,将佛教的觉悟的智慧实现在此世之中,但标准为何?依然是佛国的价值,同时不可能摆脱它在世界的存在之认识,以及轮回生命观的知识前提。信念上此在世界可以净土化,但永远会有新的世界需要被净化,也就需要有不断的再来人于世间度众净化①,以行菩萨道的事业,因此不论事业是多么地人间性,佛教的价值理念还是彼岸的。此处,中国道教是一特例,道教有它在世界观,但是道教有神仙道教和天师道教两型,神仙道教如庄子,追求彼岸出世的自在逍遥,以为神仙就是自由自在逍遥自适不理人间俗务的,所以是标准的出世主义形态。但天师道的道教,他们的道士以及信徒,追求的都是人间社会的正义与道德,藉由与鬼神的沟通,以役使天地的力量,协助人间,建立道德秩序,所以尽全力维护社会体制的正义,努力于追求人间的美好生活。因此,尽管有它在世界,但它在世界的存在也是以建设此在世界的理想为目标,可以说是一套有它在世界

---

① 再来人指的是佛教的似地以上菩萨以及有阿罗汉果位者,已经超越六道轮回的生命境界,却愿意入世为人,以人类的生命形态助众离苦,谓之再来人。其实,依据轮回观,所有的有情众生都是不断的再来人。

观的入世主义的哲学。也就是说,天师道教有它在世界观,但追求此世的价值理想,是入世主义的人生哲学。神仙道教有它在世界观,并且追求它在世界的生命自由,是出世主义的人生哲学。

小乘佛教,有它在世界观及轮回生命观,追求永生不死的生命,以解脱人间世的生老病死之苦,是个人性的哲学,是出世主义的哲学。大乘佛教,追求众生觉悟成佛,做法是积极入世救度众生,固然以人间世界为活动的场域,但知识的领域则是包含无尽的法界,终极的理想仍是彼岸永恒的生命,是出世主义的人生哲学。

这三型的出世主义的哲学观,是中国哲学理论内部的主要出世形态,纲领性地简述之如下:

道家庄子与神仙道教:否定社会体制,追求个人自由,超凡入仙——个体户、艺术家、文学家、气功师的自由哲学。

小乘阿罗汉:轮回观下,超出六道,离苦得乐的解脱道——苦命人改运转命的哲学。

大乘佛菩萨:遍学世出世间法,救度众生,自觉觉人——大智慧者济世度众的哲学。

至于入世的各家而言,理想在此岸,建立良好的社会体制以追求良好的人生为目标。虽然如此,还是有种种的类型,墨家、儒家、法家、老子、《易经》《人物志》《菜根谭》等。纲领性地简述如下:

墨家:节用节葬非乐非攻基层百姓安居乐业——小市民节约简朴哲学。

儒家:知识分子对家国天下社会体制的维护——知识分子爱民哲学。

老子:稳居高层领导之位以为人民百姓服务——大官领导哲学。

法家:巩固君权维护国安赏罚二柄富国强兵——高阶主管的机关管理哲学。

人物志:识人用人的人才分类管理晋用——知己知彼的职场人事管理哲学。

菜根谭:职场纵横认清人性品鉴意境追求福德——儒道融合的人生最高智慧。

易经:阶层体制情境设想命运限定趋吉避凶——了解环境应对进退的

角色扮演哲学。

这些入世的哲学,每一家的理论都是正确的,但是面对的情境以及问题各是不相同的。

六、入世主义哲学的形态之墨家

墨家思考的是直接站在底层人民的立场,而且是从满足基本温饱的需求上的发言,国家的强盛与否,文明礼仪的丰盛与否,都不是他的考虑。所以有节用、薄葬、非攻、非乐的思想,此外,它与天师道教有一共同的信仰,那就是有它在世界的观念,但它在世界的存在是以此在世界的人生为目标,鬼神的功能是助成人间世界的秩序,而行其善恶赏罚的作为,人的存在非以成神为目标,人的存在仍是以人的生命生活为目标,人的生活需要君王非攻、兼爱,若不能为此,则以明鬼、天志告诫之,若能照顾人民的生活,则崇尚君权,而告知尚同。所以墨家也是有它在世界观,却是入世主义的人生哲学。

七、入世主义哲学形态之儒家

儒家的形态是以知识分子的身份要求君王行仁政、爱百姓,关切的是人民的生活福祉,认为帝王的角色是以照顾人民为第一目标,至于知识分子自己,则应修养自己以为人民服务,并且协助君王成为管理阶级,但自身不是统治阶级,而是永远以批判的眼光要求统治者爱人民、行仁政的知识分子管理者阶级,统治者能重用儒者,则儒者鞠躬尽瘁、死而后已。儒家的价值就是服务的人生观,人生以服务为目的,在追求国家照顾百姓、人人安居乐业的过程中,同时成就了自己的生命价值,朝闻道,夕死可矣。所以,儒家总是在基层各个地方第一线地面对百姓的生活,照顾基层人民百姓的生活福祉。至于中央高层的生活,那是统治者阶级,儒者通常不自以为是统治者阶级。若是自以为是统治者阶级,基本上已经超出了儒家的价值立场了。但儒者不是不可以位居要津,然而,要位居高位,就需要老子的、《人物志》的、《易经》的等其他类型的人间智能,简言之,要有与小人、权臣周旋的技巧,要有忍耐、受辱、承担、坚毅的精神。征诸孔、孟，高官厚禄都不适合他俩的形态，而是知识分子哲学家的类型，发言以建立万世不朽的价值为目的，知识分子的性格是最浓厚的了。但是儒者是要承担天下的，然而，在秦汉之后的中国官场，儒者哲学家少有位居高官大位的，即便是建立巨大功业的王阳明，也是外臣统帅的角色，而不是中央大员的角色。宋代大儒，周敦颐是小官，张载是地方官，程颢地方官时间长久，程颐虽一度为皇子师，因太拘谨，始终无法成为朝中大员，晚年被贬抑四川而作《易程传》，朱熹也是地方官，却因学术名气太大而遭朝廷忌惮，被治以伪学之罪。可见，儒者做地方官较适合，一旦要上升至中央大员，势必改变头脑不可，否则必遭大难。因为，儒者就是知识分子而非统治者性格，想的就是人民百姓的生活，而非自己做大官享厚禄的生活。当然，读了儒书而做上大官却忘了百姓生活的人也是很多的，但是这种人已经不算是儒者了。

八、入世主义哲学形态之道家老子

道家老子也是入世的哲学，但却是在世间做大官的哲学，儒者之所以做不来大官，就是不能与小人共利益，老子的智慧，就在于要成为永远的大官集团中的一分子，以便为百姓谋福利，但要待在这个位阶，就必须把私人的利益完全让出去，功劳是君王的，永远不可揽功自居，免遭忌惮。权力一定要和其他大官分享，免遭妒忌。利益一定要分配给部属以及民众，以落实自己的理想。利益给民众本来就是儒者的价值立场，这没有问题，问题是儒者不懂得如何与"小人喻于利"这个现实周旋。孔子关切的是"君子喻于义"，只是一味要求自己，但与小人周旋的智慧没有真正开发，这就需要道家老子来补充一下，老子就明言"弱者道之用""不敢为天下先""治人事天莫若啬"，这都是把利益让出去、而辛劳自己来的做法。这样，小人的贪欲心就照顾好了，自己要实践的理想就没有人来掣肘了，则天下事就可以依己意来处置了。"非以其无私耶，故能成其私"，"夫唯不争，故天下莫能与之争"。老子的哲学是怀抱儒家服务天下的理想，却认清小人为己争欲的面目，但因君王通常没有识人之明，以及总是好逸恶劳，故而容易为小人围绕。因此能够跻身君王身边的大官、好官总是不可能不同时伺候好小人，否则无以治国，然而，这正是一般的儒者做不到的地方。既然，放不下这个身段，忍不下这口恶气，赔不起这张笑脸，那很简单，就是做小官，在地方基层做事，服务百姓。若要位居高位，没有老子这种"无为而无不为"的智慧是待不住的。总之，老子一样是入世主义的哲学，但却是大位高官的哲学，并且是预设了儒家服务的人生观的儒家哲学的辅助系统。

九、入世主义哲学形态之法家

法家向来强调富国强兵，且以赏罚二柄统治人臣，是一部给国君治理国家富强盛大的治国宝典，这就当然是入世主义的哲学，目的当然是建立及维护甚至强大国家体制。在法家的思考中，国家团体的强大才是唯一目的。法家的人才也是要协助国君治理国家的，但是国家才是目的，个人只是工具。法家的思考中不谈个人理想，想的都是国君的利益，都在劝告国君做对的事情。国君要面对的问题和人臣要面对的问题是不一样的，国君不是官位的，地方小官、中央大官是官位，但国君不是官，而是最高领袖，一切权力财富的根源地，故而国君之位人人贪想，一旦被夺而失去君位则身死刑戮，十分惨烈，因此保住君位是国君第一要务，其次便是保住国家，尤其是在战争的时期，大国兼并小国，小国一旦战败，战士死于战场，国君要不身死、要不为奴，百姓则皆为奴，土地货财归人所有。面对这样的局面，国家绝对不能失去，所以国君必须保住国家的存在，这就是法家在思考的问题。

要是儒家，国君不行仁政，则亡国是必然的，甚至知识分子可以揭竿起义，而诸侯王发动革命也是应该的，这就是站在百姓生活的角度想事情的结果。但在法家，却不只是国君行不行仁政的问题，国君当然要行仁政，但是国君如何应付国际攻伐征战，如何统御臣下，尤其是面对强臣豪士的时候，这些，儒家是没有深入反思的，儒家反思的是君王如何才是爱人民、爱百姓的，儒家总是想要碰到好的君王，但好的君王常常被谋害，而坏的君王又欲望过多，一样会亡国灭身，因此，如何协助中才之君强大国家？这就是法家的课题，法家的建议就是法、术、势的运用。

然而,笔者以为,再好的技巧也需要国君自己有足够坚毅的性格,以及聪明的头脑以理解法家的智慧,才能成就法家希望他们成就的大业。总之,法家的哲学是入世主义的哲学,是维护国家体制的哲学,是唯组织目的的管理哲学,是与现代公司企业的管理哲学同一思考方向的价值立场,员工只是工具,必须对组织的直接目标有所帮助才是好的职员,如同法家对百姓的态度,只有能农能战的士兵才是好用的国民,国民是国家强盛的工具,不是国家的目的。然而,当时代走到了战争的时期,当国与国间处于生死相拼的格局,不用法家的管理方式是不行的,但只有法家也是不行的,这就说明了秦的灭六国却又被推翻的历史,就国家体制的维护而言,一时的强大要靠法家,但长治久安要靠儒家。至于知识分子大臣官员个人的进退,那就需要各种不同的学派智慧,关键是当下面对的问题要清楚准确地掌握,法家只为国家体制计,为君王领袖人物计,对个人是寡恩薄情的,个人的生命需要靠其他的学派智慧才能温润。

十、入世主义哲学形态之人物志

《人物志》是中国古代的人事管理哲学,篇首提出孔子《论语》的人才分类观点以为开宗明义,篇尾《释争篇》提出道家老子的修养智慧以为收尾。中间建立了许多人才类型分类的知识,说明人才的优缺点,人君与人才互动时的考虑要点,不同类型能力的人才在会场开会时的种种不同表现,不同领域的人才在学习阶段、为官阶段和卸任后的不同的个人命运。观察一个人是否真正优秀的几种技巧,通常会容易看错人的几种毛病。最后,只有在职场上谦虚有礼貌,利益不与人争的人,才会在职场上爬到高位,"战胜而争不形"是《人物志》最高的职场竞争原理,总之,《人物志》的智慧之运用,作为领导者必须是观照全局的通才,作为一般性的人才,则需谦退不争才能站上高位施展才华。《人物志》就是入世主义的人生哲学体系,虽然有特定的问题意识,直接面对人才识别的问题,但背后的价值观就是儒家服务的人生观,目的在藉由良才的拔擢而建立优良的体制,以为人民大众服务。基本上,做官的人都需要有人事管理的智慧,一旦成为最高领导者,则天下的干部都是由你去任命的,这时候更是绝对不能没有人事管理的直接准确的智慧,所以《人物志》绝对是体制的哲学,入世主义的哲学。

十一、入世主义哲学形态之《菜根谭》

在中华智慧宝典中,还有《菜根谭》一书值得百嚼不厌。笔者个人认为他是结合了儒道两家的智慧精华,道家则包括了老子的以及庄子的。儒家强调入世承担服务,《菜根谭》也砥砺世人要有承担的志气。老子告人要谦虚礼让,《菜根谭》就说"宠利毋居人前,德业毋落人后",这样才能久安于人臣之位。一旦高层进入权力斗争的白热化时期,知识分子就要看清而退出,因为危险至极,同时所为之事皆是恶坏至极之事,所以不宜参与,这就是庄子的心态立场。《菜根谭》讲话的对象还是知识分子,是有儒者性格且有仁德之心的君子,不是一味只想着自己权势利益的嗜欲深重之人,这些人有可能身居高位,而且他们的目的就是身居高位,但手段是凶残的,所以为民服务的官员是不宜跻身权力争夺的圈子的,因此劝诫知识分子要及时退出,退出就是庄子的形态。也就是说,《菜根谭》既能提起服务的志向,也能知道不与小人争利,更能看透暴君权臣奸党的真面目,而急流勇退,"爵位不宜太盛"。此时,就差不多是跟官场说再见的时候了,而不是像屈原投汨罗江的死谏的举动,从国家的角度,国还是被灭了,从个人的角度,徒让家人伤心而已。所以,笔者以为,从知识分子的角度言,《菜根谭》是孔、老、庄的智慧综合体,入世的理想中含有出世的智慧,以出世的心做入世的事业,能行则行,不能则止。既有服务社会的志气,又有看透人心的潇洒,既能承担大任,又能看破权力的伪装。主要是入世主义的哲学,但却吸收了出世主义的智慧,但却与它在世界观关系不大,追求的并不是它在世界的永恒生命。

十二、《周易》六爻的时位逻辑:角色、命运、智慧、人生 以及学派理论

《周易》哲学有种种理解诠释的进路,若是从义理易的进路而言,则是

将其卦爻辞视为解决人生问题的智慧指引。《周易》六十四卦,象征六十四种人事情境,藉由情境模拟而找出问题,并提出解决的建议。每卦六爻,藉由初爻、二爻、三爻、四爻、五爻、六爻的六爻序列,或是说明事件发展的六个阶段或是说明同一事件中的六个不同位阶的人物的应对进退或是说明同一个人物在生命的六个不同阶段中的命运发展。这样的架构,以人物阶层言,便是以上三爻为高阶、为中央,以下三爻为地方、为基层。这样一来,可以作为日常生活中的个人角色命运以及应对智能的一套模型,从而说明了社会不同阶层的人物的一生命运,甚至可以将中华国学的智慧类型比附在这样六个位阶的命运特征以及观点倾向之中。总之,这样的思维就是体制性的思维,就是入世主义的哲学观,是在人世间的阶层位阶中理解生命的故事以及进退之智慧。以下就六爻的智慧运用而谈。

(一)角 色

首先,就角色言,初爻代表刚入组织的新鲜人,二爻代表基层中获得任命的干部,有其专业执掌以及明确的角色扮演,三爻代表基层中从干部之位退下来的资深人员,四爻代表已经跻身高层的领导集团中人,五爻就是领导者,只有一人。上爻是四爻主管之位卸下来退居第二线的高阶资深顾问,也可以是五爻退下来的人物。

(二)命 运

就命运言,初爻没有好坏的问题,一切事不干己,有好事颁奖也没他的份,有坏事惩罚也轮不到他,这是一般正常的情况,当然有例外,但那肯定是组织本身处于不正常的状况中。二爻表示获得荣誉受到重用,只要有所表现,便会得到奖赏。三爻不负主要责任,没有主管之职,或者是边陲地区的主管,脱离中央,或者是上下相搏的冲突焦点,三爻迫于形势,上下两党冲突时,我便被迫正面遭殃。总之,一切体制内倒霉的事情他都碰得到,可以说是最凶险的一爻,自己也常会因为说错话而惹祸,因为心理不平衡。四爻已是高位,关键就是会斗争夺权,与同事斗争,甚至向国君夺权,因此也是一个危险的位子,但只要谨慎低调,基本上表面上是安全的,不像第三爻连表面上都不安全。第五爻身负天下重任，但天下人也都为其所用，大家的成功都是他的功劳，只要人事正确、政策正确，他就能高枕无忧，所以他也是一切成败的真正负责人。第六爻空有高高在上的地位以及荣誉，但因离位因而无有实权，有时不免心中有失落感，因此多少会想要干涉五、四、三、二个爻的行动。

（三）智 慧

以上谈角色及命运。接下来谈应对进退的智慧建议。初爻以学习为原则，其他众人之事以沉潜为道理，不必发言，发言也不会有人重视。努力培养实力就是最有智慧的做法。初爻不担纲任务，若是一进组织就被授予重任，这虽然未必是坏事，但必定是组织出了纰漏，组织不正常，才有初爻担大任的情况发生。

二爻既已受命，就得好好做事，事情必以办成为原则，以累积未来更上高位的实力，不可畏事怕难，因为主管就是重要角色。只要事情办成，正常情况下，基层应有的奖赏荣誉是少不了的。二爻无论如何要和五爻合作，否则组织不成组织了，上下主事者合作，天下太平，大事可成。

三爻处于上不上、下不下之位，做事有功不在我。三爻不在核心而在边陲，有好事轮不到我。若无优良的素养，肯定愤世嫉俗，为己招祸。智慧的做法是，要么采取出世的价值观，避开冲突点的角色，不必为团体卖命，既已身处边陲，采取出世主义态度，索性追求自己的逍遥去了。要么采取入世主义的道德立场，做事为公，不为己私，君子有成人之美，因为自己非主管之位，协助组织做事之后，功劳或二或四，虽然功劳不在我，但心中有团体，仍然诚恳地做，建立形象，将来必有机会登上四爻。以《周易》入世主义的价值立场而言，三爻虚位，故而多怨多难，关键是一心仍在组织的角色成就上，但人生就是有角色被夺、光彩黯淡的某些时刻，处于此时，或者忍耐避祸待时，这是入世主义者的态度，时机成熟，环境正常，实力坚强，终有挤上四爻高位的一天。或者放下成就感动机，准备在职待退，不再以组织角色评价自己以至约束自己，而开始追求自由的人生，这就是出世主义的态度。

四爻高层主管，有机会为天下人谋福利，得到权势为组织创造利益，但是这需要真正有道德境界的正人君子才能为之,否则多为争权夺利而糟蹋了这大好的高位,智慧的做法是一心一意为众谋利,并且功劳归给五爻,权利与其他四爻共享,切莫一人独享,利益及资源就给下三爻。这样的四爻,将永有机会在此位上,为体制服务,又保住地位,又不与人结仇,关键就是将利益看淡,以及有真正的理想性格,这样的第四爻,就是一切有专业、有能力的人才人生的归宿,只要时代环境尚有可为,一切有能力的人最后都是到了第四爻。

就第五爻而言,这是古代的君位,现代公司的董事长,一切团体的领导人之位。在正常的体制下,在正常的环境中,领导者享有一切的资源与荣誉,"普天之下莫非王土,率土之滨莫非王臣"。然而,现实的场景是:领导者要负一切的责任,天下安危系于一人之身,最重要就是用人与政策。若非从第二爻起就认真治事,岂有用人之聪明? 若非自幼即有大志,充满理想,岂能知道政策在哪里? 然而,古代君王并非从基层升起,既无人事经验,也无政策理念,治国的能力就不甚足够了,周遭皇亲国戚想要谋杀夺权,身边近臣权臣想要推翻替代,邻国重兵相加想要灭你王国,这样的君位,简直危难至极。智慧的做法就是:既要了解保住自己权位的技巧,又要能够知人善任,重用人才,更要研究好政策,使国家强大,使敌人不敢觊觎。此非天下极智之人,熟能与于此位。可知,一般只为自己权势、名利而求者,实不宜居此大位,必不能护己保国福泽利民,且多半只落得个受人屈辱的下场。一般有能力的人才实在就到了第四爻就好了,第五爻是非得有不世出的人才不可就位的。

第六爻已卸下权势的光环,大位实权已经交出去了,人生该做的大事都已了办,接下来要面对的是自己的最后事,那就是环顾一生的命运,接受自己的死亡,在自己还位居职场的最后时光,好好盘整过去的人际关系,尽一切可能修补裂痕,让自己在真正退休之后,心无挂碍,身体健康,享受老人安逸的生活,最后无疾而终,含笑九泉。这是最有智慧的做法,也等于是以出世主义的思想处理自己的人生。但世人多看不破,最后的职场时光依然要争夺高下,这就把最后修补人际关系的机会给浪费光了,同时也把护育自己身心健康的能量消耗光了,真正退休之后,许多无奈、埋怨、不满,甚至是人际关系的怨恨都留在心中日日伴随,心情不好的情况下,身体肯定好不到哪里去,最后或许就在病痛中离开这个人世间。

第六爻已经经历了人生所有的风光,社会地位又高,形象又好,只要愿意为社会付出,在不必动用体制资源的前提下,依靠自己的影响力与实力就可以做出很多有益社会的事情,慈善家、哲学家、教育家都是适合的角色。第六爻对体制内的角色与资源切莫再有任何动用的念头,孔子就说过:"及其老也,血气既衰,戒之在得",否则必使第五爻为难甚至怨恨。事情可以做,但以不动用公家资源为原则,所做之事也必须不是体制已经在做的事情,这样的角色扮演就是既有功能又不让人忌惮,这才是智能的做法。六爻除非在例外的情况下,否则组织不会希望他出面,例外就如发生战争,组织请出老人,敌人望而胆寒,但这必须是被邀请之后才出面为宜。

(四)人的一生

就人生的整体而言,每个人其实都是在社会体制中的不同阶级,因此就有了不同的人生景象。这就是说,有人终生就在第一爻的爻位阶级中。有人到了第二爻,就一直在第二爻任职直到退休。有人从初爻经历第二爻之后到了第三爻,就停在此处直至退休,或是没有经历第二爻而是自觉地选择了类似第三爻的自由业,经历一生。有人经过初爻、二爻、三爻之后到达第四爻,最后退休前退居第二线,成为第六爻而后退休。或者一直待在第四爻直至退休,亦即一直是高阶第一线的重要主管角色。有人经历初爻、二爻、三爻、四爻直至第五爻,民主政体有任期,因此有第六爻的阶段。君王体制就会第五爻到死,公司董事长也会第五爻到命终,除非自己早点宣布退位不理。那些有四爻、五爻经验而在退休前卸任的高层,则是走到了第六爻。但也会有一些人,在没有经历四爻、五爻的阶段下,却直接过着类似第六爻的生活,因为他有巨大的福报,那就是富三代、贵三代,他们无须经历艰难的人生,就已经拥有了家族给予的富贵生活。或根本就是自己选择的进入这样的境界,那就是宗教家,他们自觉地放弃社会位阶的角色,却又以人生导师的姿态教化世人,而取得了第六爻的地位。

现在,对于人生的主要时段在扮演社会阶层中的特定角色的人们,他们特定的需求视野和状态,其实会决定了他们所采取的人生方略,这就是下一节要讨论的主题。

十三、从《周易》六爻看中国哲学各学派的形态

由于《周易》六爻的理论模型,恰能深刻地反映人生问题的各个面向,而中华国学的各家理论,也是面对各种不同人生问题的解答系统,因此,笔者企图将中华国学的各学派或经典的理论,镶入这六爻的模型中,藉由不同阶层人物所面对的不同问题,彰显各学派本身的问题意识与观点特色。

(一)初爻:墨家

墨家哲学的宗旨,始终是站在基层人民的需求立场上的发言,它看到社会上种种侵犯抢夺的事情,以及国家之间的掠夺战争,因此主张兼爱,这样人间就不会有互相伤害的事情,但是,这个想法过于简单化,它忽略了自然人性在情感的作用上是有亲疏远近之别的,因此,兼爱可以是结果,但是过程上却宜有亲疏先后之别的。它看到战争对人民百姓造成的巨大破坏,因此主张非攻,这样人民就不会死亡沙场,但不检讨战争发生的原因,因此对国君没有说服力。它看到百姓物资匮乏、民不聊生,故而主张节用、薄葬、非乐,这样民众的物资就不会浪费在无用之处,但也因此对于礼仪和情感的需求看得不重。它看到国家上下不一,君民离心,故而主张尚贤与尚同,使国家团结在君王的领导下,以伸张国力。但为限制国君的权力,便又讲究明鬼与天志,藉由鬼神赏善罚恶之大能,以便约束君王。当墨子以百姓阶级的眼光看待世界的时候,自然这些价值立场就出现了。然而社会是个复杂体,不同阶层各有不同角色以及生活原理,人生要全面地看待,才能照顾到所有人的需要。墨家的理论,始终在民间,墨家巨子的行踪身影,始终在各处奔走,从不进入体制,不是社会高层,而是像游侠一般。笔者认为,就是因为墨家以初爻的位阶为自己观察反思的进路,所以成就出这些价值立场,墨家就是初爻的哲学,为下阶层人民百姓的生计而发言,墨家哲学是初爻的哲学,但墨子巨子却是第六爻的人物,因为他超越基层以及高层,一心为天下百姓之

福祉而奔走奉献。

（二）第二爻：儒家

儒家是知识分子爱人民百姓的哲学，他们面对国君时自认为是协助君王管理国家的专业人士，国家存在的目的、政府的功能、官员的角色，儒家都清楚地议定好了。对于国君，儒者认为他们应该要爱百姓、行仁政，若能如此，即能王天下。儒家对礼乐的重视是要引导情感，让人们懂得互相关怀。儒家对君王的礼敬是因为对君王的角色有所规范，符合角色规范的君王自然必须给予最高礼敬。国君的角色以照顾人民为其天职，如若不然，儒家也是有墨家天志的观念，谓之天命，天命也是会移转的，所以把百姓照顾好才是国君的角色原理。儒者心中的关怀就是天下百姓的福祉，总是站在地方基层做第一线为民服务的事业，所以儒者做小官是绝对称职恰当的。儒者关心自己的荣誉，这就像是第二爻的基层主管一样，获得任命重用，只管做事，必得奖赏，勇于任事，积极承担，为民谋福，任劳任怨，这就是儒者自许的形象，也是他们最爱扮演的角色。但是，这样的角色在基层如此操作是正确的，一旦上升高层就不能只是这样了。首先，国君本身的品格能力是一大问题，若是人品不佳，只图逸乐，或是嗜欲深重，好胜贪鄙，甚至胆小畏事，受人宰制，这时候，君权肯定旁移，权臣掌政，这些，儒者都没有办法了，儒者只能遇到明君，若非明君，儒者也不知怎么对付，除了忍不下去参与革命之外。儒者十分缺乏在高层与政治人物周旋的思考，有时也有机会身居高层，然而儒者心中只有天下百姓之利益的思考，此时儒者的行为极易与其他高层的利益有所抵触，结果肯定会被排挤贬抑，儒者不是不该不应不愿位居要津，儒者本来就应该站在上位，但是依孔孟之教而言，儒者关切的重点在为国的意义与目的，而不是主政、掌事、用人、周旋的应对技巧，这些，必须另待高明。《易经》《人物志》《老子》《菜根谭》都比《论语》《孟子》之作要精彩、深刻、明白、清晰多了，并且仍是谨守儒家爱民利国的坚实立场。儒者要上高层，还得多学武功。因此，笔者认为，儒者就是知识分子爱民、治国的哲学，既要百姓受到照顾，又要国家长治久安，也要成就自己的荣誉地位，这样的哲学，就是《周易》第二爻的哲学，就是在第一线在基层照顾天下百姓的知识分子的心态,对自己的角色认知坚持不移,自我感觉良好,勉力照顾一方水土的人民百姓。今天社会上那些公务员,教师、军警都是儒者的身份,都应该以儒家的价值观要求自己扮演角色,若能谨守儒者形象本分,必是优秀的基层官员,甚至可以一直工作到退休,都不必改变角色,这个世界这个社会需要很多很多的基层英雄,儒者就是基层的英雄,稳住了国家体制的基础,不论高层如何夺权斗争,民间的秩序依然良好,关键就是多数的第二爻都是儒者在任官主政的。当然,邦有道,儒者可以上升高位,若非如此,最好就在基层做个小官,既能照顾百姓实现理想,又不至于卷入政治是非之中,否则,既不知如何夺权,更不知如何保身,只有挨打的份。因为坏事不好意思做,因为脸皮薄。至于小人,患无位,无所不用其极,而上无明君,徒呼奈何。

(三) 第三爻:庄子

庄子哲学起于对世局的逃避,寻绎出神仙的意境,将智慧的心志寄情于避世独立的生活中,这样的心态,最适合在社会阶层的第三爻之人所具备,第三爻不负基层主管之职位,却有自己明确的自我意识,有独立的人格自主性,有自己的专业,但对社会体制而言,第三爻无甚重大角色,可以说是暂时被边缘化的人物。通常,有强烈事功心的入世主义哲学家,对于这样的角色,都是非常不适应的,这也正好说明了《周易》六十四卦的第三爻通常都是凶多吉少的,关键就是心态与位阶的不相称。心态上想要登上高位、统治天下、傲视群雄。位阶上却是不能主负其责,就算事业功成,功劳亦只记在二爻、四爻两爻的尴尬阶段。其实,邦有道,自己也有实力,"虽欲勿用,山川其舍诸?"因此必有登上高位的一天。只不过,此事可遇不可求,遇到了就上去,遇不到,就做了庄子吧。毕竟,若是有儒家道德意识的人物,是不可能为了站上高位而谄媚、贿赂、讨好上级的,那就成了小人之行了,君子不为。因此,此时以蓄势待时、成人之美的态度是最智慧的,这就有了庄子的意境了。若是邦无道,则第三爻正是有智慧的人才最好的避世之位,高不高,低不低,不必事事受人摆布,也不是天天都要应卯的角色,以少分的力气,放在工作上,将主要的精神,用来追求自己的人生向往,如音乐、艺术、文学、旅游、健身、修行等,从此过着自由主义、个人主义的生活。身在体制中,心在体制外,做一点社会事,领一些必要的酬劳,却专心务力于自己人生的乐趣,在可能的情况下,甚至会成为一代宗师,至少也获得了快乐的人生。除非,此人不是一般性的知识分子,而是有强大的淑世理想的人物,那么,与小人周旋而获得晋升,成为第四爻;甚至兴兵起义,发动革命,自己成为君王,成为第五爻。若是自己不具这样的性格,那么做庄子,做自己,就是最好的出路。可以说,不论是要继续晋升,还是就留在第三爻,都是可以成功的,不以正道求之而升到上位,君子不为,故非所论。要承担天下,那就更为动心忍性,否则,放下事功之心,天下由他去吧,做自己就好。因此,智者不该在第三爻时还有愤世嫉俗、怨怼不满之情,那都是心态与位阶的智慧不能相应圆融的结果,所以要学庄子,庄子哲学就是第三爻者最好的智慧之道。

(四)第四爻:老子、菜根谭

老子哲学多被认为是帝王术,其实不然,但是,老子哲学确实是领导者哲学,只不过,领导者不一定是君王,封建体制中,若非皇族嫡长,如何能为国君? 以僭越篡位之法得之,君子又不为之,因此,以第四爻之位,行领导者之实,正是老子哲学的思路轨迹。只要是朝中大员,实行其法,必能永在高位,实现理想,造福百姓,又福泽绵绵,长久不衰。关键就是,事情我做,利益归人。也就是"弱者道之用"的智慧。这世界,君王善者为少,大臣恶者居多,君恶臣必恶,恶君恶臣在位,志士仁人若再不跻身中枢,只怕百姓受苦不已,势必需要有人挺身而出,但如何操作? "以无有入无间",没有任何私利的争夺之心,在群臣豪强之间周旋,付出辛劳,创造资源以为百姓共享,然则,功劳却归给君王,权力要与权臣共享,利益要让给部属,这样,自己才能长在其位,而能将所创造出来的资源供应给百姓享用。所以要有"玄德",要知"玄同",要"给而不取",一个胸怀天下的大儒,就是要这样做事才能泽及百姓,若是太过在乎自己的利益、荣誉、地位,光是恶君恶臣的应对就会败下阵来,遑论实现理想,因为恶君恶臣可以用恶劣的手段伤你,但儒者却做不出来此事,所以只能与之共舞。因此要实现理想,小人就要打理好,小人不过要利益,顺便做做好事也是不错的,但最好是别人做好事,自己坐享其成,于是第四爻的领导者就这样与小人共存并生了。事情四爻做,利益给小人,小人不掣肘,事业便可成。

一个问题,为何高层多有小人呢? 一个答案,因为君王多半无能多欲,如此必为小人围绕,因为君王需要小人伺候,所以大员多是小人,这是封建体制难以更改的弱点。因此,正道中人,要做大事,要登高位,就与小人共存吧,除非自己是枭雄性格,以暴力对付小人,但事后留下的后遗症也绝对是少不了的。若不如此,那就留着小人的性命供养着,当作行善的成本,将来心境更高了以后,再来度化他们吧。第四爻,位高权重,为百姓谋大福的最好职位,莫与人斗,不要利益,事情自己做,获利都给别人,这就是永葆高位的不二法门,老子哲学正是第四爻做大官的哲学。儒者要在高位,老子是必需的武功。

《菜根谭》是儒、道两家智慧结晶的最高精品,藉由简短的诗文,泄露人性最底层的面貌,述说人性最深刻的历练与心得,让所有职场中人,得到角色扮演的智慧法语。《菜根谭》有儒家的承担精神,有老子的谦退智慧,有庄子的逍遥的意境,人而如此,何处而不自在,何处而不自得?《菜根谭》是入世的哲学,但也是出世的哲学,只差没有主张轮回的生命观和因果业报观而已。可以说是有此在世界庄子形态的出世主义,但又不只是出世主义,而是更有入世承担精神和面对小人的周旋技巧的丰富哲学。《菜根谭》是第二爻、三爻、四爻这三爻的哲学,它不是君王的哲学,不是写给君王看的治国的智慧,而是给做官的知识分子看的处世智能。

(五) 第五爻:法家、人物志

法家哲学以《韩非子》书为集大成之经典,它来自韩国贵族韩非对韩国政权的忠告,一心以保住国君之权位及保护国家之存在为用心的目标,可以说直接就是维护君王权力以及国家安全的哲学思想,显然就是第五爻的哲学。韩非的哲学,并没有不义的攻伐主张,反而是有保卫国家的立场,因此,它不必须是儒家的对立面,它固然不标榜以道德而获官职,但也没有提出违背道德的政治及人伦方面的主张。它只是以巩固君权为目的,提出君王管理国家的要旨,要重法、要重术、要重势,要以赏罚二柄紧紧驾驭臣下,在国际之间,要懂得以小事大、懂得权谋奇策、懂得安危关键,法家的思想,真真正正就是第五爻的思考。第五爻集天下权力于一身,但也是众人觊觎的位子,包括自己的妻子、儿子,身边的近臣、重臣、权臣,都可能会对自己不利,所以保住己位是自己第一要务,若是对人性的负面没有任何了解,天真地在位,从没有君权不旁落的现象,一旦周围之人羽翼丰满、权势成熟,则甚至会要了国君的性命,而取代之。因此国君保命就是要务。再者,国家处于战争攻伐的时代,你不攻击别人,别人也会来攻击你,为了保住自己的国家不被战争击败而亡国,富国强兵之道又是重点。于是国民成了国家的工具,若是无益于征战及生产者,必不能居于政府体制的高位,同时也不能享有晋升管理阶层的机会。作为社会体制,首要保住团体的存在,以战国时期的诸侯国而言,一旦战败,士兵身死沙场,百姓成为俘虏奴隶,国土物资成了人家的物品,国君自己呢?被杀、被废、逃亡、监禁、自杀等不一而足,都不是好下场。因此战国时期的国君怎能接受战败的命运呢?于是保卫国家的任务成了绝对的目的,不能有任何折扣的。法家绝对是社会体制的哲学,入世的哲学,此世的哲学,法家哲学以维护此在世界之社会体制为最高目的,这样的形态就和现代企业的管理思想有着绝对共通的价值取向,唯组织目的是问,员工是工具,对公司没有生产利益的员工就不会是占据高位的管理阶层。任务目标十分明确,价值取舍毫不含糊。以法家这样的理论,对国君之位是绝对有利的,那么为何众多国君还是会身死国亡呢?笔者以为,法家心目中的国君仍是需要一定的人格特质才能担纲胜任的,没有这样的特质,任由习性私欲主导,则没有不亡国灭身的。问题是古代世袭君主制,国君之位没得竞争,若有竞争,又都是血淋淋的斗争,根本上都是私人利益的争斗,既为利益而来,则就任后岂有行仁政、爱百姓的,若是无灾无难继承而得之位,也不会懂得珍惜宝位,勤勉谦冲,总之,不易成为优秀的君王。儒家也好,法家也好,在君权这个问题上,都没有西方近代民主思潮的前卫性,既然如此,除非遇着不世出的君王,否则法家的理想也不易被实现。但无论如何,法家的哲学,就是为君王而做,为富国强兵而做,正是第五爻的哲学。当然,第五爻不能只有法家,儒家的淑世精神更必须是第五爻的基本素养,只是光有儒家是不够的,必须有危机意识以及强国的政策,儒家也不能说没有这种意识,关键只是,儒家的德性政治及王道理想使得他们就是会忽略此事,以为光有道德心念就能终于普及天下,此诚其然,然而面对战争、革命的社会快速变化的时代,儒家的做法是缓不济急的,十年树木百年树人,可见是需要长时间的,因此在战争时期,儒家的理想就显迂腐了。此时,法家正逢其时,当是乱世的宝典。然而,战争结束,富国强兵的政策,毕竟与人性正常的需求有所扞格,儒家的礼乐之教必须提倡,但对治人性劣根性的体制规范仍不可少。可以说,战争时期需要法家,承平时期还是需要法家,它固然为君王而做,它也为国家组织的存在而做,只是承平之时更需要儒家,但法家仍不可无。

《人物志》是人事管理的宝典,将人才分类,并说明优缺点,以及进退之道,使得人们可以知道自己的类型,也可以知道和各种不同类型的人相处的原则,更重要的是,让领导者知人善任,懂得找出人才予以重用,以及如何运用,如何用其长处而避其短处。《人物志》文起于对《论语》人才知识的补充,终于对《老子》谦冲智慧的确认。关键就是,儒家的淑世精神和老子的人性智慧,两者相合,正是人们在体制内生存的精神指导,《人物志》是入世的哲学,是体制的哲学,是群体的哲学,它以人在体制内的专长特色以为人才,它以人在体制内的处世原则为所论重点,以追求个人的理想以及成就。《人物志》是国君的宝典,是公司领导人的智库,只要是最高主管,必定要有用人的智慧,《人物志》就是在这个目的上的最重要的著作。当然,领导人的用人智慧是在自己成长过程中由初爻、二爻、三爻、四爻、五爻而历练出来的精干,才能深刻了解《人物志》所说的观人察识的要领,而领导人所需要的还不只是用人的智慧,还有政策的制定,组织要往何处去?这是领导人要深思的问题,若非长期充满理想抱负,怎有可能一上任就知道政策的长治久安之道是哪些呢?所以,胸怀大志,从基层历练,终于站上高位者,才能既有人事的智慧又有政策的聪明,一旦有了用人的智慧,领导者就只要用人治国就好了,不须事事己办,这也是违背政治管理的原则的,关键就是国君或董事长是要带领大众追求理想的。君位不是官位,在官位任职者是人才,而用人才者是君王,君位不是官位,做官就是要做事的,做国君就是找人来做事的,让别人做事而完成组织的理想以及落实他人的生命价值,这就是第五爻的天职。可惜君权世袭制度下的国君,多未能理解《人物志》中的人才特殊性,只能为小人围绕,甚至被权臣架空,这就是体制本身的问题了。然而,现代民主政体的社会,以及现代企业的模型,《人物志》中的所有人事的智慧,都是准确有用的,有志于职场的人才,都能从中得益。《人物志》就认为,人的聪明之中最聪明的就是知人用人的智慧,古代圣王如尧舜禹汤者,就是找到了最优秀的人才才能安逸其位的,如伊尹、吕尚者。所以,《人物志》正是第五爻者必需的智慧。

(六) 第六爻:佛学

第六爻的人生贵于休息、自娱、享福、盘整人生,以及从体制的资源中退出,处理体制生活中尚未完成的自我角色,就体制阶段的人生而言,儒家、《庄子》《老子》《菜根谭》《人物志》《韩非子》已经足够,但人生还有两大困惑未能究竟解决。那就是命运以及生死。对于命运,儒者以使命感超越之,但命限还是存在,只是被超越了。庄子接受一切命运,但不视为限制,超脱社会世俗的眼光,就自由了,但命限还是在的。只有佛教,把命运放在轮回因果业报的理论中,清楚说明命限的原因以及超克之道。人生到了第六爻,回顾一生,是该到了盘整人生的阶段了,过去做得好的现在享受果实,做得不好的现在接受结果,自此,生命的方向应该转回来正视自己的人生了。生命终有时,面对自己的大限,该为自己好好处置了。不好的命运想办法弥补,好的命运就好好运用,作为资粮,再接再厉。有过失,去道歉、去忏悔,让自己回复心灵的平静。剩下来的人生,为自己的来生积福,如果有这样的信仰的话,如果没有,一样可以为自己求个好死而积福。以庄子的智慧,就是"佚我以老"地好好享福,但以佛教的智慧,那就是终于可以放下世俗碰撞的冲动,一心照顾自己的灵性慧命。因为佛教有轮回的生死观,这就进入了第二个人生大疑惑中,死后有无生命?所有的宗教对于这个问题都是有死后生命的主张的,佛教亦然,且是轮回生死永不止息,直至最终开悟成佛为止,生命就是有情的经验历程,净化浊化全在自己。第六爻的人生必须面对自己的死亡,且愈早面对愈有足够的准备时间。当然,若是一早就觉悟了,提早出家,直接以第六爻的身份不在社会体制中经历自己的学习与服务,那是更符合佛教勇猛精进的做法的,唯世人多情,开悟有时,各种因缘,人各不一,那至少,在此一阶段就学佛吧。既能修己又能安人。修己是惜福地过日子,安人是给予布施,但第六爻的修行者不可运用社会体制的正式资源,不可以体制的身份去布施,而必须动用个人自己的资源、自己的智慧、自己的财产。这样,才不会搅乱社会体制的运作逻辑。佛教有小乘大乘,时至今日,一些大乘对小乘的批评已不成其理,一方面大乘经典自己也稀释了这些批评,即便是阿罗汉,悟后起修,一样可以成佛,而一些小乘传统的国家地区的修行者,也莫不以菩萨道精神弘法度众,可以说大小乘都大乘化了,那就是简朴自己,利益他人。在人间世中,所有的众生都是人类,若是已有阿罗汉以上境界的修行者,便是菩萨道的乘愿再来的再来人,自然是来作为典范以济众度世的,至于一般相信佛法的修行者,就是在自己的六道轮回的生命历程中,去进行自度度人的修行事业,在家也好,出家也好,还在体制中扮演角色的在家众也好,已经出家的僧人也好,此时过的就是出世主义的生活了,关键就是不以社会体制的角色成就为人生的目的,而是人生应以永恒的成佛事业为目的,不论在家出家,过的都是自度度人的生活,简朴自己,利益大众。可以役使无限的资源,用于改善社会,建设人间净土,但不是以任何国家社会体制资源的管理者身份去运用,而是去劝化鼓励,让体制自己去执行。佛教哲学,是出世主义的哲学,理想的终趣在彼岸,也就是在自己永恒的灵性慧命中。因为是非体制的,所以到了第六爻的阶段,最适合接受佛教哲学的洗礼与引导,而那些出家僧人,其实就是使自己脱离家庭社会国家的社会体制,直接以体制中第六爻的身份在过日子。重点就是,可以为天下人做任何事,但自己不求体制的个人私利了。

佛教哲学的修行方法,笔者认为,达摩祖师的"二入四行观"是其中最精练、最清晰、最便捷深刻的简易法门。"报冤行"不报复世人对自己的伤害,这是因果业报观对命运的处置智慧。"随缘行"不因一时的福报而兴奋不已,不能放弃任务与理想,这也是对过去的善业的智慧的处置。"无所求行"是认真处理随缘中的一切身边事,不为私利而做,只为利他而做,这是积福的功德事业。"称法行"当一切事情都处理如法,而心无挂碍时,行有余力,则好好勇猛精进,念经打坐拜佛修行,大乘四摄法或六度法门皆可进行。以上四行,可以兼容大小乘修行智慧,是学佛者最好的简便心法。

所以，人到了第六爻，最好学佛。若已悟道，就算是在初爻乃至二爻、三爻、四爻、五爻，都可以运用第六爻的佛教智慧，这就是真的以出世的心做入世的事业了，则人不论位阶何处，都是第六爻心态了，那就是，超越体制，而热爱世间。

十四、多元系统的真理观问题

一直以来，在中国哲学史中，三教辨正不断进行，关键是三教都以自己为绝对真理，并且强势地建立哲学体系以捍卫己意并辩破它说，然而，此世、出世的世界观人所各持，各有经验，谁也说服不了谁，因为经验中亲证的事情不是理论的攻防可以解决的。而智慧又是用在自己的人生修养上的事业功课，不是社会资源的争夺战，非要你死我活不可，既然儒释道各家的智慧有其各自发源的轨道与应用的处境，大家各安其位即可。学习者藉由一家提升自己，改正缺点，便是学习了智慧，而不是去指正别人的缺失，或否定他人的理论。从智慧培养的角度说，再怎么说别人的过失、他教的缺点，也不等于自己的生命境界的提升。因此，理论的辨正与生命的智慧是无关的。但是，理论是需要辨正的，因为这是哲学研究的态度。那么，哲学上如何面对这多元真理的现象呢？这是本节要处理的问题。以下，将从理论的发生历程、它在世界观的不容否定、价值选择的不容置辩、宇宙论也是待开发的相对系统等角度说明之。

首先，要从实践哲学的理论建立的发生历程中去讲。中华国学的各个学派，以及《易经》《人物志》等智慧宝典，都是源起于创造者的淑世理想。他们有他们的理想，理想出现，径行实践，有所心得，发为言论，后继者持续补充创作，成为学派，关键就在初发心的理想。理想必是针对某些社会现象的处置心态，心态背后就是一套价值信念，价值信念是主观的选择，选择淑世，选择利己，都是选择，选择的价值是意志的决断结果，理论只是将这个意志对现象世界的功能予以文字化的说明，建立坚实的合理化说明，重点还是要去实践，去创造信念中的理想世界，或自己的美好人生。创造了，实现了，理想成真，言说理想的理论也就证实为真的了。然而，理想是一套价值信念,有它实践追求的特定方向,不同的理想就会有不同的方向,各种方向在实现时之时,既有经验的实证又有理论的建构,证实自己是正确的真理。

会有问题的,只是不同信念、理想的彼此辨正,但这却是没有交集的。价值的说明需要诉诸环境的知识,价值意识的本体论以客观时空的宇宙论以为理由的依据,而宇宙论是经验的知识,但涉及它在世界的经验却不是人人可得,但是有它在世界观的修行者又确实是可以感知的,否则他们就是在说神话故事或科幻小说而已,事实当然不是如此。然而经验不同的人,谁也无法说服别人以及否定别人,就算没有它在世界的经验但选择有它在世界存在的价值信念的人,也不会被没有它在世界经验的人给说服,至于理论上的否定,那还是在看人们各自的信仰了,因此也无法否定它说。

既然理论建构的发生历程就是人各一路,那为什么学派之间一定要分辨高下对错呢?原因就是,人生哲学既是指导人生的哲学,自然要反驳谬误,既然自己已经找到真理的方向,则非此方向之道路必是错误的,在强烈的淑世理想催动下,必须辩破他教宗旨。这就是将自己理解的珍贵智慧无限上纲的结果,这是不必要的心态,唯有智慧圆通之人,才能理解各教不同的方向路径是不必互相冲突的形态,而不致辩,并且对于不同根器、不同境遇的人而言,他教的智慧也可以是对方此时的最佳方案。但教内中人,己门不精,更于他门妄言非议,此其常情。但对于研究者而言,却不可因为学派间的互相非议,就以为真能建立订正是非之宗旨。然而,辨正之言并非无理,反而常常是理论丰沛,因此,在强势的理论建构下的互相非议,又如何可以解消呢?三教之间的互相攻击该如何在理论上予以化解呢?

首先,理论的非议主要是价值立场的互相非议,这就主要表现在儒家、道家庄子、大小乘佛教这三派之中,再细讲之,则有儒道之非议,儒墨之是非,道佛两教之斗争,儒释道三学之辩争等。其中,儒道是孔庄之间,不论是在《论语》书中还是《庄子》书中都有讨论,《论语》中与隐士的对谈,《庄子》中的讽刺孔丘,这主要是价值观的辩论。价值观都是自做选择的结果,方向的差异决定于环境的现实与际遇的状态,其后是个人的价值选择,最后,则是发为强势的理论体系。儒墨之间也是这样的情况,环境基本上是战乱的背景,际遇上墨家活在基层人间,庄子是社会边缘人,孔子是怀抱淑世理想却不能忍受统治阶级的腐败的知识分子。价值的选择是墨家为人民的需求发声，却不顾统治者的立场；庄子为自己的自由说理，并否定统治阶级的功能与价值；孔子为百姓的福祉立言，但肯定体制的价值，于是对统治者的角色有重大期许。最后，墨家藉由天志、明鬼进入宇宙论体系，强化立场的合法性。庄子建立气化宇宙论与神仙存在的理论，以合理化社会边缘人的价值立场。儒家建立德性意志的天道论，以捍卫淑世价值观。

理论都是后来建构的，然而，宗教哲学辨正的时候，却是高入天道观、宇宙论来做争辩的。本来，儒、释、道三教辩争也主要是价值辩争的形态，但佛家却又更远离日常人性，根本上以舍离现实生命为方向，以出离世间为目标，甚至比庄子的否定社会体制还要走得更远，而其理由依据，则是此起彼灭的多重宇宙观，成住坏空的有限世界观，因果业报轮回的生死观，这些还是宇宙论的建构。甚至道教和佛教的争斗，比较法术的高下，神通役使的能力较劲，这些还是宇宙论的知识为基础的。也就是说，价值辨正的议题，从儒道墨法以及与佛教的争议，除了法家少论天道以外，儒、墨、道、佛都上升其说至天道观、宇宙论的理论建构上，于是义理的争辩变成宇宙论的争辩了。然而，宇宙论如何争辩？宇宙论根本上是经验的知识，感知到就是有，感知不到或感知不同就是没有，但是感官能力是随人不同的，感官能力又是可以经过训练而改变的，所以宇宙论的知识便是随人不同的，而宇宙论知识的开发以及相应的感官能力的开发又是来自原初的价值信念，因为信念，而开发实践，直至突破原有感官能力因而感知过去未能感知的经验，可以说，价值信念与宇宙论知识几乎是同时出现的伴随观念，这时就要区分只在此在世界的价值信念和具备它在世界的价值信念的两型，只在此在世界的价值信念决定于社会角色位阶而做的价值选择，具备它在世界观的哲学体系的价值信念得自于对世界实相的设想，设想至上神创造世界者见到上帝，设想多重世界观者见到它在世界存有者，设想轮回生命观者见到宿世经历，几乎成家的学派理论的设想都有经验的伴随感知而为证实，然后就在这样的世界观知识背景下合理化他们自己的价值信念，唯一会发生疑惑的，就是他教世界观及价值信念的存在，竟然与己有异，于是发言反对，进行辨正。

然而,不同感官经验能力所感知的世界观如何互相非议？如何说服别人？不同的价值立场源自不同的社会阶层以及角色认知,如何非议？如何说服？这种学派之间的冲突对立只是源自学派坚持者对他教的全貌所知不深以致以为的对立冲突。首先,就宇宙论而言,宇宙广大无涯,人类对宇宙的探问,恐怕都是瞎子摸象的结果,无穷的宇宙,肆应各种不同的探问方式与技巧,怎么探问就怎么有结果,随人自取,皆有所得,这样一来,各种不同的天道观、宇宙论都有其成立的缘由,却没有否定它说的权力,只是在大海里舀了几勺水以满足自己的需求而已,这是就宇宙论而言。

就价值信念而言,国君的需求与大臣的需求与百姓的需求当然各不相同,不同需求下的不同信念如何辩争？辩争的最终诉诸天道观、宇宙论,貌似客观的论辩,却因为宇宙论一样是主观选择开发实证的结果,因此也缺乏真正可以说服众人的客观基石。但为何要开发宇宙论呢？墨家与道家庄子的宇宙论都是来自远古的信仰,吸纳之以为自己的价值立场的合理化论据,佛教与道教的宇宙论就会伴随修行者的感官修炼而有更为真切的实感,因而亦更加地坚持己见,宇宙论与他们的价值立场是紧密关联不可分割的。墨家与庄子的宇宙论还可以说仍是将世界观知识与价值立场链接以为理论的一致,但道教与佛教的宇宙论就和它们的价值信念就是一体两面、内在一致、不可分割的同体结构。

为什么要有宇宙论？因为要合理化价值信念,作为理据,或是齐头并行,成为一套理论中的客观面与主观面的共生结构。然而,宇宙浩瀚,各家系统都能自证其说,自己说自己就好了,否定别人都没有合理性的基础,能把自己的理论建立清楚就很够了,重要的是实践上有其真实。至于学者,那就要通透各家,不为各家固执己见的辩争意见所限,了解这种因实践而开发创造的理论,就像运动场上的项目,每个项目都有绝对的规则及严格的训练指针,个人挑选不同项目成为高手,但不同项目之间却没有较劲的标准,无从比较,不可非议,互相欣赏即可。就像足球比赛有得分的规则,篮球比赛有得分的规则,哪一种规则才是最正确的呢？这样的问题是没有意义的,一切的比较也是没有意义的。唯一的意义就是头脑不清楚又有强烈的好胜心欲望的人,在满足他们自己的粗鲁的赢的情绪而已。

十五、小　结

在中华国学受到倡导之际,国学的智慧应该要被活化,但在活化的过程中又会出现价值的辩证的非议事件。本章之作,就是要终止向来三教辨正的心态,以为非有哪家才是最高明的不可,标榜自己贬抑它教,这样做的结果,一方面高举国学,另一方面又制造冲突,国学的好处未必发挥落实,对立的矛盾反生社会的阻碍。本章之作,以多元的视角,深入各家国学学派体系的观念细节,说明各自的妙用功能,并指出方法论上的相对多元主义立场,反对绝对的权威,大家共构智慧圆融的人生,各家皆能为人所用。只不过,能够使用各家国学智能的人,必定是充满了理想与使命感的人,因为要不断地淑世,所以会从初爻上升到二爻、三爻、四爻、五爻、六爻,作出各种服务,并且扮演各种角色,将入世的体系全部纯熟运用,待心境超越,便将进入出世的立场中,追求自己永恒的灵性慧命。以上,便是笔者多元视角的中华国学观。献给国人,以及献给哲学界。

第 八 章

中国生命哲学真理观的选择性问题①

一、前　言

　　在中国哲学现代化的进程中,有一些问题是属于创新的问题,也就是冯友兰所说的接着讲的问题,其中一项,就是针对中国哲学的特质去讨论它的真理观的问题。中国哲学向来都在自己的圈子内做三教辨正,但是谁也说服不了谁,然而,它们需要辨正吗? 能有结果吗? 本章即主张:因为世界观的不同,因为价值选择的不同,因为所面对问题的不同,所以不必辨正,也辨正不了。因此,应该要做的事情是理解及应用。本章之作,便是从应用面的选择性问题谈起,不是要作高下辨正意义的选择,而是要作应用意义的选择。如何在人生的场景中意识到问题,从而应用各家的智慧,协助解决问题,这才是本章研究的目的。本章主张,墨家为基层民众计,发出求救的呐喊,但无效,只好推出民间自救团体,结成会社,自己照顾自己,此一形态,迄今仍存于中华文化圈的民间社会中。儒家为管理者阶级,怀抱淑世情怀,等待就仕,发挥长才,是有理想有抱负的仁人志士,然社会艰险,多遭伤害,或者避之以成庄子逍遥自适的形态,所以庄子类型是儒者的一个必要时的好出路。假使爬上高层稍有机会,那就要用老子的弱者道之用的智慧,以生而不有、为而不恃、长而不宰的玄德,造福人民也为己积福。当君王需要自己的时候,法家的御下之术也必须是所使用的能力,才能保皇救国,但最终目

---

　　① 本章首次发表于 2016 年 11 月 26—27 日,原题:《三教会通中的选择性问题》,"中国文化的会通精神"第八届海峡两岸国学论坛,厦门筼筜书院主办。

的在行仁政、爱百姓,当危机解除,还是要回到仁义治国之道。以上,除了庄子不损人而利己以外,其他各家都是世间法的哲学,但人生尚有命运的困惑以及生死的恐惧,面对这些问题,儒家以使命感忽略之,庄子以否定社会评价否定之,且以不死神仙解决之,另有佛教以轮回业报正视之,并提出解决办法,可以说是解决终极人生问题的根本法宝,但佛教义理艰深,人不易解,选择与否就待因缘,关键是有出世的价值观,有它在世界的信仰,就此而言,宗教都只能分开选择,只有世间法的智慧,是可以悠游任运,碰到什么场景,就用什么法门。

三教辩争问题,固然是哲学史创造发展的重要动力,然而从方法论或知识论的角度,这是不可能成功的任务。笔者以为,儒、释、道三教有不同的理想关怀,不同的世界观认识,形成内部系统一致的严密理论,自圆其说皆已完成,他教的问难辩争都无法撼动教派内的信仰者,是以,处理三教问题,宜以相对真理的态度为之,理解各家的关怀,了解各家的智慧,运用各家的方法,成就各家的理想即可,各家之间,互相欣赏是最好,若要辩争,无由成功,关键是理想本来就是选择的结果,而世界观则是实践努力之后的开发,发现了这样的世界观之后,不可能再受到别教的影响,就算价值取向有所改变,也不能否定所已知的世界观。例如王阳明有道佛神通的知能之后,价值上仍走回儒家,但他也没有否定他自己的它在世界神通知能。梁漱溟早已入佛,为救国计,走上儒学之路,但他还是认为世界各国丰衣足食天下太平之后,人类终究要学习佛学①。因此,世界观无从否认彼此,价值上就只是尊重选择而已。那么,选择的问题就成了重要的问题,选择的问题有两层:第一,教派创立者的原始心灵;第二,学习中国文化的后学在日常生活上的运用。本章之作,将针对这两个层面的选择问题进行讨论,落实中国哲学真理观的选择性问题。

二、中国哲学真理观的问题意识

笔者进行中国哲学方法论的研究有年,已提出宇宙论、本体论、工夫论、

---

① 梁漱溟:《东西文化及其哲学》,台湾商务印书馆 2003 年版。

境界论的四方架构作为解释中国哲学学派理论的解释架构①,有效处理了各家理论如何严密地建构体系的问题,既然各家都有自圆其说的严密体系,则各家的辩难就不易进行,还有更重要的关键问题就是,各家都是自作价值选择,从而实践,并且开发相关的宇宙论知识,所以各家的辩论根本就是价值选择的争议,如此,如何能辩?庄子就明言:"是亦彼也,彼亦是也。彼亦一是非,此亦一是非,果且有彼是乎哉?果且无彼是乎哉?彼是莫得其偶,谓之道枢。枢始得其环中,以应无穷。是亦一无穷,非亦一无穷也。故曰莫若以明。"②笔者就是认定无从辩起,那么,研究中国哲学以及运用中国哲学的智慧就应该先从正确理解他们的价值选择开始,从而运用在相应的生活场景中,这就是选择性的问题。

笔者近期正展开中国哲学真理观的大量讨论,真理观的问题就是对于中国哲学作为一种实践哲学的形态,应该如何定位他们的真理性问题?这当然是和西方思辨哲学的知识论有其异趣之处,唯一相同的,就是理论建构中的系统性严密推演,这一部分,就在四方架构中可以解决了。然而,中国哲学的真理观问题还不止此,包括如何检证?如何选择?如何适用及应用?系统性及检证性及适用性问题,笔者都有专文进行讨论。本章,集中处理选择性问题。笔者认为,这是中国哲学研究朝向知识论问题意识发展的重要一步,唯知识论名相已定,为免无谓辨析,即以真理观问题为主题以讨论之,目前也有初步成果,且正在前进发展中,笔者的关切是,让中国哲学成为哲学讨论的主流项目之一,让中国哲学的特质被清楚认识,更让中国哲学的优点被现代人理解并进而运用。

三、教主的选择性问题

古来东方圣哲都是有大智慧、大心灵的人物,内心怀抱强大丰沛的理想,才可能促使他们开创学派,建立人生哲学的体系,这个强大的心灵力量

---

① 参见拙文:《中国哲学方法论》,台湾商务印书馆 2013 年版。

② 《庄子·齐物论》。

来自他们自己的生活经验以及信念,他们就是有淑世的理想,但理想亦决定于生活内涵,从生活经验中本来最为关切的面向找到解决之道,发为文字。其中,有入世的关怀,也有出世的关怀,关怀不同,哲学内涵就不同。入世的关怀中,有为百姓生活计,有为国家生存计。出世的关怀中,有为在世的逍遥计,有为永恒的生命计。所计虑之标的既然不同,则所提出的意见必然有别。于是,理解一个学派的功能,就是首先理解它的原始关怀,也就是教主的心灵所向。

东方哲学多为人生哲学,人生哲学就是追求人生理想的哲学,有理想才有追求,有追求才有哲学,有了哲学之后继续追求理想,自己追求,信徒追求,教内人追求,也提供世人一起追求。东方人生哲学都自认具有普世的价值,认为自己的真理观都是放之四海而皆准的,所以都会鼓励世人一起追求他们的理想。确实,理想都是普适的,但理想的内涵方向不同,不同的内涵各有道理,这个道理是什么? 为何值得追求? 且看各家的选择,以下论之。

四、儒家的创教心灵

儒家是入世的哲学,价值观怀取向在于人民百姓的生活,孔孟之人都是社会体制下关切民生的知识分子,学而优则仕,以专业政治管理人自居,为国家政策提出建议,乐于接受君王的邀请担任公职。对社会国家怀抱理想,淑世的情怀至死不悔。有机会实现理想则就任,没有机会实现理想就不必待在高位,因为这样太委屈自己的尊严,儒者要的是天爵,不是人爵①。儒者认为,只要做官,就是要爱护人民,就是要说服君王行仁政,人民过上良好的生活就是儒者立身的目标。所以,儒学是讲给所有体制内的官员干部听的,只有干部官员有淑世的理想,体制才会健全,人民才会幸福。

---

① 参见《孟子·告子篇》。

五、老子的创教心灵

老子哲学也是入世的哲学,特点在看轻人性的负面心态,好名、好利、好表现、见不得人好,所以老子知道要成就大事就必须满足小人的利益之心,给而不取,利益都给别人,就能守住自己的官位,以及发挥影响力,所以正好与儒家相辅相成。老子哲学就是领导者哲学,特别针对要做大事业的人物的智慧提醒,"宠利毋居人前,德业毋落人后"①,自己的修养以无为为要点,关键就是无私,无私才能站上位,无私才不会有灾难,无私才能实现理想,因此,是要有理想的人,才能使用老子的哲学。既然站上高位,就应该为民服务,积累福报,只要舍得利益都给别人,就能够永居高位,永远领导群众。所以老子的智慧是讲给有理想、要实现抱负的领导人听的,要正视人性的弱点,要放下自己的私利,才能成就大事。

六、庄子的创教心灵

庄子哲学起源于对社会的失望不满,既然没有一位国君是真心爱护人民的,国家体制的存在变成只是伤害人民的工具而已,人们应该追求的就是自己的自由,在个人兴趣的事务上追求技艺的最高境界,要是真能放下世俗的利益心,不以社会世俗的价值眼光评价自己,个人的生命就自由了。庄子是出世的哲学观,人生的理想不以世俗社会的成就来定位,生命的乐趣在于自己的兴趣上,所以庄子的心灵可以成就真正的艺术情怀,可以作为科学家、学者、练武功的人,可以在各种游戏场合上发光发亮,但不为满足世俗虚荣而作为,而是为了自己的快乐而已。庄子哲学的再发展,就成为神仙道教的形态,追求长生不死的神仙境界,天下事无动于心,一旦担任领袖,必定是放任无为的政治措施②。所以,庄子的哲学是讲给独立自由的人士听的,讲

---

① 《菜根谭》。

② 《庄子·应帝王》。

给不想待在官场的人听的,讲给追求个人技艺的人听的,放下名利之心,必可超凡人圣。

七、法家的创教心灵

本章主要讨论三教,但是,在入世法中,儒家和道家老子是入世的,道家庄子和佛教是出世的。出世的形态就是这两家,而入世的形态却还有墨家和法家,再多些,《易经》和《人物志》也是入世的,因此再补充一下法家和墨家,才可以更了解儒家和老子的形态。

法家追求国富兵强,就是为君王计,为国家计,处于战乱的时代,臣弑君、子弑父,大国兼并小国,强凌弱众暴寡,不为自己求生存也是不行的,一旦君位被篡,少不身死的,一旦国家被灭,全国遭殃。因此维护君位的安全以及国家的存在就是法家思考的问题。法家直接提出有效的领导管理技巧,赏罚二柄,重法、重术、重势的方略,并且告诫国君几十种亡国灭家、失位被戮的不当行径①,法家之言,事事依据历史的现实,指出亡国灭身的案例,提出富国强兵的策略,目的鲜明:救亡图存一事而已。治乱世用重典,显然不是虚言,阳儒阴法,也有它的道理,在国家组织危急的时候,不能没有法家重臣,不能没有强国政策。只是,当天下人平,百姓丰衣足食,则应追求教化,才是永恒治国之道。法家是唯组织目的的哲学思想,所以和现代企业的管理原则是一致的,只问功能贡献,不问个人修养,能速成效,但为长治久安计,绝对要讲仁义。所以,法家是解决危机的哲学,讲给身陷困境的企业和国家听的,直接就是董事长哲学、国君哲学。

八、墨家的创教心灵

墨家身处平民百姓生活之间,为平民发声,平民不需要礼乐典章,不需

---

① 《韩非子·亡征篇》。

要厚葬久丧,没有能力奢侈浪费,只需要尚贤尚同,只需要天志、明鬼①,所以,墨家是站在平民的立场,提出生活需求的呐喊,只不过,没有高层会听进去,因此,只好靠自己组织起来,成立人民自救会社。哪里有战争就去帮助弱国,哪里有饥荒就去赈灾救民。墨者个人从不站上国家体制的高位,永远以平民百姓的身份立身作为,而墨家的声音也从未被高层听进去,但墨家的组织在长远的中国历史中却不断以各种形式出现又转化。它既不受高层支持,它的基础便来自天志、明鬼,讲究有上天的意志,好仁恶不义,讲究有鬼神的存在,以赏善罚恶,透过宗教的形式,维系人心的安定,藉由组织的力量,自救救民。所以,墨家是讲给基层人民百姓听的哲学,加上宗教的信仰,抚慰人心,透过会社组织,照顾人民。诚哉伟矣,可歌可泣。但,这恰恰是反映了社会高层的不仁不义,所以才会有人民自救组织的出现。

九、佛教的创教心灵

佛教是出世的宗教,教义中有明确的它在世界观,要解决的问题是人的生死问题,想追求的是生而没有老病死的痛苦,原始佛教的修行理论做到了,阿罗汉即是这个境界。大乘佛教的修行理论只是加上了同时协助他人解脱痛苦、自度度人而最终成佛的意旨。当然,这个成佛的过程是有积极意义的,主体的智慧不断提升,从而创造无数的功德,助人向善趣佛。然而,所有的努力,仍是为了它在世界的永恒生命,虽然佛教认为这是生命最终真正的归趣,但对于没有这套世界观信仰的人而言,毕竟是出世的心态了。佛教认知到人生充满了痛苦与烦恼,痛苦皆因欲求不满而致,现实根本变动不已,欲望不能永远满足,世事皆无常,执着者自致苦痛,关键就是没有智慧,因此有种种烦恼。佛教用力在彻底解决人生的烦恼,藉由因果轮回业报的观念,让人们了解到命运的问题,以及死后的生命归趣的问题。可以说所面对的问题与前面入世主义的所有哲学理论都不相同。以此为生活的智慧指导时,除非真有信仰者,否则许多佛教的智慧运用都不能真正入心。所以,

---

① 《墨子·天志》《墨子·明鬼》。

佛教是针对所有的人的哲学,下自贩夫走卒,上至王公大人,都逃脱不了命运的困惑以及死亡的畏惧的问题,除非不去面对,若是要面对,就是佛教提供了答案。当然,一些西方的宗教也提供了答案,唯于中国哲学中,就是佛教谈得最彻底。因此,佛教不是哪一个社会阶级的哲学,而是所有人的人生的宗教,只因立意太高远,仍待有缘人。

十、一般人的选择性问题

儒、释、道三教的人生智慧都是普适的,面对所有的人的,但是,儒家多是管理阶级需要的,老子多是领导者需要的,庄子多是体制外的自由业者,墨家就是社会底层的百姓的哲学,法家就是最高领袖的哲学。这是因为,他们各自是解决特定问题的哲学,因此有些特定的人物角色适用之。佛教哲学则是不信则已,若是相信,那就是进入生活的所有面向都用得到的智慧,因为它只是一个简朴自我、自觉觉人的人生态度,不论角色为何,所向都在彼岸。那么,一般世俗中人在自己的人生场景中,应该如何选择呢?

笔者以为,选择性的问题有两个层次。其一为选择其中之一为终生的信念,一生追求之。其二为在日常生活中任意运用各家的智慧,随着场景的变化而为我所用。其实,入世法涉及生活的不同面向,除非把入世的学派当作宗教来信仰,否则在人生的不同阶层、面对不同的问题时,就应该随时取用相应的智慧来处理问题,也就是说,通通要选择,唯待适时而已。至于宗教,却是一家深入,难以与共,关键是它们都有它在世界的信仰,既是信仰,就无从改教。然而,问题是,世间法的哲学却常常被当作绝对的信仰而不可更改,例如:墨家有宗教天志、明鬼的观念,可以作为宗教来信仰之,墨家虽然不存于今,但民间社会种种有宗教信仰的教团比比皆是,它们就会是以自己的宗教作为终生奉行的圭臬,面对任何问题都以教内的意见为是,墨家可以说是有宗教信仰的入世主义哲学,这就跟现在所有华人民间宗教的形态是一样的,虽是入世的,却成为绝对的信念。至于儒家,本来也不是宗教,但也有人以宗教的态度来信奉它,这就又进入了只能一家深入的状态中,碰到什么事情都还是要依据教内的意见处理,这也是又绝对化了。老子、庄子当然也被宗教化,中国道教中就有太上老君和南华真人的神明位格,当他们被宗教化了以后,也就成为了绝对的信念了。

笔者以为,只要不宗教化之,入世主义的世间法哲学体系,都是随时可用的人生智慧,碰到什么问题就用什么智慧,这样,在人间世界的事物上,才会成为绝顶高手。至于出世的形态,或是被出世化了的入世哲学,如墨家、儒家、老子、庄子的哲学,一旦被宗教化了,那么选择的问题就变成了信仰归属的问题了,既然是信仰,那就看各人选择什么信仰了。此时,已经不能以功能需求而做选择考虑,因为它在世界的存在不可验证,相信什么就是什么,宗教,就是统包一切生活面向的皈依,对于任何生活事务都有指导性立场,否则,等于没有深信。

总结而言,对于此在世界的入世哲学,就在生活事件上,随时运用各家的智慧,这是最好的办法,关键就是如何理解自己目前的处境场景应该是哪家的智慧所对,理解了就运用它,若不理解,哪一家的智慧都用不上。各家的智慧都只面对一定的社会问题,总是以只有一套的入世哲学的智慧去处理人间世界的所有问题,这就是固执,也可以说就是食古不化,因为社会问题多元,而自己却招数不变,这样就无法肆应周全了。

对于有它在世界的宗教信仰者,没有选择性的建议,而只有个人的相信之路。至于此在世界的哲学体系,笔者的意见就是都是需要的,因此所谓的选择并非如宗教的选择般地只能有一家,而是以此时此刻的所需就选择来运用之而已。那么,如何理解此时此刻的场景呢?这就需要生活的经验与理解的智慧,以下,就是要来谈谈这个问题。基于讨论方便起见,所谓的场景是不断跳跃的,因此,笔者曾以《周易》六爻的时位逻辑,来做各家理论的应用处境,本章,将以此说为基础,亦即以人生的历程,由社会底层到高层的变化,结合各学派的理论,以为讨论的进路,由此出发,面对情境,转化运用,以求各家智慧的灵活运用。

十一、墨家的选择场景

墨家是社会基层百姓的哲学,一般人,当他们处于社会底层的时候,社会生存条件并不丰裕,有时甚至是艰困的,他们无力翻身,生活的好坏只能依赖社会的良莠,不得已留在此地,常有不如意的愁苦,但也无能摆脱。此时,一些民间自发的团体,倒是能够及时协助,有时加入宗教组织或民间会社,这时就是墨家的形态了。宗教组织或民间会社的差别只在有无鬼神的信仰而已,但都还算是有组织的团体,但是这些团体都和社会体制的正式位阶无关,而是民间自发的互助性组织,正式的体制如政府,如私人公司,非正式的体制如青帮、洪帮、五斗米道、白莲教。组织内也是会有阶层的高下之别,但这不是社会的正式体制的高下之别,没有进入这些组织的一般人民大众,是完全不会受到这些民间组织的体制阶层影响的,但任何人只要是生活在社会中,就一定逃脱不了国家社会机构体制的位阶高下的束缚。在这种社会底层的人们,固然有民间自救组织的去处,满足了一时安逸的需求,然而人们总有向上的意欲,一旦挣脱底层的身份,受到自己所属社会单位的重视,被赋予专责任务,或授以基层主管之职,人们就不会只守在这个会社的团体内了,而是会进入真正的真实的更大的社会体制内,扮演对社会有用的人的角色,如若其然,便是要以儒者自居了,也就是要用儒家的价值观以为应对进退的道理了。

十二、儒家的选择场景

儒家的价值观就是有一定专业能力的人进入社会体制的管理者阶层。首先,既要进入,就要有实力,就要走读书科举功名之路,然后学而优则仕。其次,既要管理,就要负责任,而且要把事情做好,做好之后,获得该有的荣誉,甚至额外的奖赏。其实,作为一个儒者是否是主管未必重要,重要的是有专职之责,不论位阶高下,只要有自己该做的事情,就认真尽力地去做,这就是儒者。但是,如果所任之事,因为长官的贪欲,不能专业地做好,儒者就要考虑辞官。如果因为同事的蛮横,无法做好,儒者就要接受考验。如果因为环境的恶劣,难以成事,儒者就要百忍以图成,这时候,儒者的处境就是遭受困难的挑战了,有困难就要克服,此时就是在做工夫,工夫做不成,儒者的考验也就不及格了。儒者就是有理想的专业人士,若是理想不能实现,从而屈从权势,依附权贵,放弃理念,那也不是儒者了。本章所做的讨论,是针对有理想的人士,对于传统优良中华文化中的各家学派,如何选择的问题,故而此项选择,必然是在几种不同的理想做法中的选择,若是放弃理想,甚至同流合污,那也就不必在本章中讨论了。

虽然儒者可以坚此百忍,但毕竟环境的恶劣不是主观的愿望可以改变的,若是遇上长官的蛮横、风俗的败坏,都使得自己不能成就任何福国利民的事业,甚至屡遭威逼恐吓,外无奥援,内已无力,那就放弃吧。但是虽然放弃服务社会,却不放弃自己的人生,人生还是要找出路,有理想的出路有两种:第一辟世,第二辟地。辟世就是整个时代都不行了,那就离开体制,"穷则独善其身,达则兼善天下"。这是孟子的路,还是做儒者,自己洁身自爱,行善积德,或著书立说,影响社会,或教育子弟,培养人才,也可以安身立命了。于是就变成为:"达则兼善天下,穷则兼善万世",孔子和孟子都因此流芳百世了。辟地就是转换体制,到别的国家、或别的公司、别的政党去发展,也许还有实现理想的机会,孟子书中的百里奚由虞至秦就是例子①。

十三、庄子形态的选择场景

在整个时代都不行的情况下,也另有庄子的路可走,在对社会整个失望之余,转向追求个人技艺的最高成就,而成为艺术家、科学家、文学家、气功师等,既保住了自己的纯真,又在智性的发展上满足了理想,活在一个人的世界里,成立个人工作室,终生自得其乐。当然,这就已非儒者性格了。因此,也有人自始即不走儒者之路,在社会基层生活之后,找到自己的兴趣,追求自己的理想,发展了自己的专业,有了自己的人生方向,建立了自己的生活形态,不受社会体制的束缚和制约,成了社会自由人,也活得十分惬意。而不是没有专技,事事受限于社会的好恶。自此以往,人生无限开阔、无限自在,再也不走回体制之路,而是进入一个人的世界、一个人的天下。人生至此,已有归属,不会患得患失,不会瞻前顾后,即使做了好事,"举世而誉

---

① 《孟子·万章上》。

之不加劝"①,社会的荣誉是儒者的向往,但已不是庄子这种出世主义者的心愿。就其作为出世主义的哲学立场而言,人生就定在此处了,不会再变,也不需要变,若是会变,就是逍遥的价值观不够彻底。

然而,还有一种类型,那就是虽然暂时过着遗世独立、自求多福的日子,不与当道苟合,但是,若碰到了好的领导,又有了淑世的机会,还是愿意出世就任,这就是儒者的理想仍在,那就去做吧,再不行再退回来就好。总之,不会为了五斗米而折腰,不会加入为恶集团,只求独善其身,也算是儒者暂时做了庄子,但是,这却是非常重要的一环,是让儒者摆脱杀身成仁、舍生取义的死路。此处笔者不是在说战争时期国破家亡时刻的牺牲,这种牺牲对儒者而言通常是必要的。此处是指对于政道不清痛心疾首后的自残,如屈原,这种牺牲是不必要的。所以,每个儒者的心中都还要住着一位庄子,在事不可为的时候知所进退,不能则止,不必冲撞,以致伤己,只要不同流合污就好。退下来自我逍遥,还有很多可以做的事情,还有家人要照顾,还有子弟要教育,无须牺牲,关键是,绝不加入为恶集团,杀一不辜得天下不为也,这就是守住了儒者的气节了。

在这个意义而言,儒者就是一切有理想的知识分子的基本型,除非是天生庄子性格,已经走上出世主义、个人主义之途,否则,事不可为之时独善其身,学习庄子的潇洒,才能自得其处,不致灰心丧志。

总之,天生庄子性格者就一路做庄子,不必另做选择。天生儒者性格者就在事不可为时做庄子,有机会再出仕,没机会就追求自己的人生就好。这时候,只要不选择堕落与为恶,都是有了出路,都是上策。

十四、老子智慧的选择场景

儒者从基层受到重用而担任职务,经历了种种艰难,逐渐爬升高层,担任重要职务,此时,应该是大展宏图的时刻,然而,愈是到了高层,人们的嗜欲就愈深,位高权重者,权力斗争更为激烈,一句话,就是为了私利,而非为

---

① 《庄子·逍遥游》。

了公益。于是，儒者处此，十分难堪，如何与权臣、小人周旋，以保住官位，并且为人民百姓实做实事，成了人际能力的巨大挑战。对此，老子提供了智慧，关键就是，利益让与人得，事业自己来做，此即"无为"思维的要旨。无为即无私心，"损之又损以至无为①"，就是不断减少自己为私利而争夺的欲望，人在高位，权大势大，各种利益，纷纷上门，然为公事者，为公不为私，虽不为私，私利纷来，虽有私利，人亦欲之，于是本来是为公家做事、为人民谋福的舞台，却成了权门巨室彼此争斗的现场，儒者还能有所作为吗？通常，性格耿直的儒者，要不就展开剧烈争斗，一旦杀红了眼，也不顾手段了，则儒已不儒。要不，就是辞官他去，让出权位，潇洒自己，成为庄子的类型。若是还留在原地，却志未能伸，但仍苟活，以待时机，这当然也是坚忍的儒者类型，但也很有可能因此消磨了志气，最终与邪恶妥协，则儒又不儒了。若是又要留在岗位，又不愿意委屈自己，希望理想能够伸张，那就只有老子的智慧能够对应得了，那就是，给而不取，是凡利益皆送与人，是凡事业都自己做，功劳推给君王，权力与权臣分享，利益给部属，创造出来的资源给百姓，如此必然天下共推之，他可以永居高位，永远有事情可以做，不断有机会为百姓做事，既保住高位，又不与人争斗，又能利益人民，岂非最佳策略。

为什么高层多小人权臣呢？关键还是领袖的欲望，领袖没有私欲，便是"易事而难悦②"，领袖有私欲，便是"难事而易悦"，小人最会取悦，"悦之虽不以道，悦也"。龙心大悦，岂不高官厚禄到手，这就是为什么高层多权臣小人之故，所以大事常不可为，或有可为，则坚忍为之，利益让人，事业我做，这就是道家老子的理解。人性多不堪，高位需周旋，虽然，有时就会"大权似奸而有功③"。若是即便百忍亦无法图成，那就还是得算了，毕竟儒者要的是天爵，而非人爵，委屈待在高位，只为理想，若是邪恶势力过大，没有可为，也不必委屈了，就辞官他去吧，这就是孟子的做法。只是，若在此时，尚有可以选择的道路，除非国君已然残暴，除非小人已然全面控制政局，否则，

---

① 《老子·第四十八章》。
② 《论语·子路第十三》。
③ 《人物志·第九章·八观》。

选择老子式的"生而不有""给而不取"的智慧,还是可以有些作为的。所以,老子的智慧仍是要预设儒家的理想,没有理想,一心求高位,一味让利权臣小人,其实还是为了自己的私利,并非真正无为,无为就是不为自己私利而为,只有为了公益而为。这不是儒者是什么呢? 没有了这个立场,只懂得与小人周旋,仍只是贪图自己的私利而已,便是《人物志》中的"智意"之人。

最后,可为就继续为之,这就有了造福百姓、增进福报的机会。若不可为,也有两种选择,其一是自己退出,这是温和的做法,"爵位不宜太盛,太盛则危"①。另一种则是选择激烈的做法,那便是革命,但这必须是君王已经暴虐无道,而且就连宗室王族也已无法忍受不愿支持之下,才有可能为之,如文王之时,就仍需忍下退下,直至武王之际,才可能行动。革命,亦是儒者的承担选择之一,革命成功,就改善百姓的生活,造福更大的群众,可以是最大的功业。然而,以国君的身份行为,所要面对的问题又不同了。大臣之位选择老子智慧,顶多不可为就退下,说不定利益让出之后就可为了。但是君王之位则不然,大臣尚与权臣共舞,君王就要分封大臣,那么,如何知人识人用人? 这就需要《人物志》了。又,君王需要有高度的智慧以理解大臣所提出的政策意见,若不能理解,又如何能用人用政策呢? 用对了人之后,大臣功大誉广,君王有无容人之量? 这又是新的问题。关键就是,有没有为百姓谋利之计。有行仁政、爱百姓之心的君王是圣王,如尧得舜、舜得禹,就是要得贤人以协助治国,而不忌妒功劳,甚至,让与其国,尧禅舜、舜禅禹。然而,这是不容易的。所以孟子在赞誉舜的德性的时候最重要的除了孝顺之外,就是舜好善、好察尔言,只要有人才就去请益,并且重用之,能得如此,才成大功于天下,却也同时永保了君位。但是,世袭制君王就不同了,君位来自宗室,在王子中抢得先机就能成为君王,成为君王的能力来自斗争,而不是来自爱人民爱百姓的理想,因此居位之后,想的多是自己的欲望,于是小人围绕,君乐无比,权力却逐渐转移,甚至被夺权身死。

由此看来,君王之位成了最重要的目的,此时就需要法家。

---

① 《菜根谭》。

十五、法家的选择场景

行仁政的君王周围必是贤人围绕，这便是儒者站上高位的时候，儒者乃专业政治管理人，并非统治者阶级，想的不是自己做君王，而是协助君王管理国家，因此不会篡位夺权、谋逆弑主，君位因此十分安稳。但是，一旦君王不行仁政、不爱百姓、只重私欲，小人便上高位，资源广大之后变成权臣，权臣便会弑主，于是国君多危难。国君治国无能，国家安危堪虑，敌国入侵，国家灭亡。法家于此时诞生，为了国不灭亡，想要富国强兵，为了富国强兵，必须巩固君权，于是重赏罚二柄，提法术势三策，君位得以稳固，才会有国家的强大。然而，法家策术故佳，却必须有相应的个性、意志、才干的领袖才能做到，并且，国君的角色并非只是为了自己的王位，而是以君王的身份照顾天下人民，儒家永远认为天下是人民的天下，"天听自我民听，天视自我民视"①，"闻诛一夫纣矣，未闻弑君也"②，墨家也认为君王应该好仁恶不义，因为尚有天志，天志好仁恶不义，不行天志必遭天罚。庄子根本就认为国君没有一个好东西，所以辟世独立了。因此，君王必须认识清楚，君位是为百姓谋福而有的，不是为自己的利益而担当的，若为己利，君位人人可夺，上下交征利，君杀臣、臣弑君就在所难免了，因此法家策术固然可为，但那只是为了对付战乱权臣之用，在天下太平之后，礼乐治国才是常道，法就隐在后面了，阳儒阴法。"导之以德，齐之以礼，有耻且格。导之以政，齐之以刑，民免而无耻。③"法家绝对必要，是因为有儒者的仁德胸怀，愿为救国谋计而不得已的手段，当国家安全已得，当君王身边多贤臣，就应以仁义治国，否则老子都说过："太上不知有之，其次亲而誉之，其次畏之，其次侮之。④"畏之就是这种法家形态的领导人，被人民臣下畏惧，畏惧便无爱敬，无爱敬则当君王失势，必无人救，甚至落井下石。

---

① 《孟子·万章篇》。
② 《孟子·梁惠王下》。
③ 《论语·为政第三》。
④ 《老子·第十七章》。

以上，墨家的思考是处理下层百姓的生活，儒家的思考是处理管理阶层的生活，老子的思考是处理高官大臣的生活，庄子的思考是处理独立自由业者的生活，甚至君王领袖的安危也有法家为其思考，那么，人生的问题是否完全解决了呢？绝非如此，从小到老，下自基层百姓，上至君王大臣，无人不有命运的困惑，命运如何理解？如何面对？这真是大哉问矣。对于这个问题，儒家、道家庄子和佛教都有所面对，但是只有佛教彻底讨论，并提出可以处理的办法，这就进入佛教的课题了。佛教的课题还有生死的问题，史上所有的宗教都有死后生命的主张，佛教亦然，并且将死后生命的去向问题和命运形成的问题联结起来，成为同一套理论下的核心内涵。总之，儒、墨、老、法各家，都是入世的哲学，此世的哲学，它们固然解决了此世生活的种种问题，但就是没有能够说明命运和生死的问题，这也正是表示了佛教是一套永恒哲学的特质，追求彼岸永恒的理想，解决生老病死的人生最终最大问题，而非生活在世间的温饱、公理、正义等问题。

十六、佛教的选择场景

佛教是人的宗教，协助处理人生的所有问题，所谓所有的问题，指的是面对所有的问题采取价值的立场，有了最高价值，处置起来就明确了。然而，儒家、墨家、道家、法家亦莫不以为自己的学说就是普世的理论，自己的价值就是所有的人的人生的终极价值，其实不然。笔者不断申说，入世法的种种意见，都是世间事的处理对策，淑世理想诚固其然，否则也不必再深入学习了，世间法的智慧确实只能是面对特定的世间问题而设想的做法，孟子说"君子无一朝之患，而有终身之忧"①，前者是个人私利问题，后者是国家公益问题。终身之忧虽谈不上烦恼，但儒者有烦恼的不少，至少是忧心，佛教是追求无烦恼的哲学，成佛就是成就无上正等正觉，关键在于佛教认为早已解决了人生的根本问题，那就是生命的起源以及来去的问题，它透过轮回观、因果业报观、十法界观、三界世界观等，说完了现象世界和生命来去的宇

---

① 《孟子·离娄下》。

宙论问题,世人信不信是一回事,它的理论内涵就是这样的形态。既然生命是如此来去,终极成佛,则生命历程中的一切过往都只是暂时的现象,藉由这些历程去上升净化,或下降浊化,完全唯人自取,但有坚定的信仰者,不论在家出家,终究是以永恒彼岸为生命的终趣,这样就放下了忧患意识,放下了执着烦恼,放下了欲望奔逐,一心净化其意、自净其心,自觉觉人、自度度人,不论所处何位,底层百姓也好、中层干部也好、高层人士也好、帝王将相也好,人人都有放不下的忧虑,人人都有求不得、爱别离、怨憎会的烦恼,而佛教的生命观,恰能对治这一切的烦恼,关键就是信不信而已,以及信得诚不诚而已。

然而,佛教理论艰深,佛教中人都争辩得没完没了,儒道人士亦与之争,没有它在世界信念的普罗大众亦不愿相信,因此无法强求于人,只能随缘,虽然随缘,佛教中有菩萨道,行菩萨道者就是主动救度有情的修行者,为"不请之友"①,不论自己现在境界为何,总是自度度人、自觉觉人,做个"不请之友",包括现代佛教的人间佛教口号,就是这样的立场。总之,就是佛教中人主张主动宣教、弘法利生,进入社会大众各个阶层,与人说法布施,因此与世人多有接触。而这,就产生了选择的问题。要选择墨家节用、薄葬、非乐?要选择儒家服务的人生观?要选择庄子独善其身?要选择老子忍辱负重?要选择法家严刑重罚?还是要选择佛教?选择佛教又有两型,阿罗汉自度?还是菩萨道自度度人?不过,今日世界上的佛教,阿罗汉自度已非主流,小乘地区的佛教亦行度人教化之功,但无论如何,总是出世的宗教。只是社会体制非其终趣,人心的解脱才是目标,不论自己位阶如何?不论他人位阶如何?都是要自净其意、解脱烦恼、智慧化众的。就是在这个意义下,佛教是所有的人都有机会用到的宗教哲学理论,是对所有的人都有用的处事智慧,并不是佛教能解决所有的人世间的问题,而是它的智能形态能让所有的世间问题变成不是问题,这都只是种种因缘以及业力的来往事件而已,随顺就好了,一方面对坏事随顺而不增益它,另一方面就对好事功德积极从事,但问增善缘,不问现象好坏,好坏随它,心中就没有烦恼了,并不是

---

① 《维摩诘经·佛国品第一》。

闭上眼睛不看的烦恼,而是知道一切事件的来去因果而不再去攀缘它而已,在这样的态度下,便可肆应一切时空历史政治社会的所有问题,就只是用一个般若智与菩提心就可以了。

要不要选择佛教呢?随缘吧,随个人智慧体悟而选择,只是,佛教中人会做"不请之友"主动结缘而已。世人多少是相信的,唯入世之心炽烈,总想在世间法中多得到什么,始终不能真正放下,放下就是尽人事知天命,既不能放下,所以就还是烦恼不断。有烦恼当然就是没有达到最高境界,没有超凡入圣。然而,选择放下谈何容易,相信因果业报轮回是不难,但就是还是执着不已,生命中的执着项目太多,小人欲望执着不计,就算是君子圣贤这些有理想的人物,一样是执着不已。不为权却为名,不为利却为情,不为己却为人,种种执着纠缠不已,人生不满百,常怀千岁忧,此诚其言。佛教就是追求断尽烦恼的哲学,藉由此起彼灭的它在多重世界观,以及因果业报的轮回生命观,彻尽生命底蕴真相,提供自在平静的智慧,观一切缘起不爽,虽主动结缘传教,但仍不强求信仰。因此,人们选择也好,不选择也好,一切也都是因缘。

十七、小 结

本章之作,藉由儒、释、道三教辩争的议题开展,转入三教会通的立场,提出选择的议题,选择只是场景的变换之需,场景改变,智虑必变,关键是,世间法本来就变换不已,不必以一招应万变,儒、道、墨法各家本来就是面对不同问题扮演不同角色时的智慧所虑,问题的改变,其实是场景改变了,时空改变了,位阶改变了,既然如此,方案就要调整。虽然要调整,笔者还是主张,世间法的基础还在儒家,儒家就是一切有理想有抱负的知识分子的基本形态,选择是选择在淑世的目标上的选择,至少是不损人而利己的选择,若是损人利己,那也不必谈哲学学派的价值了。以儒家为有理想有能力的人的基础形态,而不是墨家,墨家所照顾的底层人民儒家就是要照顾的,但是有理想有能力的人就是要出来做管理者的,是要入仕的,只不过,时势不可为时,要能够接受庄子的潇洒,一旦稍有可为,一定要有老子的"弱者道之用"的智能,"成功立业者,多虚圆之士"①。儒者不是统治者,但也需要为统治者计,这时候法家的计策是有效的,只是不能只此一味。人生的问题有世间法的也有出世间法的,对于一生的命运,只有超出此世才能看清,对于死后的生命,只有宗教才有知见。这两点,不是世间法的哲学可以对付的,但却是人生永恒的问题,佛教对付之。所以,不意识及此者就不谈,一旦意识及此,应向佛教取法。

本章讨论选择性的问题,不是要讨论人们应该选择哪一家作为终生的信念,而是要明讲世间法都是有用的,碰到了就要用,用对了就对了。至于出世间法,涉及它在世界观,随人信仰,无从强求,只是,真伪之辨要讲究而已。

人都是世间人,真能出世者少,既然在世间,就儒、道、墨、法都拿来运用吧,只要你有足够的能力,只要你有丰沛的理想,你什么都得学,什么都得会的。

---

　　① 《菜根谭》。

第 九 章

中国生命哲学中的自由与命定论[①]

一、前 言

谈中国生命哲学的真理观问题,就要落实在系统性、检证性、适用性及选择性的问题上,一旦选择性问题也解决了,中国生命哲学就可以任由识者撷取运用了。此时,再回头来针对各家的特质,进行检视,即是说明中国生命哲学主要流派的生命出路,生命都是有限的,然而儒、释、道各家却都在有限的生命现象中找到自由的出路,这就是作为实践哲学、人生哲学、价值哲学的中国生命哲学的特质所在,也是中国生命哲学对人类文明特有的贡献。

本章谈中国哲学中的自由与命定论的问题,主张儒、释、道三教都有命定论的立场,但这只是对生命存在困境的现象有所认识而已,更重要的是,三教都有理想的追求,因而为生命找到出路,从而获得了自由。三教命定论,儒道两家是无因说,儒家以社会实践为理想,而有了自由的出路。庄子则是以个人生命境界的提升,而找到自由的出路。佛教是有因说,即是业力因果,既知其因,则知对治之方,一样可以超脱命限。三教都不受命运限制,关键在做工夫以求超越,若没有工夫的配合,则任何人都只能受命限的束缚了。

"自由与命定论"这个议题直接对准人类生命的命运问题,到底人类有没有固定的命运? 若有,它是如何形成的? 以及人类自己可以主宰这个形成的

① 本章为笔者于 2015 年 9 月 12 日,发表之专文:《中国哲学中的自由与命定论》,"嵩山论坛,华夏文明与世界文明的对话:和而不同,共建人类命运共同体"(Spiritul Humanism and the Living Community of Humankind),中国国际文化交流中心、北京大学高等人文研究院、河南省华夏历史文明传承创新基金会主办。本文近期内将正式发表于台湾大学生命教育研究中心主办之《生命教育》研究期刊。

原因吗? 若无,是否人类全然是自由的? 若是,自由即无界限吗? 又,中西文明史上充斥着数不尽的算命和预测技术,信者众多,不信者亦恒不信,那么,命运真的可以测知吗? 而人们应该如何理性地面对这个现象呢? 这些问题,几乎是自有文明以来,所有有理性的人都会探问的问题,也正是因此,在中西所有重要的哲学理论以及思想学派中,从不缺乏对这个问题的讨论。当然,问题多元,而答案更是分歧。此一主题即是要面对这个问题,撰文申论。阐释笔者的研究观点,解读传统宗教哲学理论体系里对于此一问题的意旨,以便协助人们正确地看待生命中的许多奥秘现象,从而走出人生的康庄大道。

从中国哲学角度而言,以儒学来说,朱熹的理论可为典范,气性生命都是命定的,但德性生命都是自由的。朱熹以其理气论系统,针对贵贱、贫富、寿夭的气禀所受,主张任何人都受到先天的气禀限制,无可改变。但是,就每个人也都禀受天地之性而言,人们在智愚、贤不肖的气禀差异下,只要愿意做道德追求,则是人人可为尧舜①。当然,气量有别,意思是说有大圣人之量,也有君子之量,也有匹夫匹妇之量,但都是纯善的。这又为王阳明的"成色分两"说所继承与发挥的②。

---

① 参见拙著:《南宋儒学》,第六章"朱熹形上学的建构"之"六、个别人存有者的存有论及本体论系统",台湾商务印书馆 2010 年版。

② 参见阳明言:"圣人之所以为圣,只是其心纯乎天理而无人欲之杂;犹精金之所以为精,但以其成色足而无铜铅之杂也。人到纯乎天理方是圣,金到足色方是精。然圣人之才力,亦有大小不同;犹金之分两有轻重。尧、舜犹万镒,文王、孔子犹九千镒,禹、汤、武王犹七八千镒,伯夷、伊尹犹四五千镒。才力不同,而纯乎天理则同,皆可谓之圣人;犹分两虽不同,而足色则同,皆可谓之精金。以五千镒者而入于万镒之中,其足色同也;以夷、尹而厕之尧、孔之间,其纯乎天理同也。盖所以为精金者,在足色,而不在分两,所以为圣者,在纯乎天理,而不在才力也。故虽凡人而肯为学,使此心纯乎天理,则亦可为圣人;犹一两之金比之万镒,分两虽悬绝,而其到足色处,可以无愧。故曰'人皆可以为尧、舜'者以此。学者学圣人,不过是去人欲而存天理耳。犹炼金而求其足色,金之成色所争不多,则锻炼之工省而功易成,成色愈下,则锻炼愈难。人之气质清浊粹驳,有中人以上、中人以下,其于道,有生知安行,学知利行,其下者必须人一己百,人十己千,及其成功则一。后世不知作圣之本是纯乎天理,却专去知识、才能上求圣人,以为圣人无所不知,无所不能,我须是将圣人许多知识、才能逐一理会始得;故不务去天理上着工夫,徒弊精竭力,从册子上钻研、名物上考索、形迹上比拟;知识愈广而人欲愈滋,才力愈多而天理愈蔽;正如见人有万镒精金,不务锻炼成色,求无愧于彼之精纯,而乃妄希分两,务同彼之万镒,锡、铅、铜、铁杂然而投,分两愈增而成色愈下,既其梢末,无复有金矣。"(《传习录·上》)

依道家言,应以庄子为代表,关键是庄子正面面对这个问题且有系统性主张,老子及列子的讨论都不及此。对庄子而言,气化生命亦是先天受限制的,无可逃脱,但重要的是,世俗的气命都是没有目的性的,不必在乎,真正应该追求的是生命的自由,而自由是以与造化者游为目标,其义最高是成仙,至少是人间自由自在的智者,重点在追求自己的心境愉悦舒适,而不是耽溺于世俗名利权势中。

就佛学言,因果业报轮回是其生命哲学的根本,生命受到业力的牵染,势必受报,但业力形成于自己,故而不能说是命定的,且一旦在轮回中新生,即拥有一生的时光可以自由地造新业,故而又是绝对的自由论。至于真正的自由,并不是可以自造善恶的意思,而是智慧地生活,自助又助人,展开积极光明的生命,解脱痛苦与烦恼,并且救度众生。可见,自由与命定论的问题,在中国哲学史上已有十分深刻的各家定见,本章之作,首在申明这些理论意旨,并适作三教比较,从而提出应用的观点。

二、自由与命定论问题意识释义

论自由,可有很多面向,本章要讨论的,是在中国哲学领域中,关于生命的意义与人生的艰难部分,研究中国哲学各学派中,如何建构生命的理想,以突破各种的生命困境,从而找到生命的自由? 生命不是没有困境的,但那是命运的限制? 还是社会的历史现象所造成的? 还是只是自己的生活方式不恰当所致? 依据笔者的了解,中国儒、释、道三学,都有对于生命是会受到命运的限制的观点,至于历史的影响,也包括在个人命运的限制中被理解,而个人生活方式不恰当的影响,则是属于如何突破命运限制下要讨论的议题,归根结底,儒、释、道三教都说了生命艰困的原因,其中都有一定程度的命定论色彩,然而,作为人生哲学的中国儒、释、道三学,正是要在人生的艰苦中,找到生命的意义与应该追求的理想,从而建立自主的人生,于是有了自由的宗旨。因此,命限还是存在,原因各家说法不同,自由则是共有的理念,但是各家的终极自由依然不同,于是有儒、释、道三教对于此一议题的同异辨正,十分精彩。

第九章 中国生命哲学中的自由与命定论

对于本问题的讨论,首先要从命运限制的问题开始,也就是生命的艰难面之所以形成的原因说起,这一部分的讨论,基本上就是要进入各家的宇宙论哲学中去认识,宇宙论说明生命形成的原因,因此可以对准个别人生的命运好坏问题。但是中国儒、释、道三学,讲宇宙论不只是为了说明现象世界及个人生命之形成,说这些的日的还是追求人生的理想,而人生的理想正是本体论的议题①,把意义与价值弄清楚,怎么追求就是工夫论的课题了,儒释道三教都有本体论也有工夫论,做了工夫达到境界,就是生命意义的完成,自由就在这里讲了。所以自由与命定论的问题,就在儒、释、道三教的宇宙论、本体论、工夫论、境界论中可以被说清楚②。

关于命定论与宇宙论的关系的问题,是因为命定论是关于命运的理论,在其中而主张有命定论的立场者,当然也有主张没有命定论的立场者,而针对这个问题的讨论,就会落实在生命形成的原因中去讨论,这就进入宇宙论的问题里,中国哲学谈人生问题,必然会有对于生命形成的原因的探究,并且在此处说明生命的真相,艰困并非必然,只是命限确实有之,于是各家宇宙论针对之而论述之。由于中国哲学都是要追求人生的理想,培养理想完美的人格,于是命限只是作为理想实践时的背景理解,基本上没有突破不了的命限,问题只是方向在哪里? 若不能正确认识人生的理想,则永远受限于命运,若能知道生命真正的意义,向理想处追求,生命的自由于焉展现。

虽然如此,三教的世界观宇宙论和价值理想各不相同,以下,笔者要将讨论三教的自由与命定论问题的主要材料对象稍作规范,以免讨论泛而无

---

① 本体论、存有论、形上学这三个哲学概念通常会被混在一起使用,若是讨论西方哲学,这没什么问题,关键都是谈论终极实体的存有定位的问题。但在中国哲学的文字使用中,本体是本来就有的词汇,主要谈天道实相等价值意识问题,因受西方哲学影响,当代中国哲学界对于本体有无实体义亦进行了讨论,但这样的讨论也会以存有论问题定位之,于是存有论便和本体论混合着使用,两词都是形上学问题。笔者于中国哲学的讨论中,便将两词分开使用,本体论谈意义与价值,是传统的本体工夫的用法,存有论谈实体、谈概念范畴,是沟通了西方哲学的讨论。价值理想因此就在天道实相中谈,而这就是本文本体论概念的使用意义。参见拙著:《中国哲学方法论》,台湾商务印书馆 2013 年版。

② 关于宇宙论、本体论、工夫论、境界论的四方架构之概念意旨与理论功能,请参见拙著:《中国哲学方法论》,台湾商务印书馆 2013 年版。

边,因为这是一个大的题目,若不能适度限缩,各家都有十分烦琐而细节的线索,则意见宗旨便无法定准。

首先就儒学而言,自孔子定下"未知生焉知死""未能事人焉能事鬼"的基调以后,儒家就是站在经验现实世界的立场,追求天下太平的理想,于是命运的问题,便是人在世界形成的结果,就此而言,孔、孟仅论及有命,更重要的是说明理想,也就是使命,使命实现之则获自由。于是对儒家而言,讨论自由与命定论的问题,就在于如何说明命限?以及如何做工夫以化消命限、达成理想的讨论中。这些讨论,从孟子、到中庸,到宋明儒学都有讨论,而最后在宋明儒学中达到儒学立场的理论高峰,因此,宋明儒学的著作将是本章说明儒家自由与命定论意旨的核心材料。

其次就道家而言,《老子》五千言,言简意深,但是问题意识较为集中,且并不主要涉及个人生命限制问题,而是针对领导者的管理智慧,甚至,其说能与儒家意旨相通。因此,讨论道家的自由与命定论问题,要另寻他人。笔者以为,能代表道家别异儒家的系统,当推庄子。庄子菲薄孔子,价值立场有别,且对宇宙论问题说之甚详,对生命的形成来去,有明确宗旨,更有强烈的命定论色彩,却在此基础上要追求个人的绝对自由,自由与命定论的冲突在庄子哲学内部即是张力甚显,本章将主要以庄子哲学为谈道家自由与命定论问题的哲学系统。

佛教哲学,本来就是建立在因果业报轮回的理论中,可以说命定论是其根本立场,但是因为有轮回观之故,不断地轮回的生命本身就是全新的机会的给予,因此生命也是自由的,加上业力之说,佛教哲学竟将自由与命定论完全地吸收融合为一套生命理论中共有的质素。佛教固有原始佛教、大乘佛教的发展,但是这一套宇宙论生命观是没有更动的,所以大小乘佛教的材料都是共同可用的核心素材。

最后,本章所使用的自由与命定论的概念,是在传统中国哲学的讨论下的使用,并未涉及西方哲学对于人类自由意志问题的探讨,这是因为,传统中国哲学的根本问题重在人生理想的追求,儒、释、道三家都是,人的意志自由始终是受到肯定的,但有命运的限制又是共同看到的事实,为追求理想,定要突破限制,理想达成,限制就不存在了,自由获得伸张。始终不是正面面对人类有无自由意志的问题,而是人类生命有无价值理想的出路问题,突破的是命限。因此,本章使用的命定论概念,也是指得命运的限制性一事,而不是机械式的命定论主义的立场,因此,自由与命定论的冲突便可以消解,关键就是此处的命定论讲的是命运限制性,而自由讲的是生命的出路,出路在理想,理想即是本体论的观念内涵。至于命运的限制,寿夭、美丑、智愚、贤不肖就是所论,另外,社会历史的条件也是限制命运的要点,《论语》就讲辟世、辟地、辟色、辟言之说①,这都是造成命运的背景,也是对生命的限制。不论是个人气禀之限制,还是时代环境的限制,命限之形成,有没有原因? 这在三教中是有不同的知识立场的。

三、儒家以使命化解命运的立场

以下,本章先讨论先秦儒学的立场,之后再进行对宋明儒者的问题与主张之解析。首先,对于儒者而言,他们最关心的问题就是如何建立理想的家国天下,但是现实常常是很不令人满意的,为求天下的理想,需要出仕服务,但又未必能有职务,自己的家庭生活都未必顾得好了又如何治理天下? 这就引发了对于命运的感叹,《论语》中就有如下的说法:

> 哀公问:"弟子孰为好学?"孔子对曰:"有颜回者好学,不迁怒,不贰过。不幸短命死矣! 今也则亡,未闻好学者也。"②
>
> 伯牛有疾,子问之,自牖执其手,曰:"亡之,命矣夫! 斯人也而有斯疾也! 斯人也而有斯疾也!"③

颜回早死,孔子说他短命,这就是命限。伯牛生病了,孔子也说这是命。这是针对生死年龄以及身体健康问题的命限之知。此外,针对能力高下也

---

① 参见《论语》:"子曰:贤者辟世,其次辟地,其次辟色,其次辟言。"(《论语·宪问第十四》)
② 《四书读本·论语·雍也》。
③ 《四书读本·论语·雍也》。

有命限的认知。参见：

> 子曰："中人以上，可以语上也；中人以下，不可以语上也。"①
> 孔子曰："生而知之者，上也；学而知之者，次也；困而学之，又其次也；困而不学，民斯为下矣。"②

说人的资赋有中人以上或中人以下，这是对人的能力的命限的认识。说人有生而知之、学而知之、困而学之的差别，这当然也是对命限能力的认知。然而，人在能力上有命限的差别，这是经验上的事实，人人皆知，至于理论上是否命限不可改？以及命限如何形成？这都没有讨论。面对命限的问题，孔子更多的是谈君子应有的作为，也就是对天命的理解与使命的追求，其言：

> 不知命，无以为君子也。不知礼，无以立也。不知言，无以知人也。③
> 孔子曰："君子有三畏：畏天命，畏大人，畏圣人之言。小人不知天命而不畏也，狎大人，侮圣人之言。"④

"不知命"的命，应该指的不是人的寿命能力的命限，而是天命与使命，即是第二句的"畏天命"之义。由此看来，在孔子所关心的自由与命定论的问题中，命限当然是有的，但是否深入到命定论则谈不上，只能说是一般经验之谈。若是要指出命定论，则需要对命运的形成有一套理论的说明，并且要对如何改变命运？或根本不能改变命运的问题，作出明确的讨论意见。因此，在孔子而言，命定论谈不上，但自由则有明确指向，那就是天命。命定论立场固然是相对于自由论的立场，但是，儒家也好，道佛也好，都没有停止

---

① 《四书读本·论语·雍也》。
② 《四书读本·论语·季氏》。
③ 《四书读本·论语·尧曰》。
④ 《四书读本·论语·季氏》。

在命定论的立场中,就算有命定论的立场,也是要指出生命的出路,出路找到了,生命就挺立了,也就是有了自由。儒、释、道三教的自由,显然不是任意妄行不受羁绊的自由,而是有了生命的理想与方向,就此而言,孔子的天命观便是儒者向来不变的价值理想,这个理想,《中庸》继承之,其言:

> 天命之谓性,率性之谓道,修道之谓教。道也者,不可须臾离也;可离,非道也。是故君子戒慎乎其所不睹,恐惧乎其所不闻。莫见乎隐,莫显乎微,故君子慎其独也。喜怒哀乐之未发,谓之中;发而皆中节,谓之和。中也者,天下之大本也;和也者,天下之达道也。致中和,天地位焉,万物育焉。①

《中庸》首章讲天命,天命就是自性,实现此自性即是人生的目标与生活的道路,努力培养这个目标道路则是教育的功能。这个目标道路且是终生必须奉行不辍的。至于如何实践呢? 那就是要慎独、要发而中节、要致中和。这就是儒者与一般人的不同之处。如下文所言:

> 子曰:"道之不行也,我知之矣:知者过之,愚者不及也。道之不明也,我知之矣:贤者过之,不肖者不及也。人莫不饮食也,鲜能知味也。"②

"道之不行"与"道之不明"就是历史社会的命限,这和《论语》中多处提到"邦无道"的概念是一样的立场,但这依然是对现象的认知,亦未明确主张历史有所谓的"命定主义"。然而,历史社会政治有其限制则是事实,面对此,仍是要追求自己的理想,那就是上文的率性、修道、慎独、中节等。至于一般人者,不论智愚贤不肖,都是或过或不及而已。至于君子,则是追求天命的智者,走出自己的人生道路,自由之义在此。亦即,儒者以天命的

---

① 《四书读本·中庸·首章》。
② 《四书读本·中庸·第四章》。

道德理想为终生追求的目标道路,而这个立场,永恒不变于两千年来的儒学发展,宋明儒学者是,当代新儒学者亦是。但是,对于命限的问题,却是只有到了宋明儒学才有正式的理论建构。

在讨论宋明儒学之前,还应该谈一下孟子的处理,因为宋明儒学理论更多地是从孟子哲学继承下来的。对于命,孟子有一段经典之作:

> 口之于味也,目之于色也,耳之于声也,鼻之于臭也,四肢之于安佚也,性也,有命焉,君子不谓性也。仁之于父子也,义之于君臣也,礼之于宾主也,智之于贤者也,圣人之于天道也,命也,有性焉,君子不谓命也。①

第一段的口、目、耳、鼻、四肢是生理本能,有其不可或缺的需求,但是人有理想,更应追求。其中之性讲的是生理本能,其中之命讲的就是《中庸》的天命理想。第二句的仁义礼智之于父子君臣宾主贤者,是社会价值中不可摒除的命限要求,但有理想追求的意义在其中,所以不能只当它们是被要求的教条,而应当视为应追求的理想,其中之命是社会共识的价值,人都必须遵守的,故有命限的意味在,有性焉说的就是天命之性。于是,在孟子文中的性,与天命之命两义相合,而有《中庸》的"天命之谓性"一说,此说亦接着为宋明儒者所发挥。

孟子对人性的问题,主张性善论,其目的在要求人人须努力成为君子,因性善,故有可能性,以及必须性,但是,人有为恶的事实,则其与性善论的冲突应如何化消? 这在孟子则是以自暴自弃斥责之,其实并未说出为恶的理论架构,亦即并未从形上学存有论的进路,说出人之所以可能为恶的存有论基础,也未能说明存有论上会为恶的一般人,如何可能成为善人? 甚至圣人? 而这就是要留给后来的儒者去解决的问题,宋明儒学就从这个问题出发,建构理论以说明为恶的存有论的理论架构,亦在此处,界定了命限的形成原因,然后,依据原始儒家本来的立场,亦要提出追求天命理想的使命。

---

① 《四书读本·孟子·尽心下》。

首先,周敦颐说出了人的存在是阴阳五行之气的结构结果:

> 无极而太极,太极动而生阳,动极而静,静而生阴,静极复动,一动一静,互为其根。分阴分阳,两仪立焉。阳变阴合,而生水火木金土,五气顺布,四时行焉。五行一阴阳也,阴阳一太极也,太极本无极也。五行之生也,各一其性,无极之真,二五之精,妙合而凝,乾道成男,坤道成女,二气交感,化生万物,万物生生,而变化无穷焉。惟人也得其秀而最灵,形既生矣,神发知矣,五性感动而善恶分,万事出矣。圣人定之以中正仁义,而主静立人极焉。①

周敦颐是儒家哲学体系中第一位从宇宙论角度论述人的生命存在的哲学家,人是阴阳五行之气凝结而成的,当有了知觉之后就有善恶之行,则需圣人以中正仁义教化之。此时,为恶的原因尚未明说,张载的理论就说清楚了,关键是孟子所讲的口目耳鼻之性的过度为恶。其言:

> 湛一,气之本;攻取,气之欲。口腹于饮食,鼻舌于臭味,皆攻取之性也。知德者属厌而已,不以嗜欲累其心,不以小害大、末丧本焉尔。②

口腹鼻舌就是孟子所说的生理本能之性,有德者满足即止,不过度追求,若是被嗜欲累其心,就是以小害大、以末丧本而为恶了。以气说人,则口腹鼻舌就是此气之结构,其有为恶之可能,就是嗜欲,嗜欲就是生理需求的过度,这也是说明命限的理据,但此处尚非命定论旨,以气说生死寿夭,就有命定论的意味了,如其言:

> 德不胜气,性命于气;德胜其气,性命于德。穷理尽性,则性天德,命天理。气之不可变者,独死生修夭而已。③

---

① 《宋元学案·濂溪学案·太极图说》。
② 《张载集·正蒙·诚明篇》。
③ 《张载集·正蒙·诚明篇》。

价值理想的追求应该超过生理的欲求,反之,就受到生理的限制了。性命于气就是价值理想受到生理的限制,性命于德就是对生理的需求有所节制,足够即止。所以生理的需求不形成命运的限制,只是不慎其用即导致为恶而已。但是,生死寿夭就不同了,生命形成于气,气有结构,人各不同,寿夭就有命数在,故曰:"气之不可变者,独生死修夭而已"。这"天地之性"的理论,但主要用在进德修业的理想追求的问题上,其言:

> 形而后有气质之性,善反之则天地之性存焉。故气质之性,君子有弗性者焉。①

虽然气质是人生存在的现实条件,但人之所以为人的价值在道德追求上,故而应以"天地之性"为生命的出路,不受羁限。"天命之性"就是孟子强调的"良知良能我固有之",孟子有说于德性,但略及于气性生命,张载的"气质之性"正面面对气禀存在的事实,有助于说明为恶的存有论来源问题,可以说,都还是对孟子性善论的继承及发挥。总之,儒学史上总是由天命给出路,出路有了,人即自由了。至于那个命限的问题,张载也只说到了死生寿夭一事是有命限的,然而,"气质之性"与"天地之性"的理论毕竟是一套有用的架构,朱熹即依此而发挥了更为清楚的儒家命限的理论。朱熹以"理气论"整体说所有的存在物的阴阳五行结构,以"心性情"说道德实践主体的架构,以"魂魄"说人死后的存在架构,以"鬼神"说它在世界存有者的存在性。可以说依据张载的气化宇宙论而结合儒家的性善论及天命观,完整地处理了人之所以为恶以及必然可以为善的理论问题。朱熹的"理气论"中指出天地万物皆有理,亦即是儒家的"天命之性",此性使万物有其存在的价值意义,但是,人与人以及人与动物、植物等天地万物在道德实践的能力上却是各自不同的。植物与矿物就不论,朱熹也不关心,动物就必须有一说明,动物也是理气结构的生命,但因其气禀结构的限制,动物对于道德实践能力仅有丝毫的曙光,犬能忠、牛能勤、羊能孝,却不可能呈现仁义礼知

---

① 《张载集·正蒙·诚明篇》。

第九章 — 中国生命哲学中的自由与命定论

的全部。人则不然,禀受"天地之性"与"阴阳五行之气"之后,虽有限制,却不能完全遮蔽,虽能力有所不同,却最终都能够呈现仁义礼知的全部,这是人与动物的不同。这样,就已经是对动物的命限的说明了,但这不是重点,重点是对人的道德实践能力的高下的说明。人虽高于动物,但人与人之间的道德实践能力仍是互有差别的,就是孔子所说的"生而知之、学而知之、困而知之"的等级,对此,朱熹则以气禀之不同而说之,并且承认除了道德实践能力有气禀之限制以外,人的寿夭、贫富、贵贱也是受到气禀限制的,这样的理论,就是儒学史上最先也最明确的对于命限问题的哲学讨论,同时,也就端出了命定论的立场,只是,儒者讨论命定论,却从无消极的意味,因为有性善论与天命观在,从来就是只当它是个经验现象的事实,人的生命另有出路,也就是都有它的自由。以下展开朱熹的讨论,首先,就动物的道德实践能力有限而言,参见:

  自一气而言之,则人物皆受是气而生;自精粗而言,则人得其气之正且通者,物得其气之偏且塞者。惟人得其正,故是理通而无所塞;物得其偏,故是理塞而无所知。且如人……以其受天地之正气,所以识道理,有知识。物受天地之偏气……物之间有知者,不过只通得一路,如乌之知孝,獭之知祭,犬但能守御,牛但能耕而已。人则无不知,无不能。人所以与物异者,所争者此耳。①

  问:气质有昏浊不同,则天命之性有偏全否? 曰:非有偏全。谓如日月之光,若在露地,则尽见之;若在蔀屋之下,有所蔽塞,有见有不见。昏浊者是气昏浊了,故自蔽塞,如在蔀屋之下。然在人则蔽塞有可通之理;至于禽兽,亦是此性,只被他形体所拘,生得蔽隔之甚,无可通处。至于虎狼之仁,豺獭之祭,蜂蚁之义,却只通这些子,譬如一隙之光。至于猕猴,形状类人,便最灵于他物,只不会说话而已。到得夷狄,便在人与禽兽之间,所以终难改。②

---

① 《朱子语类·卷第四·性理一》。
② 《朱子语类·卷第四·性理一》。

以上两段文字，是在朱熹理气论架构下，说明万物在共同禀受"天地之性"下，为何人与动物有道德实践能力的区别？朱熹指出，"天地之性"是天地万物都受有的，矿物植物在"正德、利用、厚生"中有其为人类所用的功能，因其无生命知觉的主动行为能力，故以"为人所用"而呈现其禀受于"天地之性"的角色功能，但动物是有知觉的，若是也禀受"天地之性"，为何不能实践道德理想？答案就是气禀之故，鸟孝、犬御、獭祭、牛耕等，有些甚至还谈不上道德实践，而只是社会能力而已。所以，重点是，气禀是会限制生命的能力的，虽然生命因气禀而有，动物就受到气禀的阴阳五行结构的限制，而只能将实现仁义礼智的能力透露出一点缝隙。不论朱熹的理论合理性如何，重点是，这就是藉由气禀结构说明生命能力的理论，也就是对命限的形成给了宇宙论进路的理论说明。有了这样的说明系统，朱熹便直接讨论了人的命运问题。其言：

> 然就人之所禀而言，又有昏明清浊之异。故上知生知之资，是气清明纯粹，而无一毫昏浊，所以生知安行，不待学而能，如尧舜是也。其次则亚于生知，必学而后知，必行而后至。又其次者，资禀既偏，又有所蔽，须是痛加工夫，"人一己百，人十己千"，然后方能及亚于生知者。及进而不已，则成功一也。……人若有向学之志，须是如此做工夫方得。①

这段文字对于人有能力等级之别作出了气禀结构差异的说明，等于为命限提出理论说明，当然，既有"天命之性"在，气禀强弱清浊是一回事，它只是道德实践能力的程度性限制，而非根本性限制，故而仍是人人可为尧舜，只是难易有别而已。以上针对道德实践能力而说，下面的讨论则是针对命运之不齐而言：

> 人之气禀，富贵、贫贱、长短，皆有定数寓其中。②

---

① 《朱子语类·卷第四·性理一》。
② 《朱子语类·卷第四·性理一》。

问：先生说："命有两种：一种是贫富、贵贱、死生、寿夭，一种是清浊、偏正、智愚、贤不肖。一种属气，一种属理。"以偬观之，两种皆似属气。盖智愚、贤不肖、清浊、偏正，亦气之所为也。曰：固然。性则命之理而已。①

因问：得清明之气为圣贤，昏浊之气为愚不肖；气之厚者为富贵，薄者为贫贱，此固然也。然圣人得天地清明中和之气，宜无所亏欠，而夫子反贫贱，何也？岂时运使然邪？抑其所禀亦有不足邪？曰：便是禀得来有不足。他那清明，也只管得做圣贤，却管不得那富贵。禀得那高底则贵，禀得厚底则富，禀得长底则寿，贫贱夭者反是。夫子虽得清明者以为圣人，然禀得那低底、薄底，所以贫贱。颜子又不如孔子，又禀得那短底，所以又夭。②

以上诸说，明白主张人有命限，且人各不同，关键都是气禀的结果，朱熹说："命有两种：一种是贫富、贵贱、死生、寿夭，一种是清浊、偏正、智愚、贤不肖。"前者攸关个人命运，后者攸关道德实践能力，竟然都有定数，定数就是气禀之阴阳五行结构，而阴阳五行的禀受则是就人的出生年月日时所结构而成，朱熹甚至等于为子平、紫微等命相学找到理论依据了。这就是说，气聚成形，而有了生命，生命依其禀受而有了命运的定数，既然贵贱贫富寿夭都有定数，这岂不就是命定论了，正是如此，连圣贤都有命运的定数在其中。不过，要表述命定论的立场，还需要对命运形成的原因作说明，一是必然，一是偶然，若是必然，则是有因命定论，若是偶然，则是无因命定论，照理，有因就会有破解之道，无因偶然者，可以说才是绝对的命定论。而朱熹，竟是无因偶然论者。其言：

问：命之不齐，恐不是真有为之赋予如此。只是二气错综参差，随其所值，因各不齐。皆非人力所与，故谓之天所命否？曰：只是从大原

---

① 《朱子语类·卷第四·性理一》。

② 《朱子语类·卷第四·性理一》。

中流出来,模样似恁地,不是真有为之赋予者。那得个人在上面分付这个!《诗》《书》所说,便似有个人在上恁地,如"帝乃震怒"之类。然这个亦只是理如此。天下莫尊于理,故以帝名之。"惟皇上帝降衷于下民",降,便有主宰意。①

　　本章明确主张,二气错综,没有人为地安排,古书说的上帝,亦只是理,是理就还是二气错综参差而已。总结而言,人的禀赋各不相同,这就包括世俗价值中的贵贱、贫富、寿夭,以及道德实践能力上的智愚、贤不肖,它是随其出生就有定数,这就是命定论的立场了,甚且,这个禀赋尚不是任何人为的力量所造成,而就是气禀所感的结构结果而已,这就更是命定论了。既然命数在其中,人生的意义何在? 所幸,儒家学者从来就直接响应这个问题,从孔子的"畏天命",孟子的"性命对扬",《中庸》的"天命之性",周濂溪的"圣人定之以中正仁义",张载的"天之性"、朱熹的"天理",这些都是人之所受中的意义面向之所指,也就是说,世俗义的命运固有其然,然人之出生,更有其理想的目标价值有待追求,实现这个目标价值,就是生命的出路,有出路就是自由的,无论能力高下,这个目标理想,说为使命可也,因此,有命运,也有使命,是命定论,也是自由论,命定指涉富贵贫贱方面,自由指涉人生理想方面,因为有理想,故而"道之不行,我知之矣",然绝不妨碍人仍有独立自主的价值追求,否则生命有何意义? 因此我们可以说,儒家接受世俗命运问题上的命定论立场,但对生命的本质,提出价值追求的理想,而完成生命的意义,就此而言,便完全不受命定论影响,就算有命限,也是一样要追求理想,则命限便只是对现实的艰难的一种理解而已,生命就是有意义的,有目标、有价值的,那就是人的一生的出路,在所禀受的赋命中,既有气禀命运的一面,也有天命降受的一面。

　　附带一谈的是,儒学史上对于宿命的讨论走得比朱熹更远的就是邵雍,邵雍的《皇极经世》把历史和个人的运数轨迹都做了界说,可谓对命运之结构做出了详细的说明,因此在邵雍的理论系统中,他是可以推算命运的,但

---

　　① 《朱子语类·卷第四·性理一》。

依前文所说,知命运之命是一回事,知天命之命是另一回事,两者不相妨碍,并不因此就陷在命限中,使人生没有出路。

四、道家融合命定与自由的智慧

自由与命定论的问题涉及人的生命哲学的核心问题,这在道家老子的体系中并未充分处理,只有在庄子的理论中可以充分见到。故而本节以庄子哲学为道家意旨的对象。庄子是先秦哲学中,最早也最清晰地拥有完整哲学体系的一家,他有气化宇宙论、有价值意识的本体论、有身心修炼的工夫论,有理想人格的境界论。因此,谈人的生命形成,以及命运的问题,在他的系统中都有明确的表述。

庄子的气化宇宙论主要说人的生命的形成,就是气的聚散,并且人都会死,除非修炼成神仙①,不过,庄子哲学更大的贡献却是在人间世的普通人的生命自由观,就在气化聚散的生死流行中,直接把生命的价值从自我崇高上拉下来,指出生命来去一遭,没有特定的目的,故而以道逍遥自适为尚,这就破除了人在社会体制内的角色荣辱之矜持,一旦放下社会礼俗的人生目标之后,生命就自在了,若要追求更高的境界,那就做身心修炼的工夫,终极境界是神仙,若同时成为统治者,那就是采取放任无为的治理方式。这一套理论,是中国哲学中唯一一套明确的出世主义哲学,意思是不把生命的目标放在社会体制的理想化的追求上,而是以个人生命意境的提升为目标,既是

---

① 庄子文中充满了不死神仙的文字,从逍遥游言:"藐姑射之山,有神人居焉,肌肤若冰雪,绰约若处子。不食五谷,吸风饮露。乘云气,御飞龙,而游乎四海之外。其神凝,使物不疵疠而年谷熟。吾以是狂而不信也。"这是说明神仙的知能。从大宗师言:"南伯子葵问乎女偊曰:子之年长矣,而色若孺子何也? 曰:吾闻道矣。南伯子葵曰:道可得学邪? 曰:恶,恶可,子非其人也,夫卜梁倚有圣人之才而无圣人之道,我有圣人之道而无圣人之才,吾欲以教之,庶几其果为圣人乎? 不然,以圣人之道告圣人之才亦易矣。吾犹守而告之,参日而后能外天下。已外天下矣,吾又守之,七日而后能外物。已外物矣,吾又守之,九日而后能外生。已外生矣,而后能朝彻,朝彻而后能见独,见独而后能无古今,无古今而后能入于不死不生。杀生者不死,生生者不生,其为物无不将也,无不迎也,无不毁也,无不成也,其名为撄宁,撄宁也者撄而后成者也。"这是针对修炼成不死神仙的工夫论。

个人性的也是自由性的。这一套哲学对于自由与命定论的问题，是有鲜明的立场的。形式上也是站在命定论的立场追求生命的自由性。

庄子的生命观，作为人，只是造化集气而成的存在，没有特殊的目的性赋予，而人的生命形态、种差类别，甚至有残疾病苦之人，然而这就是命运，不管造物怎么对待，都谈不上对自我的特殊设计，只要不从社会人伪的角度去看待生命，这些命运之不齐都没有尊卑高下之别，王公与百姓平等，美丑与寿夭无别，只要不进入社会世俗的价值观中去思考，人人都是生命平等的。给什么样的命运就有什么样的人生，但一切不同的命运类型都是地位平等，都不影响个人自由的追求，因为世俗眼中的好坏，根本不是造化的目的，于是追求个人精神意境的超升就是人生的去处，可以说艺术家、科学家、修炼者等就是庄学形态的自由人。于是人虽有命运，但是命运是什么则只是从世俗的眼光去看的分别而已，归根结底人人都是一样的，只要懂得尊重每个人自己生命超升的去向就好。就这样，既是社会世俗生命形态的命定论，又是个人自由生活立场下的自由论。庄子哲学就这样完美地解决了命运的命定和自由的问题。

首先就世俗价值的破除说，《齐物论》中有"道通为一"之说：

> 故为是举莛与楹，厉与西施，恢恑憰怪，道通为一。其分也，成也；其成也，毁也。凡物无成与毁，复通为一。唯达者知通为一，为是不用而寓诸庸。庸也者，用也；用也者，通也；通也者，得也。适得而几矣。因是已。已而不知其然，谓之道。劳神明为一，而不知其同也，谓之朝三。何谓朝三？曰狙公赋芧，曰："朝三而莫四。"众狙皆怒。曰："然则朝四而莫三。"众狙皆悦。名实未亏，而喜怒为用，亦因是也。是以圣人和之以是非，而休乎天钧，是之谓两行。①

人的美丑，能力的高下之别，这些，在造物者的眼中，都没有分别，都不是他造物的意旨，于是，世人就应该放下这些从社会价值的眼光来看待自己

---

① 《庄子·齐物论》。

生命的角度,而与道合一。否则,就像猴子们"朝三暮四"的故事一样,实际上没有差别的事情,只因为名相的不同,而喜怒有别,这不是很可笑吗?所以智者不为,尤其是对于人间的是非好恶,都不当真,这样,生命就可以逍遥自适地追求自己的适性发展了。

《齐物论》又有"天地与我并生"的观点:

> 天下莫大于秋豪之末,而大山为小;莫寿乎殇子,而彭祖为夭。天地与我并生,而万物与我为一。既已为一矣,且得有言乎?既已谓之一矣,且得无言乎?一与言为二,二与一为三。自此以往,巧历不能得,而况其凡乎!故自无适有,以至于三,而况自有适有乎!无适焉,因是已。①

从天地一体的角度,连万物的差异都算不得什么,至于人生的寿夭、贵贱、贫富、美丑这些世俗的标准,更是没有分别的意义在,若要分别,无穷无尽,却毫无意义。"无适焉,因是已",就是要人放下这些分别,这些分别就是人生的命运好坏,但从造物者眼光去看,一切并生为一,于是世人也无须进行这样的分别了。这就是说,命限固其然也,但那根本不是造物者眼中的价值,而是世俗的观瞻与自我的认知而已,若是因此造成生命的矜持,而自我设限,那就没有自由了。能放下这些无谓的矜持,采取与造物者并生为一的人生态度,则生命的出路是无限宽广的。原来,命定论的观点只是个人狭隘眼光下的自以为是而已。

《齐物论》又有言于"仁义是非樊然殽乱"之说:

> 且吾尝试问乎女:民湿寝则腰疾偏死,鳅然乎哉?木处则惴栗恂惧,猨猴然乎哉?三者孰知正处?民食刍豢,麋鹿食荐,蝍且甘带,鸱鸦耆鼠,四者孰知正味?猨,猵狙以为雌,麋与鹿交,鳅与鱼游。毛嫱、丽姬,人之所美也,鱼见之深入,鸟见之高飞,麋鹿见之决骤。四者孰知天

---

　　① 《庄子·齐物论》。

下之正色哉？自我观之，仁义之端，是非之涂，樊然殽乱，吾恶能知其辩！①

以世俗标准来看问题，人间是非不知凡几，但所说皆无实义，都是说错了。于是去看各种不同生命的类型时，岂有共同的价值标准者在，都是各人的自适其性而已。若以社会价值看人生意义，许多仁义是非的争执，决是多余。

《人间世》讲了"支离其德"的观念：

> 支离疏者，颐隐于齐，肩高于顶，会撮指天，五管在上，两髀为胁。挫针治繲，足以糊口；鼓筴播精，足以食十人。上征武士，则支离攘臂于其间；上有大役，则支离以有常疾不受功；上与病者粟，则受三钟与十束薪。夫支离其形者，犹足以养其身，终其天年，又况支离其德者乎！②

支离疏的形貌当然是天生使然的，不是后天人为惩罚的结果，若以世俗眼光视之，他简直不能活了，自卑、无自信且应失去生命的斗志，但是庄子笔下的支离疏则不然，他找到自己生活的轨迹，却不受社会体制的任何羁绊，他的生命自在昂扬，一派轻松，之所以能够如此，就是不以社会价值评价自己的天生命运，这个支离其身的形貌命运，却在支离其德的自由智慧中被超越，所谓支离其德就是把社会眼光给解构。所以，其形体被支离的命运，一点也不碍事，在他自由适性的生活中，解消了世人以为的枷锁。

《大宗师》讲对生死的两忘化其道：

> 死生，命也；其有夜旦之常，天也。人之有所不得与，皆物之情也。彼特以天为父，而身犹爱之，而况其卓乎！人特以有君为愈乎已，而身犹死之，而况其真乎？泉涸，鱼相与处于陆，相呴以湿，相濡以沫，不如

---

① 《庄子·齐物论》。
② 《庄子·人间世》。

相忘于江湖。与其誉尧而非桀也,不如两忘而化其道。夫大块载我以形,劳我以生,佚我以老,息我以死。故善吾生者,乃所以善吾死也。①

本章讲死生有命,是"天也"的结果,人力无法干预,这就是常情而已。于是活着的一生,就是顺此生命之流的自然来去即可,不需要在世俗的打滚中,是此非彼,誉尧非桀,而是放下世俗价值的好恶,纯粹以与造物者合一的姿态生活与处世。造物者以气化积集给了我生命,让我为了照顾生命而劳动一生,又因为把我变老而可以稍事休息,最后把我从人间抽离进入死亡。这就是人的一生的写照,懂得活着的时候化除矜持的人,就能够轻松自在的接受死亡。因为生死都是造化的播弄而已,不是我私之可以介入的。所以生死是有命限的结构的,但人的自由却在随顺生死之流中崛起而出,而不是进入社会的喜怒好恶中坚持争抢,这样的结果反而使自己陷入人欲贪求的罗网中,结果就是在社会的制约中受束缚,不得安宁,无法自由。放下社会世俗的是非,人生才得自由。

其次就生命的限制说,《养生主》中把人在世间的命运视为天之所为:

公文轩见右师而惊曰:"是何人也? 恶乎介也? 天与,其人与?"曰:"天也,非人也。天之生是使独也;人之貌有与也。以是知其天也,非人也。"②

介者必是在社会上犯罪而受刑之人,故而被砍断一只脚,但是有庄子心态的右师,宁可视为这是上天的安排,故说是"天也"而不是人为的,意思是说,人为的社会结果,本来就没有意义,右师并不认同,所以没有受罚悲苦的感受,也就因此超脱了社会世俗的视野,把它接受下来,然后就有了自己的生命去向。这就是说,在社会冲撞下的命运,不当它一回事,只是命运,命运就是"天也",于是生命只活在自己赋予的意义与价值的追求中,这样人生

---

① 《庄子·大宗师》。
② 《庄子·养生主》。

就自由了。

《大宗师》谈生命的安时处顺：

> 子祀、子舆、子犁、子来四人相与语曰："孰能以无为首，以生为脊，以死为尻，孰知生死存亡之一体者，吾与之友矣。"四人相视而笑，莫逆于心，遂相与为友。俄而子舆有病，子祀往问之。曰："伟哉！夫造物者，将以予为此拘拘也！曲偻发背，上有五管，颐隐于齐，肩高于顶，句赘指天。"阴阳之气有沴，其心闲而无事，跰𨇤而鉴于井，曰："嗟乎！夫造物者，又将以予为此拘拘也！"子祀曰："汝恶之乎？"曰："亡，予何恶！浸假而化予之左臂以为鸡，予因以求时夜；浸假而化予之右臂以为弹，予因以求鸮炙；浸假而化予之尻以为轮，以神为马，予因以乘之，岂更驾哉！且夫得者时也，失者顺也，安时而处顺，哀乐不能入也。此古之所谓县解也，而不能自解者，物有结之。且夫物不胜天久矣，吾又何恶焉？"俄而子来有病，喘喘然将死，其妻子环而泣之。子犁往问之曰："叱！避！无怛化！"倚其户与之语曰："伟哉造物！又将奚以汝为？将奚以汝适？以汝为鼠肝乎？以汝为虫臂乎？"子来曰："父母于子，东西南北，唯命之从。阴阳于人，不翅于父母，彼近吾死而我不听，我则悍矣，彼何罪焉！夫大块载我以形，劳我以生，佚我以老，息我以死。故善吾生者，乃所以善吾死也。今之大冶铸金，金踊跃曰'我且必为镆铘'，大冶必以为不祥之金。今一犯人之形，而曰'人耳人耳'，夫造化者必以为不祥之人。今一以天地为大炉，以造化为大冶，恶乎往而不可哉！成然寐，蘧然觉。"①

这段文字首先说明生命本来是不存在的，之后有生，然后有死，不过是一连续的历程而已，理解了这个道理的四个朋友，莫逆于心。其中子舆有病，他一出生就长得像支离疏一样的难看且怪异，临井一照，感叹造物者把自己生成这样，但是他却不会拒绝这个形貌，他知道身体不过是造物者借气

---

① 《庄子·大宗师》。

而予的存在而已,尔后这些形体的材质,也可能变成任何东西,到时候就随它而去就好了,这就是"安时处顺",接受它,就不会有哀乐之情,这种智慧的态度,就是"帝之悬解",也就是生命获得自由了。否则,若要抱怨抗议的话,也不会有甚么结果,因为人与万物都不能胜天。后来子来有病将死,妻子在旁哭泣,他却斥责他们不要妨碍他的身体即将进行的变化历程,死后可能会变成其他的动物昆虫植物等,而死亡则是造化在指挥的事件,自己必须无异议接受,若一味拒绝死亡,主张自己生命的特殊,这样反而是不祥的,完全接受大自然对自己生死的安排造化,天地之间无处不可来去,不过是晤寐之间的小事而已。

生死是命定而不可自主的,生命的形态是无缘由而有差别的,也是只能接受的,这是命定论的立场,至于人生,只要懂得接受造化的安排,安时处顺,便获自由,若是抗拒,反而自受束缚,而不自由。

同样对于命运和生死是命定的立场,在庄子文中仍有多处,以下再简单引用一段以为结束。

《大宗师》谈"命也夫":

> 子舆与子桑友,而霖雨十日。子舆曰:"子桑殆病矣!"裹饭而往食之。至子桑之门,则若歌若哭,鼓琴曰:"父邪母邪!天乎人乎!"有不任其声,而趋举其诗焉。子舆入,曰:"子之歌诗,何故若是?"曰:"吾思乎使我至此极者而弗得也。父母岂欲吾贫哉?天无私覆,地无私载,天地岂私贫我哉?求其为之者而不得也。然而至此极者,命也夫!"①

子桑一生贫穷,又有病在身,想说这是父母造成的吗?还是老天造成的?还是别人造成的?结果认为都不是,就是自己的命而已。这又是命定论思想的明证。

总结道家庄子的立场,生死是命定的,美丑是命定的,贫富是命定的,社会价值是虚妄的,人间是非是多余的,"安时处顺"才是生命自由的出路。

---

① 《庄子·大宗师》。

这个出路找到了之后，人在社会上角色扮演便只是暂时的，不涉入社会是非争斗之中，如庖丁解牛般，"以无厚入有间"，游刃有余，而保住生命的全真。就现实的应用而言，就是追求适性自主的生活，不与社会争斗，安贫乐道，却追求高级的精神境界，在艺术、科学、文学、修炼的领域中发挥长才，让自己的生命自在逍遥，任何社会的争斗都从中退出，自己无世俗的贪求就是"无厚"，化除矜持逍遥自适就是"入有间"，无入而不自得矣。

因此，是天生的就是命定的，即便是社会加诸我的限制也是命定的，只要不去在意，只管自己个人性的境界提升，生命就是自在逍遥的，自由就因此获得了，而这正是与造物者游的完成。庄子以其特殊的进路，统合了自由与命定论。

五、佛教轮回受命与造命的理论

佛教起源于印度，传播并发扬于中国，佛教僧人的出家作风，显示了佛教不同于儒、道两家的世界观，佛教世界观十分复杂，简言之，世界起起灭灭，许多不同的世界之间是此起彼灭的，而任一世界则皆在一系列成住坏空的历程中，这就是一个缘起的世界观，意味着世界生灭不已，并不永恒。人类的生命及其所居之世界，只是这许多重重无尽的世界中的一个部分，而人类的生命，则是一个生灭不已的轮回历程，死后复生①，且在地狱、恶鬼、畜生、人、天、阿修罗六道中轮回不已②，轮回的去向决定于此生的行为，善行入善道，恶行入恶道，下三恶道是地狱、恶鬼、畜生③，上三善道是人、天、阿修罗，但这都不是生命的终趣，原始佛教以超出六道轮回为生命的理想，而提出"三法印""四圣谛"之说。三法印者，诸行无常、诸法无我、涅槃寂静。"无常"指生命中的一切也是来来去去，不会永恒，切莫执着，否则必生痛苦，如爱别离、怨憎会、求不得。"无我"指一切以为是我所、我有的事物都

---

① 《法句经·生死品第三十七·十有八章》：识神走五道，无一处不更，舍身复受身，如轮转着地。

② 《观佛三昧海经·卷六》：三界众生，轮回六趣，如旋火轮。

③ 《法华经·方便品》：以诸欲因缘，坠堕三恶道。轮回六趣中，备受诸苦毒。

不是真正属于我的,若是以为我必须是如何,则又是自造其苦,又是要承受爱别离、怨憎会、别离苦的后果。"寂静"指的是生命有无来去的只是现象,根本实相是涅槃寂静的,意味着在永恒的智慧之流中默观一切,放下一切尘劳执着爱恨情仇,终能脱离轮回受生之苦,而得永恒的生命,依原始佛教言,即是要发出离心,以苦行得解脱,终于离苦得乐而得阿罗汉果位,进入涅槃。

原始佛教的"四圣谛"言"苦、集、灭、道","苦谛"说有漏皆苦,意旨生命之苦来自欲望,欲望就是有漏,无漏即无欲,无欲则不苦。"集谛"就是说明生命之苦的形成原因,生老病死本是无常,错误执着即是造苦,且在轮回生死中受苦不已,观现象世界,都是因缘起灭,"集谛"就说着这所有因缘起灭的历程,也就是造苦的原因。"灭谛"是追求离苦得乐的解脱境界,入于涅槃寂静境界之中,永离痛苦。"道谛"是正确的生活方式,使人们从执着痛苦中抽离出来的方法,有八种正确的行为,谓之八正道:"正见、正思维、正语、正业、正命、正精进(正方便)、正念、正定。"无论是"三法印"的涅槃寂静,还是"四圣谛"的灭谛,都是要追求生命的永恒归趣,解脱生死轮回之苦,也正因此,明讲了生命的现象就是生死轮回的历程,在尚未开悟解脱得阿罗汉果位之前,生命就在轮回中生灭不已。

轮回的生命观在大乘佛教中依然继承①,没有改变,改变的只是修行的观念,重点在大乘佛教强调要发菩提心,上成佛道下化众生,在阿罗汉果位之上,再度入世修行,以菩萨道行救度众生之实,让一切众生得离苦,而非自己解脱就算完了。佛教的世界观和生命哲学是一烦琐的知识论丛,涉及问题太多,本章无须展开,重点是关于自由与命定论的问题,在上述世界观和生命观的基础上,已可展开讨论。

原始佛教固然讲轮回,但对轮回的历程与主体的情况没有深入说明②,这就在部派佛教时期被大量地讨论,最终在大乘佛学的唯识学中有了系统一致的理论建构。世界究竟有多少个?以及生命发生发展的历程究竟为何?这还是佛学理论本身的大问题,本章亦予跳过,重点在直接借唯识学的

---

① 《法华经·譬喻品》:三界无安,犹如火宅,众苦充满,甚可怖畏!
② 《增一阿含经·卷七》:吾是神识也,吾是形体之主也。

理论以说轮回,要言之就是阿赖耶识的概念。阿赖耶识在生死的过程中承受了主体的意识,生命中的感受性经验都被储藏在此,轮回中或染或净的意识经验都被含藏在其中,因此也就有了个人不同的种种业力。生命依自己的自由意志而发展种种态度,形成习惯,变成习气,建立个性,轮回不已,导致命运,命运就是业力的力量所成。命运好坏随人感受,若是觉得命运不好,就要改变为人处世的态度,什么样的态度就形成什么样的个性以及命运,藉由轮回的生命史历程,一切的态度都在阿赖耶识中蕴藏储备,时时发出,受限于个人习气的影响,以及业力的因素,有一些命运就不能脱逃了,这就是命定论的立场,然而,生命既然在轮回不已,有了新的一期的生命就表示有了新的创造生命的机会,只是他必须是在前期业力的基础上进行,业力会导致自由意志实践时的阻碍或助缘,但是自由意志才是今生生命的主调,许多业力固然在发挥影响,而有命定的遭遇,但处理的态度才是决定生命发展的方向与结果,因此处理自己的人生态度就是生命自由的根本原因,态度就是执着在爱恨情仇中? 还是净化心灵自度度人中? 业力只是一些态度的习惯性,以及事件的必然发生,但它既是一种力量,就有力量的边界,不会无远弗届永恒不减,除非顺着习气继续作为,那么原有的业力就是造作不已,若是自我克制,改变个性,难忍能忍,则旧的坏的业力的力量就不会扩大,而新的好的个性的力量就开始酝酿,茁壮,成长,而形成新的命运。过去的态度及作为对此生的影响就是业力,也是命运,但命运及业力都只是影响力,至于今生的最终结果,都是任一时刻当下的自由意志在做决断的,关键在于有无理想,理想意指上成佛道下化众生的菩提心,或是行八正道的意志,有此意志及理想,业力就是障道因缘而已,障道固其然也,坚忍不拔的实践动能就能突破障碍。若无此理想及意志,那就还是在原来的习性所成的生命形态中轮回不已,制造种种善恶诸业,承受种种好坏之命运,进进退退,随人自取。

就此而言,业力所成之我就是命定论的,但它只是有一定的力量,亦即它只是在今生生命中的某些时空事件对象事业上出现影响力,自由意志的柔弱或坚强,决定了主体的承受能力,若能建立新的生命事业方向,采取不同以往的处事态度,就创造了新的业力,而越过了它的影响力,这就是自由的发生。所以,轮回的生命变成学习成长的历程,新的一生就是新的学习历程,宿命固有其实,自由更是本质,否则轮回何益? 何须以一期之生命只在承受其苦? 承受其苦是学习新态度的起因,知道要改变态度而不能一如故往,则过往的业力当下承受,今生的理想坚持实践,不再执缚造作,以般若智破除往昔的执着,以菩提心建立新的生命,生命就既是命定的也是自由的。

禅宗达摩祖师的"二入四行论"就是最简易清楚的对自由与命定论的解说,以下介绍其说以为总结:

> 夫入道多途,要而言之,不出二种,一是理入,二是行入。理入者,谓藉教悟宗,深信含生同一真性,但为客尘妄想所覆,不能显了。若也舍妄归真,凝住壁观。无自无他,凡圣等一。坚住不移,更不随于文教,此即与理冥符,无有分别。寂然无为,名之理入。行入者,谓四行。其余诸行悉入此中。何为四耶? 一报冤行;二随缘行;三无所求行;四称法行。①

理入是讲众生本有的佛性,只缘后天习气染污,应做工夫以恢复之。而其做法有四项,这四项,正是基于佛教世界观与生命观而发展的。首先是"报冤行":

> 云何报冤行? 谓修道行人,若受苦时,当自念言我从往昔无数劫中弃本从末,流浪诸有,多起冤憎,违害无限。今虽无犯,是我宿殃,二业果熟,非天非人所能见与,甘心忍受,都无冤诉。经云:逢苦不忧,何以故,识达故,此心生时,与理相应,体冤进道,故说言报冤行。

"报冤行"就是接受宿命的安排,对于受冤之事不予报复,对于人生旅途中的无谓的横逆、阻碍,要直接把它视为过去为恶的业力成熟,来到今日为报而已,为了却恶缘,便甘心承受,不以为冤。若能不去冲撞反击而更造

---

　① 达摩祖师:《二入四行论》。

新业,则旧业消除。这个说法,就等于把旧业视为命限中的必然了,接受即可,便无烦恼。当然,也会有与自己的恶业无关的横逆之事,此时一样要甘心承受,目的在坚忍心性,甚至化导众生。其实,恶缘之事不论是否宿殃,除非是有神通之人,否则自己是不知道的,总是以善意忍受之,这就是佛教的忍辱工夫。通常,命限中有坏的部分,但也会有好的部分,它也会业力成熟而影响至今,这就是"随缘行"要处理的:

> 二随缘行者,众生无我,并缘业所转,苦乐齐受,皆从缘生。若得胜报荣誉等事,那是我过去宿因所感。今方得之,缘尽还无,何喜之有,得失从缘,心无增减,喜风不动,冥顺于道。是故说言随缘行。

"胜报荣誉"就是因为各种因缘所致,而突然碰到的好事,对此,要能不过度兴奋,视为平常,并借此福报,更加精进,而不是耽溺于享乐,这就把福报用光了。"胜报荣誉"等事就是福报来临,若非今生努力而得,或是稍事努力即得成功,这都是命运中的善业成熟就会有之事,所以佛教因果业报论正是命运有定数的理论,且是有因论的命定论。既然业报不爽,那么生命的真正用意何在呢?那就是理解这个道理,发觉自性的智慧,超越业力的束缚,追求更为自由的人生,这就是"无所求行":

> 三无所求行者,世人长迷,处处贪着,名之为求。智者悟真,理将俗反,安心无为,行随运转。万有斯空,无所愿乐。功德黑暗,常相随逐。三界久居,犹如火宅。有身若苦,谁得而安。了达此处,救舍诸有,息想无求。经云:有求皆苦,无求乃乐,判之无求,真为道行。故名无所求行。

轮回的生命观是佛教业力观的前提,轮回于欲界色界无色界中的六道众生,若不理解这个生命的真相,恐怕都在欲望牵染中追逐,并且受苦,舍离欲望,安心无求,加上"报冤行""随缘行"的实践,就能逐步走出这个迷惘的三界,获得智慧的生命。但是,大乘佛教的精神,就是自度度人,所以还要帮

助其他有情众生亦得智慧,这就是"称法行":

> 四称法行者,性尽之理目之为法。言解此理,众相斯空,无染无着,无此无彼。经云:法无众生,离众生垢故。法无有我,离我垢故。智者若能信解此理,应当称法而行。法体无悭,于身命财行檀施舍,心无悋惜,达解三空,不倚不着,但为去垢,净化众生,而不取相。此为自行,复能利他,亦庄严菩提之道。檀施既尔,余五亦然。为除妄想,修行六度,而无所行,是为称法行。

修行的旨趣除了自净其意之外,还要净化世界净化众生,这正是大乘精神,落实此一主旨,就是六度修行法门的目的,但要无相,不可复为执着,这才是佛教菩萨道行的真谛。

总结而言,佛教的命定论是有因论的,相比于儒、道两家的无因论命定论,有因论的殊胜之处在于提出轮回的生命观,终极地解释了命运形成的原因,从而也清楚地说明了善恶命运的去除及追求的方法,可以说,面对命运问题,儒、道两家有良好的态度,却无深入的知识,而佛教则是有良好的态度之外,更有清楚的知识交代。

六、三教比较及如何选择与应用

就自由与命定论问题而言,在中国哲学的大传统中,竟然没有一家学派是将两者对立而论的,三教都是从特定的命定论立场而说出生命的出路,亦即找到了自由。这就表现了中国哲学的一个特质,各家学派都是找寻生命意义、确立人生目标、追求人生理想的哲学形态,藉由对生命艰难的描述,站在命定论的立场上,都要找到生命的方向,搁置宿命限制的部分,尽情追求理想,理想达到就是生命的完成,这就是自由地获得。也就是说,命限如何是一回事,确实存在,但不是根本的限制,生命的自由与出路还在于人生的理想价值上,此事无可限制,且有必然可及的条件,理论上说,儒家以性善论保证追求理想而成圣的可能,佛教以心真如、佛性本具保证成佛的可能,庄子少谈人性论,但只要能以智慧观解,破生死、去矜持,一样可以成为至人、真人、神人。于是命限就只是对于生命现象的了解,它不会在生命的所有面向上封锁人生,自由意志才是决定人生的真正主宰,至于自由意志的选择方向,儒、释、道三家则有不同的意趣。

就此而言,三家论述命定论的意旨尚可比较,庄子哲学中就是对于人生必有死亡的命限之理解而建立生命意旨的去向,这也包括对于美丑、寿夭的命限的理解,面对此境,就是"安时处顺"于生死流变而已,至于社会礼俗造成的限制,要自行超越,以追求自在逍遥的人生,千万不要再自我束缚而受限其中。儒家对命限亦有认识,亦是接受,儒家关心的命限包括寿夭、贵贱、贫富等,社会角色上的命限意义较重,但也认识到口、目、耳、鼻的生理本能的限制,不过,儒家更为关心道德实践能力的命限,就是智愚、贤不肖,但是因有天命之性在,故而更应积极向善向上,且有人人可为尧舜的立场。简言之,儒家对命限的讨论,不论是生理本能还是社会角色,都是以气禀说述之。道家庄子则未深入原因的探讨,只作为一个事实的接受。佛教则不然,不仅有命定论,且有命运形成的原因之说明,关键就是习气所成,而更关键的是,有轮回生死之说,"欲知前世因,今生受者是,预知来世果,今生作者是"。虽然此说过于简略,但已经彰明命运形成的原因以及其发挥影响力的方式之宇宙论理由。唯儒道两家仅就经验现实说此命限,佛教便要进入轮回生死的超经验知识以为理论的基础,超经验的轮回生死观对于命限及其影响之说有其理论的深刻性在,但有知识论上的问题,不过它也不缺乏验证的可能性,问题是验证者需要有工夫的修行而后可知,若无修行,便只能当成是理性的信仰。然而,能否验证是一回事,理论的认识以及生活的指导及运用是另一回事,佛教的因果业报轮回说可以说是将命运之事做了最完整的理论说明的系统,关键只在信或不信而已。

七、小 结

总结而言,命定论在中国儒、释、道三教中都是承认其义的,但中国哲学都是讲人生理想的哲学,理想的追求在生命的实践中是更重要的事情,找到理想,勠力以赴,生命就有了自由,自由与命定论的问题在中国哲学中竟然没有一家是停留在矛盾对立的辩论中,而是找到面对与超克之道。但是,超越也不是容易的,而是要辛苦做工夫的,儒者要格致诚正修齐,庄子要心斋坐忘,佛教要八正道要六度,否则一样停留在命限中不能超脱。了解了三教的自由与命定论的意旨,便可有效响应选择与应用的问题,选择的问题没有标准,唯任人各自决,应用的问题则是进入各家细节,则已是新的议题了。本章暂结于此。

第 十 章

以《周易》六爻的阶层逻辑谈
中国生命哲学的真理观①

一、前 言

本书第八章谈多元真理观的时候，便建立了以《周易》六爻的架构讨论各家哲学的阶层性视野以及真理观成立的位阶，那么，阶层逻辑是否变成理论成立的合法性来源呢？这个问题又再度转回了检证性的问题，本章之作，即是在响应这个问题，一方面再度深化六爻于各家的关系，另一方面便同时讨论各家本身意旨成立的根据，是为中国生命哲学真理观的收尾之作。《周易》收摄中国各家哲学，并不是《周易》决定了各家，而是各家的有所差异并同时成立的多元真理观，刚好可以藉由《周易》的阶层架构予以展示，并见出其思维的特色与理论的合理性。各家理论的成立，其实还是成立在各家教主的原创心灵，以及所开发的宇宙论视野上。

本章之作，将藉由《周易》六爻的时位逻辑，将中华国学各家的智慧做一有机的整合，以完成中华国学的实践应用之道。《周易》六爻，藉由人生的位阶，说明在社会体制之中，有其由下而上的固定角色扮演原理，顺之则

---

① 本章之作，本为参加"第八届海峡两岸周易学术研讨会"而作，2016 年 4 月 29 — 30 日，台湾地区易经学会主办，台湾师范大学国文系协办。并以《周易六爻与国学智能的整合》为题，发表于 2016 年 6 月，《新世纪宗教研究》第十四卷第四期，第 67 页，全文七千余字。后为参加 2017 年 5 月 20 — 22 日，于四川成都举办的"易道文化探源国际高峰论坛"，由国际易学联合会主办，易道文化研究会承办，便在原有基础上扩充，文长近两万字，并准备收录于笔者即将出版之《中国生命哲学真理观探究》专书中。文中所增之篇幅，多为真理观思维的讨论部分。

吉逆之则凶。其中,第二爻是知识分子的入世哲学,以儒家的服务的人生观当之,多获荣誉。第三爻是基层的资深人员,位阶不上不下,需要有豁达的胸襟,否则自找麻烦,更易遭凶险,这时要以出世主义的庄子智慧当之,则人生豁然开朗。第四爻是高层主管,要有与人合作的宽厚胸襟,要为民为己增进福报,此时要以入世的给而不取的老子领导者智慧当之,创造幸福。第五爻是君位,要能用人,故需《人物志》人事管理智慧;要能顾好国家以及自己的君位,故需《韩非子》的唯组织目的的管理哲学,当然不可少的是儒家的行仁政的理想。第六爻是卸任高阶主管,要追求自己的下半生的安宁与健康,要有宗教哲学的智慧以及出世的心境,佛教及庄子哲学当之。其中,第二爻、第四爻、第五爻是入世的哲学,第三爻、第六爻是出世的哲学,但出世入世之间有智慧的圆融,出世者可以入世,入世者要有出世的心境,则人生无往不利,智慧福泽绵延不绝。此外,《菜根谭》则是儒道智慧的精华融会,则是可以遍在六爻智能中而皆有所应用者。面对《周易》这样以阶层逻辑讨论生命的思维,一旦结合中华国学各学派的智慧之后,便能合理地将各学派的理论做出定位及区分,这也反映了在讨论中国生命哲学问题的时候,各学派的理论其实是在人生的不同位阶上所做的智慧选择及理论言说的,这样的观点正好扩充了中国生命哲学的真理观的认识深度。

《周易》思维的诠释角度众多,有宇宙论问题,指其进入中医、气象、天文、历法学中的知识推演者,也有本体论问题,指其作为儒道共同价值之源流者①,当然更有命运预测的内涵,以及人生问题的指导思想等。本章之研究,将从《周易》六爻爻位的架构进入,讨论人在社会体制的不同位阶的命运处置问题,并从中结合中国哲学的生命智慧,导入六爻诠释之中,以提供《周易》思维与国学智慧结合的整体观念。如此一来,中国哲学各家似乎有了阶层进路的理论形态区分,这对于中国哲学真理观将产生什么样的理论

---

① 如系辞下传第七章:"易之兴也,其于中古乎?作易者,其有忧患乎?是故,履,德之基也;谦,德之柄也;复,德之本也;恒,德之固也;损,德之修也;益,德之裕也;困,德之辨也;井,德之地也;巽,德之制也。履,和而至;谦,尊而光;复,小而辨于物;恒,杂而不厌;损,先难而后易;益,长裕而不设;困,穷而通;井,居其所而迁;巽,称而隐。履,以和行;谦,以制礼;复,以自知;恒,以一德;损,以远害;益,以兴利;困,以寡怨;井,以辨义;巽,以行权。"

成立的挑战呢？实际上,生命哲学本来就是主观的选择加上实践的发现,价值意识的本体论是主观选择的,客观世界的宇宙论是实践中发现的,《周易》六爻架构是世间法的思路,中国哲学各家则有世间法也有出世间法,一切都是生命实践选择的结果,没有什么好争执对立的,这点,正是本章企欲建立的真理观适用性问题的明确立场。

《系辞上传》第一章言:"天尊地卑,乾坤定矣。卑高以陈,贵贱位矣。动静有常,刚柔断矣。方以类聚,物以群分,吉凶生矣。"笔者以为,《周易》六十四卦每一卦的六爻上下位阶,就是呈现这个道理。在《周易》上下卦由初至上的六爻爻位中便有"贵贱列等",不同爻位则是"动静有常",掌握到固定的原则则吉,违背其固定原理则凶。此处之原理原则,则是乾坤两卦六爻角色的基本型所呈现出来的,它同时发展为其他六十二卦的上下位阶之吉凶原理。本章之作,即是要将这个上下爻位吉凶原理,结合儒、释、道、墨、法各家的基本哲学智慧,提出人生指导建议,发挥易学与国学相辅相成的功能。

在儒、释、道、墨、法各家的体系中,宜有出世的与入世的形态之区分,入世形态指的是生命的理想以追求社会体制的圆满为目的,个人的完成以完成在社会角色扮演上为前提,儒家、法家及道家老子,追求经验现实世界家国体制的目的,就是入世的形态,这个形态,与《周易》思维就在体制内谈吉凶祸福的宗旨是一致的。至于道家庄子,以及佛教,则是出世的形态。庄子不以社会世俗标准衡量自己的人生,生命也不以追求社会体制的圆满为目的,甚至是追求神仙的意境,这些就超出了现实世界的可能性了,可以说,《易经》体制阶层的思维是不适合庄子哲学的。然而,体制中会有不得志者,甚至是非关体制的角色,这时候,就是庄子哲学可以扮演角色、派上用场的时候了。就佛教而言,更直接是以出世的心态做入世的事业,因此没有社会体制的框限,更不为体制的成就来服务,人生的终趣还在彼岸,只是人生一遭,不要荒废,仍要追求超越,成佛果位,就在人身。以此,以体制角色定位人生的《易经》思维,跟佛学就关涉很少了。其实不然,体制只是人生的一个侧面,虽然正是社会角色的核心侧面,但是,人生的一生,并不是只有社会角色一种问题而已,人生关涉的问题很多,特别是生死与命运的问题,就不在六爻架构中思考，然而一旦以六爻位阶为思考人生问题的架构，就可以藉由佛教的智慧予以安置，虽然如此，人生处于二爻、三爻、四爻、五爻的时候，是不太会去想生死及命运的问题的，除非走到第六爻，这个问题是不易浮现思绪之中的，当然，一旦浮现，佛教就派上用场了。墨家是一个特殊型，既有它在世界的信仰，又绝对是世间法的形态，然而，综观中国民间宗教，几乎也就都是这样的类型，价值观上与儒家相同，理论内涵中有鬼神信仰，出世入世近乎圆满的融合，这个形态，也将在本章中予以定位。

二、《周易》上下六爻的角色扮演原理

解卦的重点很多，主要看解卦者自己的需求而定，可以侧重卦爻辞义的象数必然性演绎，可以认为卦爻辞全然只是偶然性命运结果，也可以主张全卦之卦爻辞有一结构原理以为时位逻辑，而用于人生指导之上。笔者解卦，主要从人生问题的解决的角度进入，首先，六十四卦就是六十四个人生情境，藉由卦爻象代表性意旨的联想，形成卦名，亦即讨论的主题，然后藉由六爻的结构，铺陈这个事件主题下的种种想定的情境，即是以六爻有其固定的时位逻辑，或是同一件事情由初至上之时间性发展历程，或同一个人物在生命由下而上的不同位阶中的命运差异，或同一个时空中面对同一个事情时不同阶层等级的人物种种不同的角色扮演和吉凶祸福，六十四卦皆是这几类的六爻时位逻辑在结构及论断吉凶的，而这个架构的形成，本来就是周朝初年的政治家集团藉由中央与地方，高层与基层的封建社会体制转化而来的固定思维方式，在社会国家机关体制的上下阶层中，各爻有其固定的角色逻辑以及吉凶祸福[1]。首先，上三爻为中央为高层阶级，下三爻为地方为基层阶级。这就是，初爻是刚入组织的新鲜人，此时角色扮演以沉潜及学习为

---

[1] 参见《系辞下传》第九章："易之为书也，原始要终，以为质也。六爻相杂，唯其时物也。其初难知，其上易知，本末也。初辞拟之，卒成之终。若夫杂物撰德，辨是与非，则非其中爻不备。噫！亦要存亡吉凶，则居可知矣。知者观其彖辞，则思过半矣。二与四，同功而异位；其善不同，二多誉，四多惧，近也。柔之为道，不利远者，其要无咎，其用柔中也。三与五，同功而异位；三多凶，五多功，贵贱之等也。其柔危，其刚胜邪？"

主,勿好出风头。二爻在基层授权任职,以承担能得荣誉为主,切莫逃避任务。三爻暂时性闲置,此时以忍耐及等待为主,切莫作乱。四爻上升高位,中央大员,有权有势,角色以合作及收敛为主,不能邀功。五爻为最高领导,国家之君主,公司之老板,行动以政策及人事之决断为主,无此能耐者切莫窃占此位。六爻尊贵之位,却无实权,人生以快乐及修养为主,不要再贪揽事功。

乾初九,潜龙勿用,就是学习为主。坤初六,履霜坚冰至,就是提醒眼光要放长远。乾九二,现龙在田,坤六二直方大,都是讲承担责任。乾九三夕惕若厉,讲爻位的危险,坤九三含章可贞,讲此爻的忍耐精神,顾全大局,关键都是爻位不好。乾九四或跃在渊,言其位高心不实;坤六四括囊,言其干练及收敛。乾九五飞龙在天,坤六五黄裳元吉,皆言其已登君位。乾上九亢龙有悔,言其时非我予,感叹万千。坤上六龙战于野,言眷恋大位导致战争。从乾坤两卦的爻辞所见,就是六爻时位的角色及命运逻辑,清清楚楚,六十四卦言六十四套情境,然而所有的情境中的人物角色命运,莫不是以乾坤两卦的基本型为主,后虽变化万千,却不出上下位阶的吉凶祸福。本章之作,言生命处置的智慧,依六爻提建议,配合中国哲学各家学派的理论体系,结合《易经》六爻时位的情境背景,交互运用,以知中国哲学的真理观,一方面借阶层进路理解各家,另一方面借阶层智慧撷取真理观的定位。

依此原则,儒、释、道三家的人生智慧,就有了它重点发挥的爻位。一般说来,初爻尚未定性,广学多闻即是要点。二爻基层主管,以儒家承担的服务精神为主。以上初、二两爻,在《周易》各卦的爻辞中,已十分精彩深刻。然而,第三、上两爻,就很需要经由其他国学智慧以加强思维。至于四、五两爻,深入周易爻辞,必可提升人生的功力。例如:三爻多凶险,关键就是上不上、下不下,如能有庄子逍遥的智慧,便不致如此。四爻中央大员,近君侧,以老子的智慧便能应对正确,加强功力。五爻君位,若非有人事管理能力,以及政策决断能力,实在不宜此位,因此《人物志》是其宝典,可增强实力,《韩非子》是其武器,可强大生命力。六爻退出职场第一线的主管位子,要反思人生、追求福德,世俗一切要能放下,此时庄子及佛教的智慧正能供应无穷,补其不足。

以下，将针对此处所述，将中国哲学各门宗旨及精要述出，并说明如何强化或补足易学思维的有限性。所谓有限性，即是六爻思维以《周易》世间法哲学体制性思维为其精彩也为其限制，藉由社会体制的阶层逻辑，彰显无比精确的命运思维，但也正因受限世间法思维，不免许多地方自我束缚。这些，就要藉由中国哲学各家智慧予以化解。

三、儒家哲学的理论与应用

儒学的理论就是经验现实世界的社会国家哲学，强调国家及国君应以行仁政爱百姓为目的，个人则以做君子为理想，君子即在社会体制内为社会服务，进入职场，扮演角色，可以说，上下六爻都是儒家君子有角色扮演的所在之位。只不过，儒家以服务社会为人生的目的，愿意在各个工作岗位上担任辛苦的责任承担者，在《周易》六爻的所有位阶中，第二爻最适合尽忠职守任劳任怨的儒者承担，以儒家的哲学智慧，放在第二爻的爻位扮演上，比较安全，不会有智虑不足的现象。至于同是官位的第四爻，当然应有儒者胸怀，但是，更重要的恐怕是需要老子的智慧。关键在于懂得官场险恶，知所进退，福德并美。在第五爻而言，当然也是儒家的责任，但儒家孕育于封建体制中，对君王的效忠是其根本性格，所以当儒家谈君王角色的时候着重的是儒家对国君的期许，而非自己位阶于此，因此在这方面的讨论显有不足，不若《人物志》，以及"黄老道家"。就第三爻和第六爻而言，儒者的勇于承担精神，显然与这两个爻位的基本命运逻辑有所抵触，以儒家理念运用于此，反生障碍，三之凶险、六之悔吝，多半就是知承担之进、不知避难之退的儒家性格使然。因此，君子位于三、六两爻时，应多通庄子与佛理为上。总结上言，儒家所有的理念精华，都可以用在第二爻位上而不致有误，可以说，第二爻就是儒家的哲学为上。

第二爻在基层承担责任，在地方第一线服务社会，在职场有自己的专业，对自我的角色认知就是认真服务，肯定自我，获得荣誉。有理想有抱负的儒家，就是追求这样的角色。实际上，儒者亦有不易在高位的性格使然，孟子就说在中央为官，必须劝诫君王，君王不听，就要辞官下台，因为做官非为稻粱谋,若不得已,就做个小官吧,既无言责,便不必劝诫君王,只要负责尽职做好辖下所属分内之事,就能心安理得。小官就是第二爻,孔孟二人都不是长时间做大官的典范,只是他俩超越了做官的格局,而为哲学家智者,至于历史上儒生当高位者,胸中所藏除了儒者淑世之襟怀以外,必有老庄的智慧以为进退之因应。可见,第二爻正是天生为儒者设想的位子,在基层第一线为人民百姓服务,尽忠职守,任劳任怨,想象高层是忠贞、正直、仁民、爱物的高层,自己心甘情愿在基层为国家人民效劳,不求闻达,只求忠于职守安民守土。一个体制的基层主管都是这样的品格的话,这个体制绝无溃散的危险,即便高层昏庸,也不会一时崩解,大明王朝两百七十年就是最佳实例。虽然如此,明王朝还是败亡了,固有明儒流芳青史,甚至有最大号儒者王阳明,亦不能挽其败亡之局。如此说来,儒学的真理观能够普世吗?面对这个问题,笔者的立场是,以第二爻的基层官员自许,行良政爱人民,是儒者的价值选择,此一价值,亘古通今有其绝对必要性在,百姓的安危福祉就是上天的最深关切,天道在此,圣贤守此,它作为普世的价值是无可争议的,无可否定的,唯一就是追求这个理想的实现所需要的理论武器以及实践能力是否全备在儒学体系里了,就此而言,儒学颇有不足,但也十分给力,儒生多以使命转命限,命限不足计虑,使命才是衷心向往,淑世的情怀是生命的归趣,成也心安败也心安,大化流行天道好还,天之未丧斯文也,舍我其谁?现实由它去,理想我自持,如此一来,儒者的理想永远不败,内在自足圆满,儒学的天地万物以仁为目的的天道论价值观也获得成立,只是这一切的论点之出现与成立,都在基层官员的仁义胸怀中。是这个角色的自我选择,决定了这套价值信念与天道世界观的理论合法性。

四、老子哲学的理论与应用

老子哲学是入世的学问,是作为领导者的哲学,领导者不一定要是第五爻,只要掌握领导者智能的人物就是组织中真正的领导者。真正的领导者,有最好的理念,知道组织应走的道路方向,又有待人的智慧,能团结最多优秀人才,为团体服务。为组织人才,要懂得谦让,把好的位子让给别人,自己居于次位,协助高位者,完成任务,不邀功,不为己私。这样看来,第四爻就是老子哲学最好的表现舞台。第四爻高居中央第一线主官之位,上有君王,下摄下卦三爻,对下而言,直接代表国君,对上而言,一人之下万人之上,对同事而言,大家都在第四爻位居要津。这是一个高难度、危险大的角色,要懂得功劳推丁君王,权力与其他第四爻同事分享,利益分给下三爻干部及群众,果能如此,则能稳居高位,发挥才干,实现理想。正是"是以圣人处上而民不重,处前而民不害。是以天下乐推而不厌,以其不争,故天下莫能与之争"这一段文字的写照。上层、同层及下层都接受他,喜欢他,因为他不争功,而且将功劳推给五爻领导,因为他不争权,而且将权力分享给其他第四爻,因为他不侵占利益,而且将利益送给部属与群众,他这就是"给而不取"的哲学,"夫为不争,故天下莫能与之争"①,这个位子,就没人能抢得走了。但是,这是服务的大位,不是争权力的舞台,只要是人性有所贪爱的事情,他都不侵占,都送给别人,"宠利毋居人前,德业毋落人后"②,辛苦的事情自己来做,利益的事情别人去享,这样谁会希望他下台呢?这样的人不正是可以发挥才干为社会服务而实现理想吗?而这就正是儒家的理想的更极致的展现,关键在儒家本来只知性善,本来只知严以律己,宽以待人通常说得到做不到,一旦接收了老子的智慧,终于清醒地认识了人性的负面现象,那就是:人都好名、好利、好表现,又见不得人好,尤其是人才,甚至是国君、长官,因此,多多让利吧。老子的领导者智慧就是要来团结人才,而人才又有种种私心,因此,"给而不取"就是驾驭之道,尤其是第四爻是要津之位,乾之九四"或跃在渊",坤之六四"括囊",都反映了此位之为难。然而,一个正常的体制里,一个邦有道的国家里,有理想又有能力的人才都会走到这个位子,并且也只有到了这个位子才能施展抱负、服务天下,所以,邦有道却坐不上这个位子就是能力不足,邦无道呢? 孔子的时候说是富且贵焉耻也,但那是春秋之时,孔子尚可游走列国,孟子于战国时期也可以游走各国,汉兴之后,中国知识分子就很难四处游走了,实有南北对立东西分裂之局,却又难逃汉奸

① 《老子·第二十二章》。
② 语出《菜根谭》。

国贼背叛之骂名,因此,邦无道还是要做官的,邦无道不过就是国君昏昧,而国君昏昧根本就是常态,这是中国政治哲学的另一课题,此不深论。然而,邦无道又要坐在这个位子上那就是危险,不是深谙人性、通透权力的人是难以驾驭此职的。这些思考,在儒家的作品中不是没有,但不是要项,总是以使命与承担带过,王阳明深谙此道,说出来的话还是致良知一语而已,其中的机栝不发一言,那就只有靠老子的智慧来大大发言一番了,"损之又损,以至无为""夫惟不争,故无尤""夫惟不居,是以不去""不敢为天下先"等,可以说只有老子哲学才能够提出真正有效的处世智慧,尤其是在官场的高位上,这些,也都是坤卦六四"括囊,无誉无咎"的具体做法。

总之,第四爻是中央大官,非基层环境可比,复杂纠缠,没有深透人性则不能把握,尤其是人性恶的一面必须要有理解及应对的智慧,否则不足以稳居此位,老子哲学正是深研于此的最佳智慧宝典,而如果要以《周易》六爻的位阶逻辑来认识的话,第四爻的身份定位,正是老子哲学的工夫心法。老子哲学主谦退之智,为何要谦退?狂者进取狷者有所不为,若非为了天下百姓,庄生逍遥去也,若是为了自己的权势,暴力抢夺过来就好了,关键就是还有儒者的心胸,有以天下为己任的儒家情怀,所以要在不可为的高层凶险中占一席之地以维护人民的利益,但首先就是要让自己先站稳,但是,大位是人家给的,人给的人能夺之,想要的能来抢走,自己保位的方法就是也给,功劳给,权力给,资源给,利益给,但是要努力工作,创造功劳、创造权力、创造资源、创造利益。功劳是把事业办成了就有,给国君。权力是建立了政策的共识、大家决议执行时就会有的,所以有事做才会有权力,没事做就不会有权力,所以人要乐于做事,就有了权力,而此时,要分享给同事。资源是政策事业的产品,给民众百姓顾客,人民的拥戴是自保的命丹,但不可张扬。利益是私人的利益,是办事过程中应得的薪酬以及种种看不见的好处,但是看不见的好处人人都盯着,只是未将之台面化而已,智者便台面化之,让他人得利,尤其是自己的部属。当一切都是别人的,一切都给走了,自己什么都没有了就是做到了无为,本来就不是为了私利而来,"吾之大患为吾有身,及其无身吾有何患"。既然如此,"爱以身为天下若可寄天下,贵以身为天下若可托天下"。人,活着就够了,其他,被国君拔擢以为万民时,便无己私,只一心为众人,这就是老子的思维,"损之又损以致无为",就是无私心私利之念了。如此的老学,正是儒学走上了大官之位后宜有的修养,孔老岂不能合会沟通?所以,儒家是做大事的哲学,老子是做大事又做大官的哲学,第二爻是基层做事的哲学,第四爻正是高层做事的哲学,二爻小官,四爻大官,老子哲学正是第四爻做大官以做大事的哲学。

五、庄子哲学的理论与应用

《周易》六十四卦的第三爻,多半是凶险的、糊涂的、冒进的、闯祸的、叛乱的、与敌人交战的、被迫表态的,都是此爻,《系辞传》已明言"三多凶",关键就是,《周易》是阶层伦理的尊卑思维,一切人事命运在体制中论断,然而,第三爻正是上不上、下不下的位子,也是上下交迫的位子,就位阶而言,既失去了二爻中位的实权之位,也未至四爻上层的高官之位,人若没有儒者承担忍耐再接再厉的思维,或是没有道家庄子飘然而去的神仙意境,那就必定是进退失据的命运,一般而言,儒者总是急于成就,关切自己的实践效果,一旦被边缘化到第三爻位,常常会因急躁而惹祸,并且,对于继续晋升充满殷切的期盼,时日一久,修养不够的,就要怨天尤人,得罪君上。这一切,都是在体制内论断人生的结果。而庄子哲学,正是非体制的哲学,个人主义的哲学,追求人性的自主,否定体制的功能,看破政治的虚伪,深知君王的劣行,放弃淑世的信念,主张一切放任就好。既然如此,位阶之高下就不是问题,社会世俗的眼光更不需在意,生命的一切都不以社会世俗的眼光评价之,这样人就自由了。庄子形态的智能,本不入世为官,既不就仕,焉有位阶之上不上、下不下的焦虑问题,身处三爻,正合我意,虽在地方基层,却不必承担第一线的重责大任,如第二爻者,又只在地方基层之故,没有中央高层的复杂纠缠,不必太在意别人的眼光,只要做好自己的工作就好。其实,放下了体制性角色扮演的自我要求,舍下了社会世俗的眼光,第三爻正是追求自我的人生阶段,几乎是在职退休状态,多么舒服,可惜人都不能满足,人间世的思考模式不能舍弃,都想向上,一旦不成,便怨恨长官,制造自己的危险处境。又或者,见不得第二爻好,老是批评,让人不悦,想办法对付他,也就为自己惹祸了。又或者,根本就是环境恶劣,上下两党争相对立,第三爻正是中间被迫选边的角色,如果自己还想扮演角色,那就是卷入蜂虿之毒中,这种种的处境的艰难,都是第三爻在面对的。

道家庄子,正是追求自我的形态,快乐就是他的价值目标,世界是造化的偶然为之,没有目的性,生命是被造物者游戏而有的,"大块载我以形、劳我以生、佚我以老、息我以死"。就是庄子对人生的实况描述,出生与死亡都是回到造化,再自然不过,欢欣接受就好了,不用畏惧死亡。至于活着的这一生,前半段工作,后半段玩乐,这样就好。人生经历了第一爻、第二爻的阶段,走到第三爻。或是经历了第一爻,没有做过第二爻的主管之位,当自己资深了以后,也是会成为第三爻,人生也过了大半了。以上两种情况,正是追求适性逍遥的时刻,只要不再有上爬的念想,人生至此留在第三爻位阶,花小部分的精力应付公事,留下大部分的体力追求自己的快乐,旅游、读书、陪伴、锻炼,做的都是自己快乐的事情,待在第三爻正可以实现这些理想,何乐而不为?何须忌妒二爻以致交恶成仇,何必怨怼第四爻以致对立冲突?如此一来,《周易》六十四卦中大多数命运为凶的第三爻就能解脱了,关键就是不再以社会世俗的位阶标准看待自己的命运而生遗憾之感,不以世俗的角度评价自己人生的定位而有欣羡怨怼之情,解除天刑,那是儒者的桎梏,这样也就不再会有命运的凶险了。

庄子哲学,正是第三爻的救星。当然,有儒者性格的人是放不下的,不过,儒者性格者也应该要有看透世局的智慧,如果局面真的不可为,则只顾好自己正是必需的道路。也就是说,每一位儒者的心中必须住着一位庄子,不可为之时就放下,不是自己的实力可以力挽狂澜之时,就放下对世局的牵挂吧,遗世独立或隐身于世都可以,只要把握安静地过完自己的人生就好了,把力气放在小我上,可以照顾家人、培养子弟、自己锻炼身体、游山玩水、创作文学艺术作品、发明科技,可以做的事情太多了,人生何必一定要在体制内争高下呢?

当然,儒者是要在体制内展现才华的,而庄子则是否弃体制,庄子的否弃并不是不可为而放弃舍离,而是一开始就选择好的生命道路,这是才情的选择还是理性的选择呢?笔者以为,才情理性都是原因。才情是个性的适合,理性是哲学的建构。庄子的才情适合民间逍遥之士,但他的哲学建构却是符合这一套价值的体系的。宇宙是气化的变现,生死是气的聚散过程,造物者没有目的性,人间世界自己在构作阶级,在合纵连横,在此一是非彼一是非,在上位者若能无为逍遥于上,则下民百姓便可以放任自适于下,天下一片和乐融融,哪来那么多礼乐教化呢? 更遑论刑罚威吓了? 当然,理论的建构是可以一致性地完成的,这一套哲学却没有体制的强制性,唯靠人之自觉选择,一旦社会及人心仍然好胜多欲,这种放任逍遥的世局就无法出现,只剩个人的自由自在,实际上,社会体制一旦崩溃,甚至发生战乱,则个人的逍遥自适也是不可能的了。在这个意义上,孟子对杨朱为我的批评就成立了,所以,说每个儒者心中要住着一个庄子,是因为做了庄子以后一样在追求个人性的理想,而不是逃避责任、放浪形骸、无所事事、腐蠹社会的人可以算是庄子,哲学家庄子在追求他的自由的同时完成了著作,生活智慧上的各种庄子,则是在各种不同领域中追求个人技艺的臻至化境。每一个个人性的领域上升了,社会的整体和谐与文化也一定跟着上升,蛮横无理的事情便会减少,社会崩解的力量会被拦下来,这正是自由人的贡献,自由人有其个性才情上的相应,但是自由哲学也不是没有理论的依据,只是如同实践哲学的真理观一般,实践哲学、生命哲学、人生哲学都是选择的结果,选择气化流行天地一气的庄子哲学,自然符应这一套逍遥自适的人生方案,天下就是不管的,天地的翱翔才是生命的标的,"世蕲乎乱,孰弊弊焉以天下为事?"孟子的指控也将落空,因为尚有神仙的世界在,关键是神仙的生命意境中没有这些世俗的欲望,因此,神仙的世界没有这些社会的动乱必须由儒者来承担,在那个至人无己、神人无功、圣人无名的时空之中,庄子这位自由人岂不真正正是适性逍遥得紧了。于是,理性的理论建构与现实的生活实况有了结合,可以说,神仙道家正是庄子哲学的真正落实,人间世界还不能实现的理想,到了那里就可化现了,因此,庄子哲学有其它在世界的世界观作为他的哲学理论的实践舞台,理想在那里,现实在那里,此世的生命,何能不逍遥? 何须以天下为事? 怪不得他总是说:"去! 汝鄙人也,何问之不豫也! 予方将与造物者为人,厌,则又乘夫莽眇之鸟,以出六极之外,而游无何有之乡,以处圹埌之野。汝又何帛以治天下感予之心为?"(《应帝王》)这种话。

因此，儒家的体系哲学和庄子的体系哲学可以没有高下对错之辨，因为世界观不同，说到这里，庄子哲学便是有它在世界的出世间法了。只是，庄子也好，佛弟子也好，都还是人世间人，都还有世间的角色扮演，所以这两套出世间法的哲学还是谈出一个人在世间的理想角色来，这一点而言，世间法的庄子，就是有明确的自我意识、高度的个人专业、飘然遗世的独立襟怀，在社会体制的位阶上，就是第三爻的自由人在做的角色。做自己，而不指挥天下，故而是第三爻。同样是有它在世界彼岸理想的佛教哲学，做自己的同时却要度化人间，以修行者的身份要化度万民，这样一来就是位高誉广而无体制实权的第六爻的角色了。此庄学与佛学皆有它在世界观而在入世角色上的差异了，可以说庄子哲学像阿罗汉的原始佛教哲学，追求自己的彼岸生命，而大乘佛学菩萨道精神则是更像儒家入世者的形象了，固然追求自己的彼岸生命，却都在净化国土中入世服务，当然，目标不在体制的建设，而还是人心的救度。

六、佛教哲学的理论与应用

佛教讲因果业报，加上轮回，说明生命的来去，以及人生的目标。佛教哲学可以说从一开始就是生命的哲学，而这一套生命的哲学，却是最出世、最不入世的一套，关键是，它在世界的宇宙论知识过于明确。相比之下，《易经》则是体制的哲学，是入世的哲学，是处理经验现实世界的社会体制的入世哲学。而佛教则是出世的哲学，理想在彼岸，只不过，佛教中的大乘佛教，虽是出世哲学，却主张以出世的心做入世的事业，所以有此岸的角色，但原始佛教的阿罗汉，就没有这些目标了。既然如此，如何利用《易经》来谈佛教呢？《周易》的爻位都是体制内的角色，尤其是第二、四、五爻，都是在位阶之中有明确的角色任务的人，所作所为有一固定的规范。角色要扮演，责任要承担，任务要完成，没有什么打折扣的空间。即便是第三爻，也仍有任务要完成，只是不负主责而已。不过，第六爻就不同了。第六爻远离要职，没有专责的角色，在体制中并不被期待有所作为，若仍然想要有所作为，便是对二、三、四、五爻的蔑视，除非国家有难，公司有危机，第五爻主动找他帮忙,否则,都会有茶壶里的风暴。因此,最好的办法,就是只管自己的快乐,儿孙自有儿孙福。这样的角色,正好是佛教思想可以贡献的时机。纵观一生,放下对名位的执着与眷恋,安然于无事一身轻的阶段,享受人生难得宁静的时刻,不再掌握任何社会资源,依据自己尊贵无比的地位,对他人提供布施,财布施、法布施、无畏布施,布施且不有布施相,绝不以社会角色的功绩荣耀作为布施的目的,绝对无私地以慈心待人,让众爻位的人物获得无须回报的关爱,温暖地照顾众人,虽无位、无权、无利赏之资源,却仍然受到众人的欢迎,快乐无比。总之,补社会资源之不足,以慈善家而非事业家的角色入世奉献,挥霍自己的财富与智慧,而不动用体制的物资与威权,这就是第六爻取之于佛教智慧可以有的角色扮演逻辑。

说佛教适合第六爻的角色来扮演,是说在人间世界打滚中人的选择,人们非要到了这个地步才能放下一切,一心修佛,否则人世的欲望与眷恋之牵染,都使人不能真正放下,佛教自是出世的价值观与世界观,但却是普世的哲学,是适用于一切人的哲学,没有阶级的限制,它的实况是以彼岸的成佛为终竟,即便是阿罗汉也是彼岸,只是更不入世而已。以成佛为终境的佛教生命哲学,不论扮演体制内的任何阶层的任何角色,都不以此一角色为目的,而是借着这个身份角色追求终极的成佛境界,并且在能力更强境界更高了之后,多半是要退去社会体制的身份角色的,所谓出家即是。佛教以轮回生命观为生命哲学的内涵,生命既在轮回中,不受轮回的束缚而自由自在,并助人脱离轮回的束缚,便是成佛的意趣之所在,能力之提升也表现在生死历程中的不同阶段,次数越多经历越多自然也境界越高,自然在人间世界想要作为的项目便逐渐改变,以家庭的成员提振一家,以机关的成员提振机关,以国家的成员振兴国家,以国土的菩萨净化国土,以世界的觉悟者救度众生,在菩萨及成佛阶段的修行者,以再来人的身份启迪蒙昧,多半不会在社会体制内扮演角色了,不在家中为人父母,不在机关为人官长,不在国家主事一国,身为国主,大丈夫犹不为也,而是要济度天下众生,因为成佛之路是一切生命的最终归趣。

至于世俗中人,知佛学佛可也,真正入心不退者少也,这是为什么笔者说以体制入世哲学的六爻架构来说,要到第六爻的世俗中人,才有可能真正投入,其他各阶层中人的知佛学佛,只能当作修心的辅助,家国天下是放不下的,家国天下中的身份角色是丢不掉的,因为有理想、有抱负、有责任、有使命、有权力、有义务、有荣华、有富贵、有尊严、有地位……只有当一切享尽体知经历过了之后,才有放下人间角色的真正心境。

当然,有大智慧的人物,根本就在轮回中上下往返十百倍于世俗中人的高级修行者,自然智慧早发,不须经历人间的过程,不必一定在体制世俗打滚,很快就早熟透彻,直接投入出家修行的行列,他知道人生最终还是成佛,只是不知要经历多少次的轮回,不在世俗的阶级上动念头,却以导师的身份不断宣说真理,不论世俗中人目前的社会阶级,都能告知以确切的修行法门,人人同修,行善积德,不求回报,净化心灵,是为人间佛教。

佛教这种出世的哲学,既是适合特殊才情者,也是保有理论的支持的。可以说有这种生命特质的人们便会想要理解这一种哲学世界观,佛陀自己就是如此,他是人间的王子,却爱思维求真理,终于走上修行之路,藉由自己的亲证,将身体的能力开发,在获得感官知觉的能力的突破之下,证悟了宇宙人生的终极真相,从此只有弘法一路,且推广成为普世的宗教,佛经所说的世界观是修行者实践后的亲知,就如同自然科学知识一样新鲜可感,只是它需要的能力是人类生命中开发的超能力,一般人世俗中人并未经历这样的修行工夫,因此无可感知,只能靠自己的判断,因此在信解上就较有限制,至于谁能易于信解从而行证? 谁就很难信解从而行证? 这从佛教自己的轮回世界观中就可以得知,因此能力是累世的积粮,愿意相信这一套思维的人就会进行实践的累积,人们也可以完全不愿意相信,继续在世俗中争斗造业而受苦,必待有缘人接引而后开悟。个别的人信不信不是重点,而是这一套知识是否是真知识。就中国生命哲学真理观而言,笔者主张,一套生命哲学的理论只要是有人实践成功了,那么它就是真的了。佛教已经是两千年的宗教了,实践有成者无以数计,它就应该是人类文明史上的真实的知识,想要求证,就去实践,想要否证,恐怕没门。因为自己的失败不足以否证一套他人已经实践有成的体系,因为这还涉及讯息、环境以及个人自己的意志和智慧、反应,可以说,佛教哲学就是一套真知识,只待有缘人自己来亲证彰显。它是对所有的阶级中的人物都是有用的智慧宝藏,因为它根本上就是出世的认知,只是暂时地在世间与人因缘互动而已。它对世俗中人的任何人都是有效的真知之理,但因理想终趣只在彼岸,因此只有第六爻位的人物才较能真心信受,而且,依据佛教的世界观,生灭不已的轮回历程必是一世接续一世地业染下去,此世中人的老少之间在智慧的境界以及轮回的经历上谁多谁少是完全无法以表面得知的,因此既然现实的人生已经打完了所有的战争,做子女、做学生、做社会新鲜人、做父母、做基层主管、做高层主管甚至做最高领导人而且又做了待退或已离退的人员等,没有没扮演过的世间角色了,总结此生的经历,许多有待修补的人际关系,许多无谓荒唐的个性缺点,都有待此时予以修补改正,修一个平静高智慧的格局,在离世的一刻,求趣善道。这是最后的机会了,莫待痴呆病危身心不能自主了以后才让亲人待为求祷。

七、《人物志》哲学的理论与应用

《易经》是入世的智慧,体制的哲学,《人物志》亦然。《人物志》是从官场上以人事管理的角度说人才分类以及互动的智慧宝典,既有君王的角色逻辑,又有一般人才的职掌分类。可以说是新鲜人进入职场认识自己的最佳地图,也是基层主管认识干部分配工作的最佳工具书,更是高层主管拔擢人才管理体制的必备宝典。所以,从认识自己的职场环境以及提醒自己如何与长官互动而言,必须藉由《人物志》,于是,从初爻已至二爻、三爻、四爻都会用到它。至于位阶愈高,就更需要用到它,《人物志》不只叙述各种人才分类的才情适性,更讲清楚了最高领导人应具备的能力与一般高层主管的根本差异,也就是通才与专才偏才的差别,专才与偏才首先必须是在自己的专业领域上成为人中之最,各领域的最优秀人才组成体制的高层主管,至于谁来担任第一领导人呢?这就比的不是专长了,而是个性与智慧。所有良好的个性都要具备才可以成为优秀的最高领导人。这就包括:学识专业、责任承担、吃苦耐劳、耐操耐烦、积极效率、专注沉静、端庄威严、宽容慈爱、和颜悦色、幽默风趣、潇洒自在。有这么多良好的个性的人必是平淡之人,不易激动兴奋,因为一切的事情都在智慧的格局之内能够理解并解决,所以就不会兴奋,遇事皆保持平淡的态度。因此,《人物志》也就明白地说出了最高领导人的人格特质,而这就是第五爻的角色了。

《周易》六十四卦中,第五爻位者是君位,六十四卦中许多情境不佳的卦象,关键就是第五爻失职造成的,因此如何做好第五爻?《人物志》正是可以助成此事的作品。第五爻除了要了解自己如何做好最高职位的角色逻辑之外,更有任命大臣、管理干部僚属的能力要全备,为求落实这样的能力,《人物志》正好全面地提供了必要的知识。当然,第五爻位除了掌握《人物志》所有人事智慧之外,还有政策的理念必须具备,而政策背后是理想,政策具体是知识信息,知识与信息可以要人提供,理想必是与生俱来的。许多坐上五爻之位的人,只是为求大位,而非天生有理想者,一旦居于此位,其结果,没有政策的觉悟,只求权势,短期尚可作威作福,长期下来,走不出治理的格局,便会失去群众,自取其辱之时不远矣,关键就是,要知政策。

第五爻位的知政策能力,就是关爱百姓的理念之落实,根本价值缺乏,政策只有偏锋、短视,因此,儒家的情怀还是根本,但是否儒者人人可说,是否真爱百姓,却是发自于内,并非外饰可成。因此,若无强大理想,勿上五爻最高位,留在第四爻服务人群,以专业能力施展才华,这样才是安稳正确之道。一味求高位,虽能掌权,却无法掌舵,自取其辱,更误其国,不智甚矣。第四爻需要的智慧是儒、道两家的,第五爻需要的能力是儒、道、法三家的。第四爻修养好自己与人相处就可以了,第五爻则是坏人围绕,不能忍心专断就保不住自己。第四爻可以保留个性由君王协调大臣,第五爻还有自己的个性的缺点就等待被人宰割丢掉性命而失去国家。四、五两爻位之不同命运如天渊之别。

第五爻位的人事能力,可以取经于《人物志》。《人物志》的强项在人才分类的认知,以及各类人才的晋用之道,至于国君和臣下的关系,法家哲学更有见地,唯法家哲学重在富国强兵,治国御下以富国强兵为唯一考虑,个人成了工具,这与儒家理想不同,故有争议,但是适度地维护组织的强大,依然是重要价值,此时,法家御下之术,也是《易经》第五爻位者值得补强的能力。

八、法家哲学的组织管理之运用

以《韩非子》书为代表的法家哲学,强调国富强兵,可以说是先秦诸子中唯一真正以组织目的为要的理论,儒家固然要经营国家政权,但都是以君子知识分子的身份提出治国理想,固然有对君王行仁政的要求,但也只是理念的提出,而缺少君王治理天下的技术观点,甚至更是以德治为最高价值,而少论及官员权臣恶徒的治理技巧,同时,君子个人的成就与国家的治理同样重要,邦无道则可离去也,国君不听则应辞官也,但法家则不然,国家是唯一的目的,个人都是工具,德性不如战功,所以法家哲学是唯组织目的的管理哲学的理论,正是君王必备的统治技术,因此正是第五爻的君位之所需,其重法、重势、重术的要旨,都是人主之所需,关键就是,权力的大饼人见人爱,尤其是小人的觊觎,若无坚毅的性格、独断的处置,没有不君权旁落的,一旦旁落,没有不政治混乱的,其结果就是自己身死,或遭篡夺,甚至国家不保,天下动乱,因此,不就君位则已,一旦坐上此位,绝对不能不维护自身的安全以及体制的稳定,儒家德治固其理想,阳儒阴法却是王朝的真相,人主不备此术,任由权臣侵权,结果就是忠良被戮,国主身危。因此,第五爻不是一般的能力可以担任的角色,而这其中的现实残酷,只有韩非子明言及此,也正是第五爻必须要有的管理智慧。

法者,人人必须遵守的法令,但实施之时必有赏罚在,没有赏罚的法,不会有人遵守,设了也是白设。但是,要行赏罚,也要有坚定的意志,主上没有坚定的意志,不敢对臣下行赏罚,其权已经旁落,也就不可能有管理上的主导性作为了。因此,徒法也不行,还要有能敢于执法的君王才可。势者把握上下尊卑之位,权势在手,下位者不得不就范,也是提醒君王此权不可失。术者应对之际的奇幻变招,《韩非子》书中《说林篇》《内外储篇》都是在讲异能豪杰之士的临场应变,以只言词组挽救危亡或致人于死,此其术之运用。术不必发生于国君口中,但国君能掌握住其势其法,自然会有能人异士为其行术强国,所以国君还是保位第一,此势之尊也,位保住了,敢于行法之赏罚,则权势在手,一国之人皆伏听于己,治国政策也好,退敌迎战之术也好,都会有人来提供了。

法家和儒家都是讲话给君王听的,但是儒家重于百姓福祉,法家重于国君权位,儒家成就国家的同时也成就了自己的人格理想,法家追求国家的强大之时,自己则落得只是工具而已了。法家之徒自然是第四爻位,但法家所论的都是第五爻位的知能,可以说是与小人斗法的哲学,儒家也好,道家也好,只求自保或为求服务社会,几乎不谈与小人争斗的事情,面对小人,儒家要爱护之宽容之教化之,道家老子要虚与委蛇之应付之安抚之,道家庄子则根本碰不上这种人物,佛教则更是要菩萨心肠待之。几乎这些儒、释、道的哲学体系没有在力与理的层面上提出有效的治理小人的作风,唯有法家正面面对之。这是因为,法家为君王计。君王再不处理小人,忠臣都要被奸灭了,小人就要欺压到自己的头上来了。儒者可以不与小人斗,因为自己有修养,道家老子的大官智者可以不与小人斗,因为小人就是君王身边的人。道家庄子可以不跟小人斗,因为他根本不想治理天下,佛教徒更不跟小人斗,因为这是大家的业力,国君不能不跟小人斗,因为小人最终就是要夺你国君的王位了。可以说,儒、释、道哲学的终点都是理想完美的圣贤,因为他们不必思考国家政权的归属,反正就是国君的,他们没有要夺权。但王位是许多人要争夺的,尤其是万恶之徒,岂有不争之理。于是,儒、释、道只顾自己作为好人、圣人的同时,却忽略了如何对付小人之事,但小人必然存在,恶徒到处都有,总是容让的结果就是君子自己去势,君子去势可也,但国家不可去势,国君不可去势,国君国家不稳,正是天下人的梦魇,因此国君是最后必须出面的角色,国君自己其实是没有退路的,非处理不可。该罚就罚,该杀就杀,还君子一个公道,还天下一个正义,还国家一个太平。这些如何做呢?只有法家真正关心,因为法家要的是国家,儒者要的是圣人,老子要的是智慧的领导人,庄子要的是神仙,佛教要的是菩萨,国家,第五爻,世间法的最大权力掌握之位,只有法家的哲学智慧要的是单在体制范围内的君王。以此为目标,个人成了工具,战功是唯一重要的,而其理论的合法性也成立了,要说服君王不爱其位在人性上是太困难了,而君王不能治国富国强国在角色上也是矛盾的,因此法家哲学有其在君位上的理论合理性及必然性,而人间世界必有国家必有领袖也是逻辑上实际存在的。因此,法家哲学有其合理性,它的合理性就存在于世间法的国家体制中。

九、《菜根谭》遍在各爻的理论与应用

《菜根谭》是明代作品,集合儒、道两家的智慧精品,并没有轮回的观念涉入,故而主要并非佛教智慧,唯于意境的品味,通于三教。就《周易》六爻而言,不论是哪一爻所需的智慧,《菜根谭》几乎都有警语,事实上可以将《菜根谭》的语句编入六爻思维中,且能得其一一相应的诠解之效。如此既有助于六爻思维,亦能使《菜根谭》辩证深奥的词语易于理解,关键就是将其应用时位定位在六爻位阶之中。当然,《菜根谭》的语句,毕竟每条都有其情境,而同一情境可以发生在不同爻位之中,所以也不需严格分项,若是严格的讨论哪一条就是哪一爻的智慧警句,这样也太僵化了,大致符合以为呼应参考就可以了。像《菜根谭》这样的中国智能宝典,其文字之出现,都是具体生活场景的体悟,对场景有所感怀,而处置之智慧并不限于儒、道哪家,可以说需要使用哪一家就使用哪一家,其中最多的还是儒家与道家老庄,且老庄智慧不同,《菜根谭》则都有使用,可以说就是承担责任而有服务的人生观的儒家智慧一型,领导统御需有谦虚容让精神的道家老子智慧一型,逍遥自适不受羁绊的道家庄子智慧一型。此三型,绝对是在人间世界社会体制中打滚的人时时刻刻都需要运用到的智慧,就是《周易》二、三、四这三个爻位的智慧,儒者之入世承担,庄子之避世逍遥,老子之圆融当权。之所以三类智慧警语都会出现,就是因为人生的处境不断变迁改变,尤其是在官场之中,不能随机应变,就不能与时俱进、随时而变,也不能对人生有全面的掌握,使人在任何位阶情境中都能持盈保泰。事实上,《菜根谭》还是官员的哲学,而不是国君的哲学,《菜根谭》不断提醒勿近蜂虿之党,亦即勿近权力高层,亦即并非帝王心态,而是知识分子臣下的心态,这也就说明了,世间法中的儒、老、庄、法各家,其实各有身份位阶的对应,这样他们的理论才有其合理性在。做帝王,岂能不碰权力?越是诡诈雷霆的局势,越要去上刀山下油锅,《菜根谭》儒生的论点,看在帝王公侯之家者眼中,只是可笑的人言。只是,对于世俗中人,《菜根谭》勿近权力的提醒,绝对是正途,除非天

下已崩坏不可收拾,而自己正有权术之性格,那就挺身一出,赌一场成王败寇吧。

十、墨家为基层发声的哲学

墨家之所论,不重国家体制的礼仪之需,不肯定征战攻伐的合理性,不赞成久丧厚葬的风俗,一心只顾平民百姓的生活需求,为限制君王,主张尚贤,固然亦主张尚同,但尚同一义于天,再加上天志以及明鬼,观念上地找到了限制了君权,要求热爱人民的理论武器,但是现实上对付君王恐是无效的,君王多是短视近利,几百年后董仲舒使用了同样的神学目的论限制君权,一样是无效的。然而,这却正好反映了墨家的发言角度,那就是人民百姓的声音。你们不要打仗,不要花钱打造昂贵的乐器,不要要求全国人民厚葬久丧,要好仁恶不义,否则得罪于天无所逃也。要给品德良好的大官足够的权势财富荣誉以便行使爱民利国的政策,这一切的声音都是为百姓而说的,而说话的墨子自己也还是百姓,而不是愿意做官出仕的儒生,如此说来,在整个社会位阶上,墨家就是初爻的平民百姓的代表。平民百姓藉由墨家思想而组织会社团体,藉由一定的宗教信仰让自己相信生活会变得更好,具备它在世界的世界观,追求此在世界的世俗生活,可以说这样的模式两千年来在中国大地上不断流衍复活,民间会社组织,有宗教信仰,始终构不上政权的上位,只好自救,互助,寻求鬼神的庇佑,其实,墨家是直接入世的哲学,追求此世的百姓生活,没有彼岸的向往,只是藉由鬼神约束一下君王而已,然而,这种模型,却事实上是中华民族两千年来所有本土宗教的共同模式,基层百姓十分信仰,具有它在世界的鬼神,但追求的是此世的生活,是入世的哲学而具备它在世界的世界观,信仰的部分也是真信的,鬼神的部分也不会是假的,但整套东西就是要为人民大众谋福祉的,真真正正是第一爻的入世哲学。

以《周易》初爻看墨家哲学,并不是《周易》决定了墨家的阶层,而是墨家自己已经选择了这样的思路,不过假《周易》来观照时符合《周易》体系中的初爻形态而已。墨家既为百姓发言,观点立场自然以此为准,那么,它的真理观有其普遍性吗？为回答这个问题,试想,人类的视野不能脱离自己的生活经验,就平民百姓而言,墨家的论点正其所需,兼爱、非攻、薄葬、非乐、尚贤、天志、明鬼等,无一不是百姓的真心所想,因此,它的普遍性就落实在基层百姓的思维及选择上。生命哲学就是一套一套的价值选择,没有选择就没有生命的奋进,奋进来自自己的价值觉悟及实践的意志,实践了就说明了它的真理性所在,墨家的实践就在墨子的团体中,古老的中国已经完成过,长久的历史中,类似有宗教信仰的民间自助团体从未缺乏过,关键就是国君没有照顾好百姓,百姓就组自救团体,加上鬼神信仰以安顿心灵,寄性命于会社,苟活于民间,活下来就说明了它的真理性了。否则,站在百姓的眼光,久丧厚葬是玩不起的,只能取其心意不能取其形式,兼爱、非攻是无可辩争的,尚贤、尚同是本心的愿望,天志、明鬼是生活中的接触与经历,他的视野在此,无须否定,他的心愿在此,何忍违逆,大一统的理想携带了多少的权术诡诈,以及不可免除的征战杀戮,岂是孟子行仁政王天下一句话就能落实的,生命的真理只在我心,在人民的选择,墨家就是无可告诉的百姓自己的心声。

十一、小 结

《易经》思想博大精深,然而,没有善体会者亦难明言其奥义深旨。又,虽然彰显了《周易》哲学,不去更广大精深的中华国学交互运用,却是精神资源的最大浪费。笔者有幸研读这些经典,也经过无数次的课程讲授,逐渐发现《易经》与国学智慧的交互融贯之途,本章之作,在建立了《周易》六爻的特定阶层式思维模式之后,并将墨、儒、老、庄、法、佛各家适与牵合,目的在比对联结有助互相理解,不再决定各家理论的实质内涵,然而,由阶层进路所见的各家理论内涵,却也说明了各家理论合法性的成立所据,中国哲学各家之论点皆在个人主体的自做选择上,价值意识的自觉之后,世间法的就创造社会现实,出世间法的就进入宇宙之事的开发,墨家创造民间会社,儒家经营家国天下,庄子远离社会体制自作逍遥,行道有成便修炼成仙,老子进入体制高层掌握大势,法家关心国主寻求富国强兵之道,佛教舍弃个人欲求,一心追求彼岸永恒的生命,价值已立,道路铺展在前,端视各家志士一往直前地去开展,道路都是无止境的,有限的人生也未必真能完成若干大业,于是教派的教育与传播便在世代间代代相传,时至今日,民间会社是墨家变形,公务员是儒家本貌,自由业是庄子形态,高阶经理是老子模式,董事长国家领导人是法家所言,方外之人是佛教传承,各有轨道各有阶层,都有其真理映照之可能性与可行性,中国哲学的真理,就在现实世界的生活场域中,有理想的教徒,就有学说的实现,没有人好好实践,也不等于它不是真理,这就是笔者所思所想的中国哲学真理观,敬祈指正。

后　记

　　在"欧洲生命哲学的新发展研究计划"中,上海交通大学哲学系高宣扬教授主张要加强中国生命哲学的研究,并指出:"创建具有中国特色的现代化生命哲学,在系统研究欧洲生命哲学的基础上,跳出被研究的欧洲生命哲学的原有范围和论述模式,以中国文化精神和思想风格,创造出体现中国生命概念的'内与外''有形与无形''阴与阳'紧密互动相结合的新型生命哲学,以符合中国文化思想精神的语言论述新系统。"感谢高老师的邀请,让笔者得以快速集结近四年来的研究成果汇编为此书之出版。四年前,笔者集结了《中国哲学方法论》专书之出版,落实了以哲学基本问题的四方架构建构中国哲学的理论体系之工程。之后,深刻意识到,除了在系统性严密学的特色上强化中国哲学的理论建构之外,还是应该要深入中国哲学特质的本身,揭露中国生命哲学的实践活动面向,此一课题,更是最新前沿的中国哲学研究课题。

　　然而,此一课题的研究,却并非单在抽象思辨的命题推演上可以推进,而是要深入中国哲学典籍做系统性解读之后,以深刻的生命体证做相应准确的理解才能有所创发。为此,笔者于近年来,除了继续以四方架构解读各家中国哲学文本之外,并同时藉由课堂讲授,大量落实经典解说,包括《论语》《孟子》《大学》《中庸》《传习录》《易经》《六祖坛经》《维摩诘经》《楞伽经》《老子》《庄子》《韩非子》《人物志》《菜根谭》《弟子规》等经典,藉由全面性地毯式章句解说,阐释传统中国哲学经典在人类生命奋进的精神智慧,从而,得以在抽象理论思维上探究中国生命哲学真理观的课题,亦即系统性、检证性、适用性、选择性等四大中国知识论课题。

　　曾经,笔者苦于不知如何藉由个人的实践以检证经典的真理观,深知,

198

这绝不是个人一生的精力所能完成的实践事业,在殚精竭虑之际,突然灵光乍现,关于儒释道各家的真理检证,岂不早已在各种国学经典中被清晰地展示了。《周易》卦爻辞,不就是儒道智慧的实施现场。《人物志》的各章节之观人术,岂不就是为官之真伪的检证告知。《菜根谭》的警语,条条都是意境品评的智慧话语。各种禅宗语录的专书,每条都是禅师印证弟子境界的查察之作。于是,笔者自己提出的检证性问题的解答观点,终于有了可靠的文本以为解读之对象,兴奋之情直上云霄。至此,一边大量热情地讲说文本,一边汲取其中的要旨,发为文字,落实真理观的讨论,而完成本书各篇之文字。中国哲学都是有用的哲学,都是生命的真谛,文本讲授之际都是自觉觉人的过程,抽象的理论研究和具体的人生经验结合,从而发现了《周易》六爻的阶层逻辑正可解决中国生命哲学的各家定位问题,也就是适用性问题和选择性问题,至此,有用的中国传统各家智慧,更可以在生活上知道应用的环节,使得笔者提出的真理观四大问题得以有效解决。当然,这还是理论的解决。至于现实的解决,那还是个人的实践的问题。

近日,笔者又有新的思考。这些优秀的传统中国文化,之所以如游魂般飘荡无法落实,还在于这些智能都是给有自觉的人物使用的,人若无自觉,好东西也视若无睹,人若心不净,"苟非其人,道不虚行","心地干净,方可读书学古。不然,见一善行,窃以济私,闻一善言,假以覆短,是又藉寇兵,而赍盗粮矣!"关键就是要诚恳,要去做。然而,芸芸众生者多,能力强者少,而能力强者,时时自觉者少,落入嗜欲者多。中国传统优秀的哲学智慧,若非精英智者不能深入、不能呈现、不能实践以落实矣。那么普罗大众呢?笔者以为,像《弟子规》《朱柏庐治家格言》等浅显的作品,确实应该多予介绍推广以为一般普罗大众的生命教育,至于儒、释、道等大学派大智慧,就待有良知有自觉的善人智者为学,且是用于自己的学问,而非用于责人的工具。时值中国文化有全面复兴的历史时刻,凡我有所自觉的国人,一起努力吧。

至于学术的研究,笔者深信,本书之作,绝对是中国哲学现代化国际化的重要课题前沿课题高端课题,一方面让西方学者得知中国哲学的特质及深蕴,另一方面可以合作讨论以深化西方知识论在检证问题的深度,加入中国生命实践哲学的要素,而翻新人类哲学的进程。

　　继本书之后,笔者将投入中国哲学现代性的再研究,藉由方法论及知识论的翻新,展现中国生命哲学的实践智慧,结合生命实践与理论诠释的工作,将儒、释、道各家在现代社会应用的面向及意旨再做发掘,使得这一套一套有用的智慧,落实到现代中国的历史演化中。继续在正确理解、准确诠释的基础上,呈现新貌。